EVROPA

Werner Pieck

HAYDN
Der große Bassa

Biographie

Europäische Verlagsanstalt

Dem Andenken meiner Schwester Helga

Informationen zu unseren Verlagsprogrammen finden Sie im Internet unter www.europaeische-verlagsanstalt.de

Bibliografische Information Der Deutschen Bibliothek

Die Deutsche Bibliothek verzeichnet diese Publikation in der Deutschen Nationalbibliografie; detaillierte bibliografische Daten sind im Internet über http://dnb.ddb.de abrufbar.

Herkunftsnachweis der Autographen: Nationalbibliothek Budapest, Büchersammlung (Theatersammlung); Autograph von 1805: F. Artaria H. Botstiber: Joseph Haydn und das Verlagshaus Artaria, Wien 1909

Umschlaggestaltung: projekt ® | Walter Hellmann, Hamburg
Umschlagfoto: © Tohru Kogure/© KCI
Signet: Dorothee Wallner nach Caspar Neher »Europa« (1945)
Herstellung: Das Herstellungsbüro, Hamburg
Druck und Bindung: Clausen & Bosse, Leck

Printed in Germany
ISBN 3-434-50501-6

INHALT

ANHANG

VORWORT

Von den Grossen der »Wiener Klassik« lebte Haydn am längsten – Mozart starb mit fünfunddreißig, Beethoven mit sechsundfünfzig Jahren. Haydn wurde siebenundsiebzig.

Gemessen an der Lebensdauer sollte es an gesicherten Fakten für eine Biographie über Joseph Haydn nicht mangeln. Doch der Befund ist dürftig. Selbst über Mozarts um die Hälfte kürzeres Leben wissen wir weit mehr, wenn auch noch lange nicht genug.

Stärker als bei Mozart und Beethoven fehlt es bei Haydn, so scheint es, am Vorsatz zu einem lebensnahen Verständnis der Überlieferung. Immer noch werden Legenden kolportiert, als seien sie, weil so oft wiederholt, schon dadurch wahr und jeder Kritik entzogen. Lange fällig ist ein unbefangeneres Urteil über Haydns Charakter oder seine Ehe, wie seine Beziehung zu Frauen überhaupt.

Haydns umfassendes Werk ist nur zu einem Drittel im Autograph überliefert. Der Nachweis der Echtheit ist oft schwierig, vieles wurde ihm von Kopisten und Verlegern fälschlich zugeschrieben, weil sich ein Werk unter seinem Namen besser verkaufte. In den »Variationen über ein Thema von Joseph Haydn«, das Johannes Brahms in Wien 1873 schrieb, stammt das Thema nicht von Haydn, ein vom Publikum nur ungern rezipiertes Fazit der Forschung. Der Abschluss der vom Kölner Joseph Haydn-Institut 1958 begonnenen, auf einhundertacht Bände angelegten kritischen Gesamtausgabe seiner Werke steht noch aus, bisher sind gut achtzig Bände erschienen.

Während seines langen Lebens war Haydn Zeitzeuge weitreichender Veränderungen. Geboren im Abendrot des Barock, erlebte er Rokoko und Klassizismus, Rationalismus, Aufklärung und Empfindsamkeit, den Absolutismus und seinen Niedergang, Fürstendienst und freies Künstlertum, Revolution, Kriege und Reaktion. In seiner Epoche herrschten fünf Kaiser. Ohne den Blick auf die Zeitläufte wäre der Versuch einer Lebensbeschreibung Haydns unvollständig.

Herzlich danke ich für freundlich erteilte Auskünfte Robert von Zahn vom Joseph Haydn-Institut, Köln, Eva Dambacher vom Deutschen Literaturarchiv, Marbach, und Gregor Thuswaldner, University of North Carolina, Chapel Hill.

Der Bibliothek der University of the South in Sewanee, Tennessee, bin ich, wie schon bei meinem Versuch über Händel, wegen der Erlaubnis zur Nutzung ihrer umfassenden Bestände und für manche großzügig gewährte Hilfe zu besonderem Dank verpflichtet.

Werner Pieck
Monteagle / Tennessee
im Herbst 2003

KAPITEL EINS

FRÜHER AUSZUG

Rohrau
Das Haus Harrach
Blutmontag 1683
Ehebund
Franciscus Josephus Haiden
Vetter Franck
Hainburger Lehren
Deutsche Sprachkunst

Schloss und Dorf Rohrau liegen in der Ebene des nach Ungarn abfallenden Wiener Beckens am Ufer der Leitha, die nach gemächlichem Lauf bei dem Städtchen Mosonmagyavórár, einstmals Ungarisch Altenburg, in die Donau mündet. Wenig mehr als sechzig Kilometer vom Wiener Stephansdom in östlicher Richtung war Rohrau mit der Kutsche bequem an einem halben Tag zu erreichen. Weiter nach Osten, kaum die Hälfte der Straße nach Wien, verläuft die Grenze nach Ungarn. Nicht viel weiter liegt Bratislava, die Hauptstadt der Slowakei, das habsburgische Preßburg. Zwei Stunden Fußwegs von Rohrau nach Norden fließt die Donau.

Das Schloss, westlich der Ortschaft gelegen, stark befestigt und mit einem Wassergraben umgeben, war seit 1524 im Besitz der Grafen Harrach. Das Geschlecht der Harrach ist aus böhmischem und österreichischem Uradel, urkundlich schon im 12. Jahrhundert erwähnt. Die Harrach wurden im Jahre 1550 österreichische Freiherren, zwei Jahre später Reichsfreiherren und 1626 Reichsgrafen.

Ihr Aufstieg in höchste habsburgische und kaiserliche Staatsämter begann mit Carl Leonhart Freiherrn von Harrach, zwei Jahre vor seinem Tode 1628 zum Reichsgrafen erhoben. Er gehörte zur nächsten Gefolgschaft des Erzherzogs von Steiermark, des späteren Kaisers Ferdinand II., der ihn als »die Treuherzigkeit selbst« pries. Carls Sohn Leonhart heiratete eine Tochter des einflussreichsten Vertrauten Ferdinands, Johann Ulrich von Eggenberg, ein protestantischer Edelmann aus der Steiermark, der zum Katholizismus konvertiert war. Carls Tochter Elisabeth, genannt Isabella, heiratete 1623 als Einundzwanzigjährige den beinahe doppelt so alten Albrecht von Wallenstein – für ihn wurde diese Ehe das Entrée zum kaiserlichen Hof und damit zu fürstlicher Macht, Reichtum, Ruhm und Untergang.

Rohrau war ein Marktflecken, mit nicht einmal siebzig ebenerdigen Häusern oder Hütten zu beiden Seiten entlang der Hauptstraße, durchweg aus Lehm gebaut, die Dächer mit Stroh gedeckt. Die sonst träge Leitha konnte im Frühjahr nach der Schneeschmelze oder starken Niederschlägen verheerend über die Ufer treten. Ähnlich gefürchtet waren Brände, besonders bei Sturm, wo die Häuser, gereiht wie auf einer Zündschnur, samt der gespeicherten Ernte binnen kurzem zu Asche wurden. Zu Rohrau, seit Jahrhunderten von Deutschen besiedelt, gehörte jenseits der Leitha ausgedehnter Grundbesitz auf ungarischem Gebiet. Für diese Liegenschaften waren beim Oberstdreißigamt in Wieselburg, dem ungarischen Moson, Steuern zu zahlen.

Bewohnt wurde Rohrau von Bauern und Handwerkern, Untertanen der Harrach. Viele arbeiteten auf den Feldern der Herrschaft oder in der gräflichen Hauswirtschaft. Die Harrach führten ein großes Haus, dem Rang und Ruhm ihrer Vorfahren in kaiserlichem Dienst gemäß. Nach barockem Gusto liebten sie eine reich besetzte Tafel – für Gäste an vier Tagen im Frühling 1728 gab es Fleisch vom Rind, Kalb, Schaf, Lamm, dazu Hühner, junge Tauben und Gänse, Wildenten, verschiedene Fischarten, vor allem Hechte, ferner Krebse und Schildkröten. Dazu kamen Obst, Gebäck und Gefrorenes, sodann vor, bei und nach den Mahlzeiten Weine und Champagner, wie das Essen erlesen und reichlich. Ein solcher Aufwand ließ sich nur treiben, wenn das Haus genügend Dienstboten hielt, zumal die Gäste nicht nur mit Mahlzeiten, sondern auch noch mit anderen Lustbarkeiten zu unterhalten waren. Schließlich wollten sie, die mit Dienerschaft und großer Bagage anreisten, während des Aufenthalts umsorgt werden. So unterhielten die Harrach vom Sekretär, dem Majordomo, von Kammerdienern, Zofen, Lakaien, Personal für die Stallungen und zur Begleitung auf den Jagden bis hin zu Köchen, Hausknechten und Küchenmamsells im Schloss eine vielköpfige Dienerschaft, wohl mehr als ein halbes Hundert.

Die Leute von Rohrau gedachten in Erzählungen und Liedern noch lange schaudernd und angstvoll des letzten Türkenzuges gegen Wien. Damals, im Sommer 1683, waren Horden von Krimtataren unter dem jungen Sultan Nureddin, die das türkische Hauptheer begleiteten oder ihm vorauseilten, plündernd, brennend und mordend ausgeschwärmt. Wer fliehen konnte, tat es, wie Fürst Paul Esterházy, der seinen Palast in Eisenstadt verließ und sich auf die feste Burg Forchtenstein südwestlich von Eisenstadt begab, mit dem Pferd in wenigen Stunden erreichbar – im verlassenen Palais nahm ein türkischer Pascha Quartier. Städte, die sich der Raublust der Horden widersetzten, wie Hainburg und Petronell an der Donau oder Mödling und Baden südlich von Wien, erlebten ein schreckliches Strafgericht. Das nahe Rohrau gelegene Hainburg wurde am 12. Juli 1683, einem Montag, gestürmt und geplündert, der Überlieferung nach wurden über achttausend Menschen getötet oder in die Sklaverei verschleppt – noch lange hieß es, der Stadtrichter Veit Trembl lebe in türkischer Gefangenschaft, wo er Kamele hüte. Noch heute erinnert die Blutgasse an dieses tatarische Massaker. Das Rohrau benachbarte Bruck an der Leitha, wo den Harrach auch ein Schloss gehörte, hatte die Tataren bei ihrem ersten Ansturm zwar abgewehrt, doch glaubte die Bürgerschaft, die Stadt könne einem weiteren Angriff, zu dem die Tataren mit verstärkten Kräften anrückten, nicht standhalten. Als unterdessen bekannt wurde, Eisenstadt habe mit der Soldateska verhandelt und sei gegen Zahlung von Lösegeld und Auslieferung geforderter Naturalien vor Schlimmerem verschont geblieben, verfuhren auch die Bürger von Bruck nach gleichem Muster. Nur die Harrach ließen sich auf keinen Handel ein, weil sie mit Mut und Glück darauf vertrauten, dass ein zur Belagerung ungeübter und gehetzter Haufen das gut versorgte und von Kroaten verteidigte Schloss nicht nehmen könne.

Was in dem Blutjahr 1683 in Rohrau geschah, ist nicht näher überliefert. Doch ist anzunehmen, dass von den Dörfern entlang der Leitha keines von dem Raubzug verschont blieb.

Um das Jahr 1725 erschien in Rohrau ein junger Handwerksmeister aus der Zunft der Wagner und betrieb, nach gehöriger Erlaubnis durch den gräflichen Güterverwalter, als Untertan der Harrach sein Handwerk.

Matthias Haydn stammte aus Hainburg, wo er 1699 im Haus Wiener Gasse 7 geboren worden war. Er war der Sohn von Thomas Haydn, Wagnermeister, und seiner Ehefrau Catharina Blainninger, gleichfalls aus Hainburg, bei der Heirat sechzehn Jahre alt. Matthias war das sechste Kind. Vater Thomas war Bürger der Stadt, später Rechnungsprüfer der Bürgerschaft, dann einer der vier Rottmeister und schließlich Beisitzer im Stadtrat. Er hinterließ seinen Söhnen als väterliches Erbteil je »funfzehn Gulden rhein.«, dagegen Haus, Felder, Weingarten und Werkstatt »seiner lieben Ehewirthin wegen ihrer, ihm jederzeit erwiesenen ehelichen Lieb und Treue«. Catharina heiratete einige Monate nach seinem Tod den Wagnermeister Matthias Seefranz, einen unternehmenden, cholerischen Menschen, bei dem Matthias das Handwerk lernte. Im Jahre 1717 war er von der Zunft, der »Wagnerzeche«, als Geselle freigesprochen worden und auf Wanderschaft gegangen, hatte sich im Österreichischen und in Süddeutschland umgesehen und war sogar bis Frankfurt am Main gekommen.

Die Haydns stammten aus dem Burgenland östlich des Neusiedler Sees. Ein Caspar Haydn wurde 1630 in Tadten geboren, einem Flecken an der heutigen Grenze zu Ungarn. Mit siebenundzwanzig Jahren ist Caspar als »Purgknecht«, das heißt Tagelöhner, in Hainburg nachgewiesen. Er heiratete Elisabeth Schalck aus Hainburg. Den Türkensturm überlebten Thomas und die jüngere Schwester Magdalene, Sohn Hans, fünfzehn Jahre alt, wurde in die Gefangenschaft geführt und blieb verschollen. Caspar und Elisabeth gehörten zu den Toten des Hainburger Blutmontags.

Mit den »funfzehn Gulden rhein.« Erbteil, sollten sie ihm denn spätestens bei Großjährigkeit ausgezahlt worden sein, und Erspartem baute Matthias Haydn 1727 in Rohrau an dem nach Südwesten gelegenen Ortsausgang entlang der Straße ein Haus aus Lehm, ebenerdig und mit Stroh gedeckt. Rechts des Haupttors lag das Schlafzimmer, links die Küche und die gute Stube. Hinter dem Haus befand sich wohl eine Werkstatt aus Holz, sicher auch ein Stall und ein Verschlag für Vorräte.

An dem Zuzug von Handwerkern war der Herrschaft von Rohrau immer gelegen. In einer Urkunde von 1686 hieß es, der Markt Rohrau »hat Freyheit, wann ain Handtwerchsmann hin khomt, unnd sein Handwerkh treiben will. Er sey in die Zunfft einkaufft oder nit, wann er zur Herrschafft zwelf Schilling, unnd dem Richter zway: und Sibentzig Pfenning erlegt, mag Er sein Handtwerkh ein ganzes Jahr frey arbeiten ohne menigliches irrung«.

Gleich nach dem Hausbau schloss Matthias am 24. November 1728 in der Rohrauer Pfarrkirche mit der einundzwanzigjährigen unbescholtenen Anna Maria Koller den Ehebund. Im Register der Pfarrkirche heißt es, an jenem Tage sei »copolirt worden der Ehren geachte Junggesell Mathias Hein Burger und Wagner Maister alhier, des Ehrn geachten Thoma Hein, gewester burgl. Wagner Maister in der Statt Heinburg und Catharina dessen Ehewürthin beede Eheleibl. Sohn mit der Tugent Samben Jungfrau Maria Kollerin des Ehren geachten Lorentz Koller gewester Markht Richter alhier und Susanna dessen Ehewirthin beede Eheleibl. Tochter«.

Der Vater der Braut, Lorenz Koller, stammte aus dem benachbarten Pachfurth. Er hatte, als nun in Rohrau ansässiger Witwer von siebenundzwanzig Jahren, in zweiter Ehe die aus dem nahen Prellenkirchen gebürtige und zehn Jahre jüngere Susanna Siebel geheiratet. Lorenz war aus erster Ehe schon begütert, er besaß als Streubesitz auf deutschem und ungarischem Gebiet fast vierzig Morgen fruchtbares Ackerland, dazu kamen aus der Hinterlassenschaft des Vaters einige Weingärten in Pachfurth. Auch Susanna hatte als Müllerstochter eine stattliche Mitgift. Als Lorenz, 1713 zum Marktrichter von Rohrau bestellt, fünf Jahre später plötzlich starb, heiratete Susanna den reichen Bauern Michael Crems.

Anna Maria Koller brachte nach dem Ehekontrakt einhundertzwanzig Gulden bares Geld und eine »ehrliche Ausstaffierung« in die Ehe mit Haydn ein. Schon drei Jahre später hatten die jungen Eheleute ihren Grundbesitz auf sechs Joch, das waren gut drei Hektar oder zwölf Morgen Ackerland, erweitert.

Als Anna Maria mit dem Handwerksmeister Matthias bekannt wurde, war sie Köchin auf dem Schloss. Von dem, was sie auf Schloss Rohrau verdiente, zuletzt als Köchin für die Offizierstafel, konnte sie einiges für ihre »ehrliche Ausstaffierung« ersparen. Wir wissen nicht, wo sich Matthias und Anna Maria zuerst begegneten. Vielleicht bei einem der Kirchenfeste, beim Tanz oder auf dem Schloss, wo ein Stellmacher oft gebraucht wurde.

In jenen Zeiten war die Ehe ein ernstes Geschäft. Noch war es üblich, auf dem Lande mehr als in der Stadt, dass die Eltern den Ehepartner wählten, der nach Alter, Stand und Vermögen konvenierte. Tochter oder Sohn konnten den ihnen zugedachten Partner zwar ausschlagen; denn gültig war nach Sitte und kirchlicher Lehre eine Ehe nur, wenn sie aus freien Stücken geschlossen wurde. Aber oft geschah es, dass die Kinder dem Wunsch der Eltern folgten, Töchter eher als Söhne, selbst wenn ihnen die Wahl der Eltern gar nicht oder nicht in allem gefiel. Im Verständnis der Zeit waren Schönheit und Liebe nachrangig. Als gottgefällig galt nicht eine Liebesheirat, sondern eine Ehe, die von der Gesellschaft nach der Überlieferung als passend gebilligt, vor allem wirtschaftlich abgesichert war. Denn ein armes Paar fiel der Gemeinschaft zur Last. Leidenschaftliche Neigung als Ehegrund war suspekt – Mütter empfahlen ihren Töchtern eine Liebe, die sich auf Vernunft, Tugend und gegenseitige Achtung gründete. Natürlich gab es auch Heiraten aus Liebe, und der reformierte Pfarrer Friedrich Lucä erzählte, verliebt wie einst, beim ersten Anblick seiner späteren Ehefrau habe er »nicht allein eine feine, mir anständige Conduite in ihr verspüret und eine schöne Conformität meines Gemütes mit dem ihrigen empfunden, sondern es schien auch mein aufwallendes Geblüte und bewegtes Herz mir ein Merkmal zu sein, daß der Geist der Liebe etwas Sonderliches mit mir vorhaben müßte, indem ich lebenslang keine solche brünstige Affektion auf irgendeine Jungfer gleich wie auf diese getragen hatte«.

Förmlich werben musste Matthias Haydn bei den Eltern, also der Mutter und Michael Crems, dem Stiefvater der Braut. Die Werbung wurde bis zum gegenseitigen Eheversprechen, dem Verlöbnis, zumeist geheim gehalten. Dem Verlöbnis folgte im Abstand einiger Wochen die kirchliche Trauung.

Wir wissen nicht, ob die Wagnerzeche bei der Ehewahl von Matthias ein Wort mitsprach. Nach Zunftbrauch sollte die Braut ehelicher Herkunft und unbescholten sein. Und schließlich gehörte zu einer Heirat in Rohrau der Konsens des Herrn vom Schloss. Gräfliche Einwände gegen die Ehe sind nicht überliefert, stattdessen erhielten die Brautleute womöglich ein Geschenk oder die Braut eine Zuwendung zur Aussteuer.

Joseph Haydn wurde am 31. März 1732 in Rohrau geboren und am folgenden Tage, dem 1. April, in der Pfarrkirche St. Vitus durch Pfarrer Andreas Julius Seleskowitz auf die Namen »Franciscus Josephus«, Sohn von »Mathias Haiden« und seiner Ehefrau Anna Maria, getauft. Wie üblich war der zweite Name des Kindes der Rufname.

Dokumentiert ist nur der Tauftag Haydns, nicht der Geburtstag. Ein Neugeborenes wurde in der Regel am Tag nach der Geburt getauft. Haydn selbst schrieb 1776 in der Skizze zu seiner Autobiographie: »Ich wurde gebohren Anno 1733 den letzten Mertz in den Markflek Rohrau in unteröstereich bey Prugg an der Leythä.« Das genannte Geburtsjahr, also 1733 statt richtig 1732, ist eine Flüchtigkeit. Nach Gesprächen Haydns mit seinen ersten Biographen während der Jahre 1799 bis 1809 notierte sich der eine den 30., der andere den 31. März 1732 als Geburtstag. Auch anderen Besuchern versicherte Haydn stets, er sei am 31. März geboren. Doch ein Schüler Haydns, der Salzburger Sigismund Ritter von Neukomm, der ihn von November 1808 bis Februar 1809 fast täglich besuchte, erinnerte sich nach Haydns Tod, dieser habe ihm gesagt: »Ich bin am 1. April geboren, und so steht es in meines Vaters Hausbuch eingeschrieben – aber mein Bruder Michael behauptet, ich sei am 31. März geboren, weil er nicht will, dass man sage, ich sei als Aprilnarr in die Welt getreten.« Des Vaters Hausbuch hat sich nicht erhalten. Womöglich stand Josephs Name unter dem Datum des

1. April, wobei als nicht wichtig unerläutert blieb, ob dies der Tag der Geburt oder der Taufe war. Der Wahrheit am nächsten ist immer noch die Annahme, dass »Franciscus Josephus« am 31. März 1732 geboren wurde.

Joseph war das zweite Kind und der erste Sohn der jungen Ehe. Erstes Kind war Anna Maria Franziska, geboren im September 1730 – sie starb 1781. In ihrer fünfundzwanzigjährigen Ehe zeugten Matthias und Anna Maria Haydn zwölf Kinder, von denen sechs das frühe Kindesalter überstanden. Joseph überlebte alle.

Von zehn der zwölf Kinder sind die Geburtsdaten durch kirchliche Registrierung gesichert. Bei Philipp, der an unbekanntem Tag, Monat und Jahr in Gattendorf geboren war, einer Ortschaft im nahen Burgenland, und Anfang Mai 1752 in Rohrau begraben wurde, ließe sich denken, dass er auf einer Reise der Eltern in Gattendorf zur Welt kam, zwar noch die Taufe erlebte, aber kurz darauf starb und in Rohrau beerdigt wurde. Damit waren die Monate Mai, Juni, Juli und August bei den Haydns geburtenfrei, was kein Zufall war. Denn die Niederkunft sollte nicht in die Erntezeit fallen, und die Sommerwärme war wegen der erhöhten Infektionsgefahr für Mutter und Kind gefürchtet. Die Familienplanung der Haydns folgte damit bäuerlichem Brauch.

Mit wachsender Kinderschar war das häusliche Leben für die Haydns nicht bequem. Doch die meisten Kinder kamen über das Alter eines Säuglings nicht hinaus und sagten der Welt schon binnen Jahresfrist ade. Von den Haydn-Kindern lebten einmal fünf gemeinsam im Elternhaus. Das war 1744, lange nach dem Auszug Josephs. Den meisten Menschen jener Zeit war häusliche Enge, aber mit ihr auch wärmende Nähe, der vertraute Alltag, und in mancher Schlafstube schützte die Eltern ein Vorhang vor der zudringlichen Neugier der aufwachsenden Jugend.

Von Haydns ersten Kindheitsjahren ist nichts bekannt. Wie überhaupt sein Leben, bis auf die letzten Jahrzehnte, als er eine europäische Berühmtheit war, nur spärlich belegt ist. Was wir aus der ersten Lebenszeit über ihn wissen, stammt von ihm selber, nur weniges schriftlich, nicht viel mehr mündlich. Liebevoll erinnerte er sich seiner Mutter, die auf Reinlichkeit, Fleiß und Ordnung gehalten und die Kinder in dieser Gewohnheit erzogen habe. »Der Vater«, heißt es in Haydns autobiographischer Skizze, »ware von Natur aus ein grosser liebhaber der Music. Er spielte ohne eine Notte zu kennen die Härpfe, und ich als ein knab von 5 Jahren sang ihm alle seine simple kurze stücke ordentlich nach.« Im Alter erzählte Haydn, der Vater habe auf der Wanderschaft in Frankfurt am Main die Harfe spielen gelernt, diese Übungen in Rohrau fortgesetzt und dazu mit schöner Tenorstimme gesungen. Auch die Mutter habe das Spiel mit ihrem Gesang begleitet.

Haydns erste Biographen, die ihn im Alter in seinem Haus im Wiener Gumpendorf besuchten, waren Georg August Griesinger und Albert Christoph Dies.

Zuverlässig sind vor allem Griesingers »Biographische Notizen über Joseph Haydn«, in Wien erschienen 1810. Der aus Stuttgart gebürtige Griesinger war als Hauslehrer eines Sohnes des sächsischen Botschafters nach Wien gekommen und von dem Leipziger Musikhaus Breitkopf & Härtel beauftragt worden, mit Haydn über den Druck seiner Werke zu verhandeln. Haydn fasste Zutrauen zu dem dreißigjährigen Griesinger, der in Briefen an den Verlag über die Gespräche mit Haydn berichtete – aus diesen Briefen entstanden die späteren »Notizen«. Ihr Stil ist klar, kurz und durch die Wiedergabe anekdotischer Begebenheiten aus Haydns Leben anschaulich und lesbar. Griesinger wurde später sächsischer Geschäftsträger am kaiserlichen Hof.

Albert Christoph Dies stammte aus Hannover, wurde Maler und ging nach Rom, wo er Goethe traf, der am 22. Juli 1787 im Tagebuch vermerkte: »Ich habe eine Landschaft erfunden und gezeichnet, die ein geschickter Künstler, Dies, in meiner Gegenwart koloriert.« Dies komponierte auch, doch hat sich nichts erhalten. Seit 1797 lebte er in Wien, wurde Dozent für Landschaftsmalerei an der Kaiserlich-Königlichen Akademie sowie Hofmaler von Fürst Nikolaus II. Esterházy. Dies besuchte Haydn zwischen 1805 und 1809 zu dreißig Gesprächen, in einer Zeit, als Haydn, tief verstört durch den zeitnahen Tod dreier Geschwister und bei wachsendem Verfall, sich an Begebenheiten seines Lebens nur noch schwach erinnerte.

Schließlich Haydns gesammelte »Briefe und Aufzeichnungen«. Zu Beginn steht sein Dienstvertrag mit dem Fürsten Paul Anton Esterházy vom 1. Mai 1761. Es folgen von Haydn gezeichnete Eingaben, Ersuche, Beschwerden, Quittungen, Briefe an Verleger, an ihn gerichtete Briefe und Billets sowie Briefwechsel, darunter die Korrespondenz mit Marianne von Genzinger. Doch außer der autobiographischen Skizze von 1776 findet sich über Haydns Jugend dort weiter nichts.

Die umsorgte Kindheit im Elternhaus ging schon im sechsten Jahr zu Ende. Bei Griesinger lesen wir: »Eines Tages kam der Schulrektor aus dem benachbarten Städtchen Haimburg, ein entfernter Verwandter der Haydnschen Familie, nach Rohrau. Meister Mathias und seine Gattin gaben nach ihrer Weise ein kleines Konzert, der fünfjährige Joseph saß neben den Eltern und strich einen Stab auf dem linken Arm, als wenn er auf der Violin accompagnirte.« Dem Schullehrer sei aufgefallen, dass Joseph genau Takt hielt, und er habe daraus auf Haydns musikalische Anlage geschlossen. Er »rieth den Eltern, ihren Sepperl nach Haimburg zu schicken, damit er zur Erlernung einer Kunst angehalten würde, die ihm die Aussicht, mit der Zeit ›ein geistlicher Herr zu werden‹ unfehlbar eröffnete. Freudig ergriffen die Eltern, als eifrige Verehrer der Geistlichkeit, diesen Antrag, und im sechsten Jahr kam Joseph Haydn zum Schulrektor nach Haimburg. Hier erhielt er Unterricht im Lesen und Schreiben, im Catechismus, im Singen, und in fast allen Blas- und SaitenInstrumenten, sogar im Paukenschlagen. ›Ich verdanke es diesem Manne noch im Grabe, sagte Haydn öfters, daß er mich zu vielerley angehalten hat, wenn ich gleich dabey mehr Prügel als zu essen bekam.‹«

Der entfernte Verwandte war Johann Matthias Franck, Schulrektor und Chorleiter in Hainburg. Er war 1738, als Haydn dort eintraf, dreißig Jahre alt. Franck hatte eine Hainburger Witwe geheiratet, die nach einem halben Jahr starb. Zwei Monate später ehelichte er Juliane Rosina Seefranz, die Tochter der Großmutter von Joseph Haydn aus zweiter Ehe. Der Schulrektor war also der Ehemann von Haydns Halbtante.

Der Entschluss, ihren Erstgeborenen so früh aus dem Haus zu geben, fiel den Eltern sicher schwer. Aber das Talent ihres Kindes ließ ihnen, wie sie wohl glaubten, keine Wahl. Was sollte Joseph in Rohrau? Zwar gab es dort seit 1570 eine Schule. Aber ob es 1738 auch einen Schulmeister gab, und wenn ja, von welcher Qualität sein Unterricht war, ist nicht bekannt. Wäre es nicht gegen Gottes Willen, ein Kind zum Bauern oder Handwerker zu erziehen, das seinen Anlagen nach zu Besserem bestimmt war? Für Kinder der Armen war die Weihe zum Priester der Aufstieg zu Sicherheit und Respektabilität.

Von einer Förderung des jungen Haydn durch das Haus Harrach ist nichts bekannt. Ein mehr als konventionelles musikalisches Interesse des Schlossherrn, Oberst-Erbland-Stallmeister in Österreich ob und unter der Enns, k.k. Kämmerer, Geheimer Rat sowie Obersthof- und Land-Jägermeister Carl Anton Graf Harrach aus jener Zeit lässt sich nicht nachweisen. Immerhin ließ er seiner zwölfjährigen Tochter Maria Josepha Elisabeth einige Jahre lang Unterricht im Lautenspiel erteilen. Dazu hielt der Graf, wie in Adelshäusern üblich, die sich keine Musikkapelle leisten konnten oder wollten, einige Bediente, die ein Instrument spielten, vor allem das Horn, für Jagden und zeremonielle Aufzüge. Nach den Erinnerungen eines preußischen Majors, der bei der Schlacht von Kolin in österreichische Gefangenschaft geraten und auf Schloss Rohrau einquartiert worden war, spielte Haydn dort in einem seiner »Kassationen« genannten Quartette. Es mag sein, dass Gastgeber nicht Carl Anton war, der 1758 starb, sondern sein Sohn, Franz Anton, der dem Vater in Titeln und Herrschaft folgte. Vielleicht war der gräflichen Familie 1738 von Haydns Talent nichts bekannt, oder es schien ihnen nicht verheißungsvoll genug, oder die Förderung einer musikalischen Begabung unter den Kindern ihrer Untertanen gehörte nach eigenem Verständnis nicht zu ihren Schuldigkeiten.

Da Haydn in Rohrau zur Ausbildung seiner Anlage nichts lernen konnte, war Hainburg, mit der noch lebenden Großmutter Catharina samt der Franck'schen Verwandtschaft und zu Fuß keine fünf Stunden entfernt, die nächste beste Wahl. Besuche in Hainburg und Haydns gelegentliche Heimkehr nach Rohrau, etwa zu Familienfeiern oder kirchlichen Festtagen, sind anzunehmen. So gut wie sicher ist, dass der Vater zu den jährlichen Festen der Wagnerzunft an Fronleichnam, dem Corporis-Christi-Tag, Mitte Mai nach Hainburg reiste. Ein Besuch zum Fronleichnamsfest 1738 ist nachgewiesen, doch war es wohl die Übersiedlungsreise Josephs mit dem Vater zum »Vetter Frankh«.

Was lernte Haydn in Hainburg? »Vielerley.« Voran die Technik des Gesangs als Diskantist, das heißt Sopran, im Kirchenchor. Sodann die Anfangsgründe des Spiels auf mehreren Instrumenten. In Hainburg erkannte er, dass die Musik für ihn nicht nur ein flüchtiger Reiz war, sondern dass ihrem Zauber nichts nahe kam. Sein Talent jede wache Stunde mit allen Kräften auszubilden empfand er bald als höchstes Glück. »Gott der allmächtige (welchen ich alleinig so unermessene gnade zu dancken) gab mir besonders in der Music so viele leichtigkeit, indem ich schon in meinen 6ten Jahr ganz dreist einige Messen auf den Chor herab sang, auch etwas auf dem Clavier und Violin spielte.«

Er blieb Franck dankbar, der ihn musikalisch förderte, auch wenn er von ihm »mehr Prügel als zu essen bekam«. Wobei wir nicht wissen, womit er sich die Prügel verdiente. Hiebe in der Schule, nicht selten maßlose, galten in jener Zeit als probates Mittel, der Jugend Zucht und Wissen einzubläuen. Bei Haydn wäre denkbar, dass er sich schon in Hainburg durch einen Hang zu Streichen manche Prügel seines würdigen Verwandten mutwillig zuzog. Wohl war der Rektor von Hainburg nach der Schulordnung gehalten, die Kinder »mit aller Manier wegen Ihrer Begehenden Fehler nicht mit ausrauffung deren Haren oder anderen Ungebührlichen hartten Straichen« zu bestrafen. Was aber zeigt, dass es in der Praxis für die Schüler oft übel zuging, ein vorwarnendes Wort der Stadtväter an den Rektor also angezeigt schien.

VOM UNTERRICHT IM LESEN, Schreiben und Katechismus, also dem, was Haydn selbst, nach der Musik, die »andern Jugentlichen Nothwendigkeiten« nannte, blieben ihm eine lesbare Handschrift und die dogmatische Fundierung jener christlich-katholischen Lehren, die er von Vater und Mutter kannte. Wann die Eltern ihre Absicht aufgaben, aus Joseph einen Geistlichen zu machen, wissen wir nicht. Bei seiner Glaubenstreue und charakterlichen Anlage wäre aus ihm sicher auch ein guter Priester geworden. Haydn blieb ein frommer katholischer Christ, viele seiner Kompositionen tragen im Autograph zu Beginn eine lateinisch gefasste Anrufung Gottes.

Was er bei Franck an Bildung lernte, war nicht mehr als das Nötigste. Stil und Sprache dessen, was er schrieb, blieben bis ins Alter ungelenk, die Rechtschreibung wunderlich, ganz wie bei den meisten seiner Zeit, zumal im Süddeutschen – eine korrekte, nach Regeln geordnete Sprache oder Schreibweise war so gut wie unbekannt, fast jeder schrieb die Worte, wie er sie dem Klange nach verstand, und oft dasselbe Wort in einem Brief verschieden. Wie exotisch der Wildwuchs war, zeigt die Schreibweise des Dorfnamens »Tadten« in den Büchern der mit Schriftlichem wohlvertrauten Mönche des Tadten nahen Franziskanerklosters Frauenkirchen: Tatn, Titen, Tatin, Taden, Tata, Thatten oder auch Döten. Ähnlich ging es beim Namen »Haydn« zu, von Haiden über Hayden zu Haidn, Haitn, Haytn, Heyden, Haidten, Haid, Hain, Hadn, Hättn, Hein oder Heim. Vater Matthias unterschrieb 1741 mit »Häyn«. Joseph Haydn selbst zeichnete seinen Namen noch lange auf wechselnde Art.

Erste Ordnung in diesen, ganz Deutschland eigenen, sprachlichen Wildwuchs brachte der bei Königsberg 1700 geborene Johann Christoph

Gottsched, Leipziger Professor der Philosophie, ein Mann mit Gardemaß, der sich der Jagd der Werber des Soldatenkönigs auf »lange Kerls« durch die Flucht nach Leipzig eben noch entzogen hatte.

Gottsched stritt für eine in ganz Deutschland gesprochene und geschriebene Hochsprache. Wie war das zu machen? Hatte doch jede Landschaft ihre eigene Mundart. Gottsched entschied: »Die beste Mundart eines Volkes ist insgemein diejenige, die an dem Hofe oder in der Hauptstadt eines Landes gesprochen wird. Man meynet hier aber nicht die Aussprache des Pöbels in diesen Residenzen: sondern der Vornehmen und Hofleute.« Habe ein Volk mehr als einen Hof, wie in Deutschland, so sei »die Sprache des größten Hofes, der in der Mitte des Landes liegt, für die beste Mundart zu halten«. In der Mitte des Reiches, zufällig dort, wo Gottsched Zuflucht gefunden hatte, lag Sachsen, und Gottsched wählte das obersächsische Deutsch als die am besten geeignete Mundart. Zu klären blieb noch, wo brauchbare Vorbilder für die Verwendung des »obersächsischen Deutsch« zu finden waren. Die Antwort gab der Untertitel zu Gottscheds »Grundlegung einer deutschen Sprachkunst«, erschienen 1748: Diese sei »nach den Mustern der besten Schriftsteller des vorigen und itzigen Jahrhunderts abgefasset«. Als musterhaft galt ihm der Sprachgebrauch der Hofpoeten, Prediger und Historiker. Als unbrauchbar ausgeschieden sahen sich also nicht nur, bis auf das Obersächsische, alle deutschen Mundarten. Auch das Sprachgut der Zeit vor dem 17. Jahrhundert, die abschätzig titulierten »deutschen Alterthümer«, war Gottsched ganz einerlei.

An einem solchen Programm, dazu noch eifernd propagiert, musste die mundartlich verwurzelte Tradition Anstoß nehmen. Am wenigsten in Norddeutschland, dafür umso stärker im Süden, noch gesteigert durch den Widerstreit der Konfessionen. Für die norddeutschen Aufklärer war es die katholische Kirche, die sich, unter der Gängelei der Jesuiten, der Fortentwicklung der deutschen Sprache und Poesie verbohrt widersetzte. Eine norddeutsche Streitschrift von 1730 trug den bezeichnenden Titel »Der undeutsche Catholik«. Dagegen hätten die Protestanten sich bei der Förderung einer einheitlichen Hochsprache beherzt der Wohlfahrt des Vaterlandes verschrieben, nun warte man, dass »die Herren Catholiken« endlich Vernunft bewiesen, hätten sie doch bisher vor der lateinischen, französischen und italienischen Sprache mehr Achtung als vor der deutschen. Zähen Widerstand leisteten vor allem die Bayern, noch 1786 wurden gebietsweise, wie in Dillingen an der Donau, bei Schülern entdeckte Schriften aus protestantischer Feder rigoros eingezogen, selbst Matthias Claudius fand keine Gnade. Aus Österreich meldete Friedrich Nicolai 1781, dort habe man »die deutsche Muttersprache gänzlich versäumt. Ein gebildeter Provinzialdialekt mit Klosterdeutsch vermischt, oder der allerholperigste Kanzleistil hieß deutsche Schreibart, und alles Gute, was aus der Muttersprache wächst, mußte entbehrt werden«. Haydn befand sich also in bester Gesellschaft.

In den Hainburger Jahren lernte er außer Gesang, dem Spiel auf Instrumenten, dem katholischen Credo, Lesen, Rechnen, Schreiben und einem Minimum an Bildung auch, sich einem fremden Umfeld anzupassen. Was ihn bald den Honoratioren und höheren Ständen empfahl, waren Frömmigkeit, sein redlicher Sinn und die von ihm geübten Tugenden aus dem Elternhaus: Sauberkeit, Ordnung und Fleiß. Schon in Hainburg trug er ständig eine Perücke, sie blieb bis in seine letzten Lebenstage ein unentbehrliches Requisit seiner äußeren Erscheinung. Und der Fleiß war Haydn angeboren.

Viel Ordnung und Sauberkeit gab es im Hause des Schulrektors Franck in der Ungargasse Nr. 3 zum Leidwesen Haydns freilich nicht. Muhme Juliane Rosina hatte mit der Erziehung zweier Kinder und der laxen Leitung des Haushalts vollauf zu tun, der Kostgänger aus der Nachkommenschaft der Mutter aus erster Ehe war ihre letzte Sorge.

KAPITEL ZWEI

IM KAPELLHAUS

Talentsuche
Die Cantorei
Marktrichter
Lektionen
Maria Theresia
Gradus ad Parnassum
Kastratenglück
Stimmbruch
Wiener Kirchenmusik
»Clavierl«
Die Blattern
Schroffe Entlassung

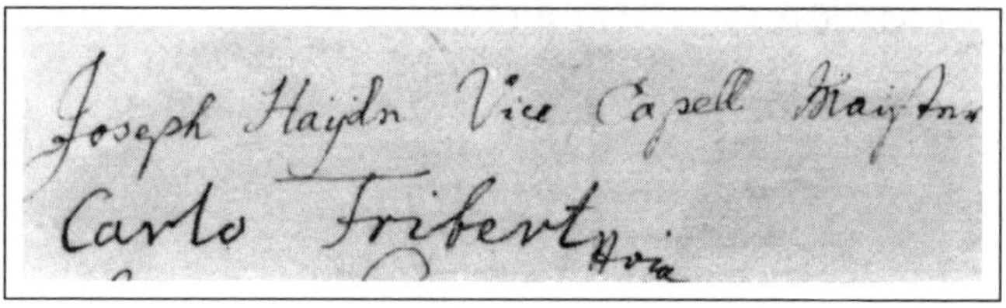

Haydns Autograph aus dem Jahre 1762

Ein Besuch des Domkapellmeisters Georg Reutter in Hainburg anno 1739 hatte für Haydn ungeahnte Folgen.

Reutter war beim Tod seines Vaters im Jahr zuvor in dessen Amt als Kapellmeister am Stephansdom aufgerückt. Seinem Hainburger Freund, dem Stadtpfarrer Anton Johann Palmb, klagte er nun, dass die älteren Chorknaben wegen Stimmbruchs im Domchor bald nicht mehr zu gebrauchen seien, er müsse sie daher »mit jüngeren Subjecten ersetzen«.

Palmb dachte sogleich an Joseph Haydn im Schulhaus und ließ ihn rufen. »Lüstern«, heißt es bei Griesinger, »schielte der kümmerlich genährte Sepperl nach den Kirschen, die auf dem Tische des Dechanten standen; Reutter warf ihm einige Hände voll in den Hut, und er schien mit den lateinischen und italiänischen Strophen, die Haydn singen mußte, wohl zufrieden.« Nach bestandener Probe wurde beschlossen, dass Haydn, nach der als sicher erwarteten Einwilligung der Eltern, ohne langen Verzug Schüler im Kapellhaus des Stephansdoms werden sollte. Ein Impromptu war der Besuch des Domkapellmeisters in Hainburg nicht – Reutter war im Wiener Umland für den Domchor gezielt auf Talentsuche.

Haydn und den Eltern in Rohrau schien Reutter wie vom Himmel gesandt. »Die Nachricht, daß Sepperl nach Wien, der großen Kaiserstadt, kommen solle, rief Jubel im Elternhaus hervor«, versichert der Erzvater der Haydn-Forschung, Carl Ferdinand Pohl. Wien, die Hauptstadt der habsburgischen Monarchie und des Deutschen Reiches, war für die Haydns das Herz der Welt. Das Amt eines Chorknaben unter dem berühmten Kapellmeister Reutter im altehrwürdigen Stephansdom war ein Werk der unbegreiflichen Gnade Gottes. Statt der Aussicht auf ein bloß subalternes Amt im Dienst eines kleinstädtischen Magistrats wie dem von Hainburg bot Haydn sich nun eine weit bessere Zukunft. Er selber schrieb später: »in den 7ten Jahr meines alters hörete der Seel: Herr Capell Meister v. Reutter in einer Durchreise durch Haimburg von ungefähr meine schwache doch angenehme stime.

Er nahme mich alsogleich zu sich in das Capell Hauß, allwo ich nebst dem Studiren die sing kunst, das Clavier, und die Violin von sehr guten Meistern erlehrnete. ich sang allda sowohl bey St: Stephan als bey Hof mit grossem Beyfall bis in das 18te Jahr meines alters den Sopran.«

So wurde Haydn 1740 in die »Cantorei« aufgenommen, wie sie bei der Gründung im 15. Jahrhundert genannt wurde – später hieß sie die »Herren=Capell=Meisters=Wohnung«, dann kurz Kapellhaus. Musikschulen gab es auch anderswo, wie die, freilich noch berühmteren, Thomasschule in Leipzig und die Kreuzschule in Dresden. Das Kapellhaus war 1663 rundum erneuert worden. Es lag gegenüber der Goldschmiedgasse mit der Hauptfront zum Friedhof hin, der den Dom umgab. Das Kapellhaus hatte drei Stockwerke mit je drei Fenstern und einige Dachstuben, der Blick ging auf die Magdalenen-Kapelle, hier tagte nach altem Brauch die »Schreiberzech«, die Zunft der städtischen Notare.

Die Chorknaben wohnten und schliefen in einer der Dachkammern. Die Domkapelle war zu Haydns Zeit, also zwischen 1740 und 1750, um dreißig Mitglieder stark, mit Sängern, elf Streichern, zwei Holzbläsern, Posaunisten und dem Organisten. Trompeten und Pauken wurden nach Bedarf von der Hofkapelle ausgeliehen.

Die Vorsehung hatte bei Haydns Wechsel von Hainburg nach Wien gut gewählt. Nicht nur die Muhme, auch Matthias Franck hatte mit Sauberkeit, Ordnung und Fleiß zunehmend seine Not. Nach den Ratsprotokollen von Hainburg wurde er 1740 beschuldigt, den Dienst nachlässig besorgt zu haben. So werde das Glockengeläut der Pfarrkirche von ihm nur schlampig bedient, und die Musikinstrumente seien in verwahrlostem Zustand. Außerdem hatte Franck im Fasching zum Tanz die Geige gespielt und damit beim Rat Anstoß erregt, wohl weil sich das mit den Ämtern eines städtischen Schulrektors und Chorleiters nicht vertrug. Franck ließ sich nicht belehren. Schon ein Jahr später wurde er vom Rat erneut vorgeladen, dieses Mal wegen des Spiels mit falschen Würfeln, die er, als man ihn ertappte, zu spät aus dem Fenster geworfen hatte. Der Rat verurteilte Franck zur Zahlung von drei Dukaten in Gold, eine empfindlich hohe Strafe. Das amtswidrige Geigen und das Falschspiel lassen vermuten, dass Franck Nebenverdienste suchte, weil er mit seinen Einkünften aus der Ratskasse nicht auskam.

Neues gab es auch in Rohrau: Haydns Vater wurde Marktrichter.

Was anderswo Schultheiß oder Bürgermeister hieß, war in Niederösterreich der Marktrichter. Er wurde zwar von der Bauernschaft gewählt; doch musste der Graf als Grundherr der Wahl zustimmen. Um Peinlichkeiten zu vermeiden, dürften die Bauern vor der Wahl im Schloss angefragt haben, ob der Kandidat der Herrschaft passe. In seiner Amtsführung war der Marktrichter von Rohrau dem Verwalter vom Schloss verantwortlich. Er ging den Richtern der anderen elf Dörfer der Herrschaft Rohrau im Range vor. Vor allem hatte er für Frieden, öffentliche Moral und vollzähligen Kirchenbesuch zu sorgen. Ihm oblag die Aufteilung des Robotdienstes, also der Fronarbeit der Bauern für die Herrschaft, die Aufsicht über die Arbeiten auf den gräflichen Feldern, die Instandhaltung der Wege, Brücken oder Gräben sowie die ständige Sorge um die Feuersicherheit. Wurden Soldaten ins Dorf verlegt, musste der Marktrichter die Quartiere beschaffen, er selber war von Robotdienst und Quartierlast befreit. Zu seinen Pflichten gehörte auch die Mitwirkung bei der Rechtspflege, wie bei Verhören in Kriminalfällen, als Ankläger vor dem gräflichen Landgericht oder als dessen Beisitzer, sodann Beurkundungen aller Art, die Anlegung von Verzeichnissen oder die Erstattung von Gutachten.

Der Marktrichter musste, als Untertan des Schlossherrn, vor allem diesem genehm sein. In manchem war er sein Agent, wie bei der Eintreibung des »Zehentmostes« nach der jährlichen Traubenernte oder bei der Zählung der gräflichen Schafherde. Der Marktrichter amtierte in einer delikaten Spannung zwischen Herrschaft und Beherrschten. Er brauchte das Vertrauen beider, um sich im Amt zu halten. Dazu musste er glaubwürdig sein, aufrichtig, ohne korrumpierendes Eigeninteresse, weder servil nach oben noch auftrumpfend gegenüber seinesgleichen, geduldig, ein guter Zuhörer sowie gescheit, überzeugend und gewandt genug, Konflikte zu entschärfen oder beizulegen. Dass Matthias Haydn Marktrichter von Rohrau bis zu seinem Tode blieb, lässt vermuten, dass er die für das Amt geforderten Qualitäten besaß. Bei seiner Bestellung mag auch geholfen haben, dass sein Schwiegervater, Lorenz Koller, wie auch sein Schwager und Freund, Johann Georg Graf, Marktrichter von Rohrau gewesen waren – Matthias folgte dem Anfang 1741 verstorbenen Graf im Amt nach. Die Würde machte nicht reich, denn es gab nur einen Ehrensold, noch nicht einmal in Geld, sondern in Wein. Aber sie verschaffte Ansehen und Einfluss.

Matthias war nicht nur Handwerker, sondern auch Bauer. Als »Halblehner« konnte er vier Milchkühe, zwei Zugochsen oder drei Pferde, vier Stück »Schmalvieh«, das waren Ziegen, ferner vier Schafe nebst Schweinen und Geflügel nach Belieben halten. Ob er diese Quoten auch immer nutzte, wissen wir nicht. Bei seinem Tod hielt er einige Pferde, Kühe, Schafe und Schweine. Außer Ackerland besaß er »auf dem Ungarischen« einen Weinkeller und in Prellenkirchen ein Achtel Weingarten in ertragreicher Lage.

Die Bauernschaft unterstand dem Recht des Grundherrn. Die Rechtsartikel wurden ihr jährlich am Georgstag, dem 23. April, am Gerichtstisch unter freiem Himmel feierlich verlesen, ein Ereignis, bei dem unter Strafe niemand fehlen durfte. Für den Herrschaftsdienst galt ein Pflichtenkatalog samt einer peniblen Strafordnung bis hin zum Abschlagen einer Hand bei Versetzung eines Marksteins. Oberste Pflicht der Bauern war der Robotdienst auf den herrschaftlichen Feldern mit Knechten, Gespannen, Wagen und Gerät der Bauern selbst. Ehebruch wurde mit Geldstrafe belegt. Die Bauern zahlten an Herrschaft und Landschaft Steuern, Abgaben und Gebühren, nicht nur in Geld, sondern auch in Naturalien, wie den jährlichen »Kuchelzehent« – ein Halblehner wie Matthias Haydn hatte an einem festgesetzten Tag auf dem Schloss fünfzehn Eier und ein Huhn abzuliefern. An jenem Tag kamen alle Bauern aus den zwölf Herrschaftsdörfern nach Rohrau und hinterließen dort mehr als achttausend Eier, dazu Kapaune und Hühner in reicher Zahl.

Mit drei Thronwechseln brachte das Jahr 1740 folgenschwere Veränderungen in der europäischen Politik.

In Russland war Zarin Anna Iwanowna, Nichte Peter des Großen, Herrscherin über Russland seit 1730, mit siebenundvierzig Jahren gestorben. Die von ihr sanktionierte Nachfolgeregelung mit dem unter die Regentschaft seiner Mutter gestellten blutjungen Zaren Iwan VI. wurde schon Ende des folgenden Jahres durch Staatsstreich außer Kraft gesetzt, zur neuen Zarin proklamierte sich Elisabeta Petrowna, Tochter Peters aus dessen zweiter Ehe mit Katarina Skawronskaja. Zur Palastrevolte kam es, weil der russische Adel den Einfluss deutscher Ratgeber, die Anna aus dem Baltikum zugezogen hatte und auf die sie sich bei den Regierungsgeschäften maßgeblich stützte, nicht länger hinnahm.

Einen für die Habsburger Monarchie unheilvollen Thronwechsel gab es in Preußen. König Friedrich Wilhelm I. war Ende Mai gestorben. Ihm folgte sein ältester Sohn als Friedrich II., der wie der Vater entschlossen war,

Preußens Aufstieg zur deutschen und europäischen Großmacht kraftvoll voranzutreiben. Der »Soldatenkönig« hatte seinem Sohn eine moderne Armee, eine gefüllte Staatskasse, eine, wenn vorerst auch nur bescheiden prosperierende Wirtschaft und ein fortschrittliches Volksbildungswesen hinterlassen, das jede Gemeinde verpflichtete, eine Schule zu unterhalten. Der junge König hatte sich Großes vorgenommen, Machtzuwachs gab es für Preußen vor allem durch Landraub. Erstes Ziel war das österreichische Schlesien. Ungeduldig erwartete Friedrich in den kommenden Schlachten sein »Rendezvous mit dem Ruhm«.

Nichts kam ihm daher gelegener als die Nachricht vom Tod des Kaisers am 20. Oktober 1740. Karl VI. war Anfang des Monats, schon erkältet, zur Herbstjagd nach Schloss Halbthurn abgereist, eine Besitzung im nördlichen Burgenland beim Neusiedler See, begleitet von der Kaiserin, eine passionierte Jägerin, sowie den Töchtern Maria Theresia und Maria Anna. Mit Fieber von der Jagd nach Halbthurn zurückgekehrt hatte Karl ein Pilzgericht verlangt. Noch in der Nacht erkrankte er schwer und erbrach sich unter Krämpfen. In Wien war er nach nutzlosen Aderlässen gestorben.

Erbin der Habsburger Monarchie war Maria Theresia, älteste Tochter Karls aus seiner einzigen Ehe mit Elisabeth Christine von Braunschweig-Wolffenbüttel. Mit der Pragmatischen Sanktion, für deren Anerkennung Karl bei den Ständen der Monarchie, im Reich und bei den europäischen Mächten fast drei Jahrzehnte lang zäh und, wie es schien, mit Erfolg geworben hatte, sollte der ungeteilte habsburgische Besitz auf seine Tochter übergehen, sofern er ohne männliche Nachkommen bliebe – sein einziger Sohn, Leopold Johann, 1716 geboren, war nach sechs Monaten noch im selben Jahr gestorben.

Karl hinterließ seiner Tochter zwar ein Königreich, aber weder eine moderne Armee noch eine gefüllte Staatskasse, kein fortschrittliches Bildungswesen und keine ertragreiche Wirtschaft, schon gar keine effiziente Verwaltung. Zudem hatte er sie von allen Staatsgeschäften fern gehalten – mit der Krone erbte die junge Herrscherin ein kaiserliches Kollegium verbrauchter und gichtgeplagter Ratgeber. Von ihrem Gemahl, Herzog Franz Stephan von Lothringen, seit 1737 Großherzog von Toscana, den sie im Jahr zuvor aus Liebe und mit dem Segen des Kaisers geheiratet hatte, war bei Staatsgeschäften selten mit brauchbarem Rat zu rechnen. Franz Stephan, der spätere deutsche Kaiser Franz I., verstand wenig von Politik. Wie wir von Otto Christian Graf Podewils wissen, dem preußischen Gesandten am Wiener Hof, interessierte sich Franz Stephan nicht für Geschichte oder Recht, war nur mäßig gebildet und besaß wenig Ehrgeiz. Aber er sah gut aus, war freundlich, friedfertig, beherrscht, unprätentiös, ein guter Jäger, gewandt im Fechten, Tennis und Tanz. Er war nicht bloß intelligent, sondern auch klug, beschäftigte sich mit Naturwissenschaften, Alchimie und einigen Sammlungen, voran das kaiserliche Münzkabinett. Vor allem aber hatte er ein inniges Verhältnis zu Geld und Finanzen und eine glückliche Hand dabei. Ein bedeutender Herrscher war er nicht. Aber er blieb, trotz aller Mankos, noch nach dreißig Ehejahren, sechzehn ehelichen Kindern und einigen diskreten außerehelichen Amouren der Abgott seiner Frau.

»Der Tod des Kaisers verändert alle meine pazifistischen Ideen«, schrieb Friedrich an Voltaire. Die Versuchung der Macht war zu groß. Zwar hatte Friedrichs Vater die Pragmatische Sanktion anerkannt, doch nur für den Fall, dass der Kaiser preußische Ansprüche auf die Herzogtümer Jülich und Berg unterstütze. An diese Zusage hatte Karl sich jedoch nicht gehalten, für Friedrich nun Grund genug, sich von der Pragmatischen Sanktion loszusagen. Wenige Tage vor Weihnachten 1740 überschritt die preußische Armee die Grenze nach Schlesien. Friedrichs Beispiel machte Schule – schon im folgenden Jahr meldeten sich Bayern, Frankreich, Sachsen und Spanien mit Zessionsforderungen. Damit wurde der preußische Einfall in Schlesien zum Auftakt für den achtjährigen Krieg um die österreichische Erbfolge.

Ähnlich dürftig wie in Hainburg ging für Haydn der Unterricht in Latein, Rechnen, Lesen und Schreiben auch im Kapellhaus fort, diesmal unter der Aufsicht des Domkapellmeisters Georg Edler von Reutter, wie er sich seit jenem Jahr 1740 mit kaiserlichem Adelsbrief nennen durfte. Mit ihm unterrichteten ein Subcantor und zwei Präceptoren. Der Kapellmeister wurde aus der Stadtkasse bezahlt, zum Gehalt kamen noch, wie bei Reutter, sechzehn Klafter »weiches Deputatholz« und jedes zweite Jahr zu Weihnachten »ein schwarzes Ehrenkleid«. In alter Zeit gehörte zu den Einkünften auch noch die Nutzung eines Weingartens, damit der Cantor »den Knaben und Präceptoren über Tisch einen guten Trunck gäbe«, und zwar so, dass sie »nicht darum khrankh werden«. Während Haydn sich Reutters schonend erinnerte, nannte Pohl ihn »rücksichtslos, habgierig und aufgeblasen«.

Wann Haydn in Wien eintraf, ist nicht bekannt. Vermutlich aber schon in der ersten Jahreshälfte, als der Kaiser noch lebte. Unter Karl VI. stand die Musikpflege in Wien und den Erblanden in hoher Blüte. Wie viele Habsburger vor ihm war auch Karl ein eifriger Liebhaber der Musik, versiert auf mehreren Instrumenten und selbst gewandt als Komponist. Sein Lehrer war Johann Joseph Fux gewesen, Hofkomponist von Kaiser Leopold I., dem begabtesten Hobbymusiker unter den Habsburgern. Fux war 1715 Karls Hofkapellmeister geworden. Auch Maria Theresia war musikalisch interessiert und gebildet, sie sang sogar in Opern. Doch nach dem plötzlichen Tod des Vaters, bei leerer Staatskasse und einem verheerenden Aufgebot an Feinden wurden Abstriche beim Kulturetat unvermeidlich.

Während die sechs Chorknaben vom Kapellhaus den Gesang und das Spiel auf Klavier und Geige bei »sehr guten Meistern« lernten, kümmerte sich so gut wie niemand um ihre musiktheoretische Ausbildung. Haydn erinnerte sich, er habe nur zwei Lektionen von Reutter erhalten. Dieser habe ihn aber ermuntert, die Motetten und Salves, welche er, Haydn, im Dom habe singen müssen, auf ihm beliebige Art zu variieren, und diese Übung habe ihn früh auf eigene Ideen gebracht, die Reutter sodann verbessert habe. Als Chorknabe sang Haydn nun neun Jahre lang Messen, dazu viele »Motetten und Salve« bei Hof oder auch in Klöstern und Adelshäusern. In Wien gab es für Haydn wohl etwas weniger Prügel und etwas mehr zu essen als in Hainburg, vor allem dann, wenn der Chor auswärts sang und vom Tisch der Mächtigen oder des Klerus einiges abfiel – Pohl glaubte zu wissen, Haydn habe sich bei solchen Darbietungen »gar oft beim Aufwarten die Taschen voll Nudeln und ähnlichen Leckerbissen« gestopft. Michael Haydn erinnerte sich 1801, als er bei einem Besuch in Wien am Kapellhaus vorbeikam, er habe hier manches Jahr, sicher nicht anders als Joseph, wöchentlich seinen »Schilling« bekommen – ein Schilling war die gängige Maßeinheit für eine Tracht Prügel, ein eher mildes Quantum in einer Zeit, die bei geringstem Anlass barbarisch strafte oder folterte.

Es ist anzunehmen, dass Haydn im Domchor sang, als die Eingeweide des verstorbenen Kaisers in einem silbernen Behältnis feierlich nach St. Stephan überführt wurden. Nach altem Brauch wurde der Leichnam des Herrschers im Familiengrab der Habsburger, der Kapuzinergruft, unter der im ersten Drittel des 17. Jahrhunderts erbauten Kapuzinerkirche beigesetzt, das Herz des Kaisers, eingeschlossen in eine Urne, in der Loretto-Kapelle der Augustinerkirche und seine Eingeweide in der Herzogsgruft der Katakomben unter dem Stephansdom. Auf dem Sterbebett hatte der Kaiser zu den Ärzten, als die sich über die Ursache seiner Krankheit nicht einig wurden, gelassen bemerkt, sie würden sich nach seinem Tod bei der Obduktion der Leiche schon einig werden. Karl ließ sich auch die Urne zeigen, die sein Herz aufnehmen sollte, und fragte verwundert, warum sie so klein sei.

Gewiss musizierte die Domkapelle und mit ihr Haydn auf der Chorempore im Hochamt zur Erbhuldigung der niederösterreichischen Stände für die dreiundzwanzigjährige und mit ihrem ersten Sohn, Joseph, schwangere Maria Theresia am 22. November im Stephansdom.

Von den neun Jahren, die Haydn im Kapellhaus lebte, ist wenig überliefert. Der umtriebige Reutter ließ sich bei den Chorknaben selten sehen. Wollte Haydn sich in der Komposition weiterbilden, musste er sich selber helfen. Wie anders als durch Bücher. Hierzu Griesinger: »Er lernte auch Matthesons vollkommenen Kapellmeister und Fuxens Gradus ad Parnassum in deutscher und lateinischer Sprache kennen – ein Buch, das er noch im hohen Alter als klassisch rühmte, und wovon er ein stark abgenutztes Exemplar aufbewahrt hatte.« Bald wagte er sich an acht und sogar sechzehnstimmige Kompositionen. »Ich glaubte damals, es sey alles recht, wenn nur das Papier hübsch voll sey; Reutter lachte über meine unreifen Produkte, über Sätze, die keine Kehle und kein Instrument hätte ausführen können, und er schalt mich, daß ich sechzehnstimmig komponirte, ehe ich noch den zweystimmigen Satz verstünde.«

Eines der von Haydn studierten Bücher war »Der vollkommene Capellmeister« des Hamburger Komponisten und Musiktheoretikers Johann Mattheson, erschienen 1739. Das Buch hieß mit vollem Titel »Der vollkommene Capellmeister, das ist gründliche Anzeige aller derjenigen Sachen, die einer wissen, können, und vollkommen inne haben muß, der einer Capelle mit Ehren und Nutzen vorstehen will.« Das andere, ungleich bedeutendere Werk war der »Gradus ad Parnassum«, also »Der Weg zum Gipfel«, auf Lateinisch verfasst von Johann Joseph Fux und 1725 in Wien erschienen. Das Werk machte Fux in ganz Europa zur Autorität im Kontrapunkt, am Gradus schulten sich Generationen von Komponisten. Die deutsche Übersetzung von Lorenz Christoph Mizler »Gradus ad Parnassum: oder, Anführung zur regelmäßigen musikalischen Komposition« erschien in Leipzig 1742.

Was konnte Haydn aus diesen Büchern lernen? »Der vollkommene Capellmeister« bot auf fünfhundert eng bedruckten und in Paragraphen gegliederten Seiten eine »Wissenschaft der Tonlehre«. So wie Mattheson hatte noch keiner, schon gar nicht auf Deutsch und in solch munterem Plauderton, über Musik geschrieben. Am meisten lernte Haydn hier wohl über Tonarten, Verzierungen, Intervalle, Akkorde oder von den Anleitungswinken zur Führung des Basses, wenn ihm auch die Notenexempel Matthesons nicht gefielen, sie waren ihm zu trocken, er schrieb sich neue. Ein vollkommenes Lehrbuch war der »vollkommene Capellmeister« also nicht, und das nicht nur wegen der trockenen Exempel. Mattheson war zwar ein selten produktiver Literat, der aber zu vieles in Hast unkritisch niederschrieb. Das Buch ist voller Bildungsballast, es ließe sich bequem und mit Gewinn auf ein Drittel kürzen. Denn über Wesentliches beim Komponieren, wie Einfall, Formsinn, Melodie oder Geschmack, lässt sich nur wenig Gehaltvolles sagen, aber viel Belangloses schwätzen. Mattheson selbst meinte im Vierten Hauptstück »Von der melodischen Erfindung«, dies sei zwar »ein herrlicher Titel, wird mancher dencken: da muß es lauter schöne Einfälle regnen! aber ich fürchte, wer keine natürliche Eigenschafften mit sich bringet, dürffte wenig Trost aus diesem Unterrichte schöpffen; ungeachtet wir uns die Mühe nehmen wollen, alle ersinnliche HülffsMittel vorzuschlagen« – was dann auch seitenlang geschieht.

Fuxens Gradus war aufgeteilt in Übungen und Lektionen. Der Schüler konnte also, wie Haydn es auch tat, den Stoff in bekömmlichen Portionen genießen. Der Gradus war ein vollkommenes Lehrbuch, dazu noch unterhaltend als Dialog geschrieben, wobei Aloysius der Lehrer ist, Josephus der begabte Schüler. Auch wenn der Gradus ein Werk über Regeln ist, so wird der Schüler doch nicht mit Theorie ermüdet, sondern am Beispiel unterwiesen. Neu war die Didaktik, also die Kunst, den Schüler stufenweise von der Basis zum Gipfel zu führen. Aloysius, also Fux, gibt sich dabei nicht als einschüchternde Autorität, sondern versteht es als berufener Pädagoge, Selbstvertrauen durch Selbstdenken zu fördern.

Der Eindruck, den das Buch auf Haydn machte, war tief und nachhaltig. Gut möglich, dass er Fux selbst noch sah, etwa bei Darbietungen des Domchors am Hof – Fux starb Mitte Februar 1741, im selten hohen Alter von achtzig Jahren.

Ungewiss ist nur, wie und wann Haydn sich die beiden Bücher beschaffte. Es ist wenig wahrscheinlich, dass ein Chorknabe, der so knapp gehalten wurde, das Geld für zwei Bücher dieser Art ersparen konnte – Leopold Mozart, mit dem Gehalt eines Violinisten der Salzburger Hofkapelle, zahlte 1746 in Salzburg für den Gradus vier Gulden, ein Betrag, von dem manche arme Familie in Wien einen Monat lang oder auch länger leben musste. An einen Zuschuss aus dem Elternhaus, und noch dazu für einen solchen Luxus, konnte Haydn nicht denken. Es ist daher mit Dies anzunehmen, dass Haydn sich die Bücher erst nach seiner Entlassung aus dem Domchor kaufte, vielleicht im Jahr darauf, als er, achtzehn Jahre alt, das erste Geld verdiente. Was nicht heißen muss, dass er sich die beiden Bücher nicht schon als Chorknabe beschaffte, indem er sie bei Reutter oder anderswo auslieh. Denn mit dem Komponieren begann Haydn schon im Kapellhaus, und er hätte es kaum gewagt, Reutter seine Versuche vorzulegen, wenn sie ohne einige Kenntnis der Regeln entstanden wären.

Haydn erinnerte sich im Alter an einen Besuch des Domchors in Schönbrunn, wo er der Landesmutter, Maria Theresia, begegnet sei. Damals wurde am Schloss noch gebaut, fertig wurde es 1745. Zwischen den Chorauftritten kletterten Haydn und andere Kapellschüler auf das Baugerüst. Maria Theresia habe sich nach dem Lärm erkundigt und befohlen, die Buben zu verjagen und ihnen Strafe anzudrohen, sollten sie sich dort wieder blicken lassen. Haydn sei jedoch am folgenden Tage erneut auf das Gerüst gestiegen, erwischt und wie angedroht geprügelt worden. Viele Jahre später habe er die Kaiserin bei ihrem Besuch in Esterháza, zur Erheiterung der hohen Gesellschaft, an dieses Erlebnis erinnert.

Schlimmer als mit Prügeln hätte für Haydn ein anderes Erlebnis enden können. »Damals waren am Hofe und an den Kirchen in Wien noch viele Kastraten angestellt, und der Vorsteher des Kapellhauses glaubte ohne Zweifel des jungen Haydns Glück zu gründen, wenn er mit dem Plane, ihn sopranisiren zu lassen, umging, und auch wirklich den Vater um seine Einwilligung befragte. Der Vater, dem dieser Vorschlag gänzlich mißfiel, machte sich schleunig auf den Weg nach Wien, und in der Meinung, daß die Operation vielleicht gar schon könnte vorgenommen worden seyn, tritt er in das Zimmer, wo sich sein Sohn befand, mit der Frage: ›Sepperl, thut dir was weh? kannst du noch gehen?‹ Hocherfreut, seinen Sohn unverletzt zu finden, protestirte er gegen alle fernere Ansinnen von dieser Art, und ein Castrat, welcher zugegen war, bestärkte ihn selber in seinem Entschlusse«, heißt es bei Griesinger.

Die Knabenkastration war seit Mitte des 17. Jahrhunderts eine italienische Domäne. Ihr Zweck war es, zur Konservierung einer schönen Stimme ihre Mutierung zu verhindern. Auch wenn für viele Kinder dieses musikalische Opfer zur Lebenstragödie wurde und nur wenige Kastraten ihr »Glück«

machten, gefeiert wurden und Vermögen verdienten, wie der größte Kastrat des Jahrhunderts, Carlo Broschi, genannt Farinelli – der Siegeszug des von Kastraten gebotenen bellissimo canto in Europa war nicht aufzuhalten. Auch der Geschmack des kaiserlichen Hofes stand ganz unter dem Einfluss der italienischen Musik und ihres melodischen Zaubers. Nur Kastraten, so schien es, waren berufen, dank der Kraft, Reinheit, Biegsamkeit und des Umfangs ihrer Stimme in Kirche und Oper, zur größeren Ehre Gottes, das Ideal musikalischer Schönheit zu erfüllen.

Ein Glück für Haydn, dass er einen Vater hatte, der sich dem Angebot Reutters bestimmt widersetzte. Ob Reutter bei anderen Chorknaben, die keine Eltern hatten, die nach ihnen sahen, mehr erreichte, wissen wir nicht.

Seit 1745 sang im Domchor auch Haydns Bruder Michael. Zurück in Rohrau blieben die nun fünfzehnjährige Anna Maria Franziska, die 1739 geborene Anna Maria, Haydns Lieblingsschwester, und der einjährige Johann Evangelist – das jüngste Kind, Maria Theresia, im März 1745 geboren, war kein halbes Jahr später gestorben.

So wurde Joseph im Kapellhaus zum Hüter seines Bruders. Michael verdankte ihm manche gute Lehre, und ein großer Bruder ist immer ein willkommener Nothelfer. Näheres über das brüderliche Miteinander wissen wir nicht. Anekdotisch überliefert ist nur, dass Maria Theresia bei einem Besuch in Klosterneuburg, wo das Kaiserhaus jährlich das Fest des österreichischen Landespatrons, des heiligen Leopold, feierte, zu Kapellmeister Reutter bemerkt haben soll, Joseph, der im Stimmbruch stand, singe nicht mehr, sondern krähe bloß noch. Worauf Reutter als Ersatz für Joseph Bruder Michael als Sopran benannt habe und dieser so herrlich sang, dass Maria Theresia ihm vierundzwanzig Dukaten schenkte. Als Reutter später Michael gefragt habe, was er mit dem vielen Geld nun mache, habe der gesagt, er wolle zwölf der geschenkten Dukaten seinem Vater für den Kauf einer Kuh schicken, die andere Hälfte möge Reutter bis zu seinem, Michaels, Stimmbruch für ihn aufbewahren. Reutter habe das Geld auch genommen, doch an die Rückzahlung nie mehr gedacht.

Die Chorknaben waren mit Proben, Aufführungen, Gastreisen und dem Schulpensum reichlich beschäftigt, viel freie Zeit für Unfug oder Langeweile blieb nicht. Gesungen wurde die Kirchenmusik der Zeit in allen ihren Formen, als Messen, Proprien, Motetten, Litaneien, Vespern, Laudes und Salve Reginas. An Werken war kein Mangel, und dass ein Komponist zwei Dutzend Messen schrieb, war nicht selten. Zu den bedeutenden Komponisten der Kirchenmusik in Wien während der Herrschaft Karl VI. gehörte Antonio Caldara, Vizekapellmeister am Hof, der 1736 in Wien starb und zahlreiche Messen, Motetten und Kantaten hinterließ. Sodann Johann Joseph Fux, der Kirchenmusik in der Tradition Palestrinas schrieb. Berühmt wegen ihrer kontrapunktischen Finessen war seine dem Kaiser gewidmete »Missa canonica«. Als er starb, wurde er mit großem Zeremoniell beigesetzt. Beliebt war auch die Kirchenmusik von Johann Georg Reinhardt, bis zu seinem Tode Kapellmeister der Gnadenbildkapelle von St. Stephan – Reutter leitete die Hauptkapelle des Doms. Bei Hof wohlgelitten war Georg Christoph Wagenseil, Vorzugsschüler von Fux, später als Hofkomponist zwar mehr bekannt durch Instrumentalmusik, aber auch hoch geachtet wegen seiner Messen. Natürlich wurden im Dom Werke beider Reutters aufgeführt, besonders von dem jüngeren Georg, der neben vierzig Opern mehr als achtzig Messen und Motetten schrieb.

Gelegentlich mag im Wiener Dom auch ein Werk Antonio Vivaldis erklungen sein. Er war 1727 auf Einladung des Kaisers nach Wien gereist und hatte ihm eine Sammlung von zwölf Violinkonzerten unter dem Titel »La cetra« (Die Zither) gewidmet. Nach dem Tod des Kaisers war er Ende Juni 1741, verarmt und krank, noch einmal nach Wien gekommen, wohl wegen der Aufführung einer Oper, von niemandem erkannt oder beachtet. Einen Monat später starb er, im Hause eines Wiener Sattlermeisters beim Kärtnertor, dreiundsechzig Jahre alt. Schon am folgenden Tage wurde er auf dem Friedhof des Bürgerhospitals, dem »Spittaler Gottesacker«, beigesetzt.

Als die Musikkapelle von Fürst Nikolaus II. Esterházy im Mai 1808 in Wien konzertierte, soll Haydn den Chorknaben der Kapelle erzählt haben, wie er, als er so alt wie sie gewesen sei, im Kapellhaus sein »Clavierl« unter den Arm genommen und auf den Speicher gestiegen sei, um dort ungestört zu üben, während seine Kameraden draußen spielten.

Was uns an der Geschichte überrascht, ist nicht Haydns Fleiß, sondern das Clavierl. Ob es ihm gehörte, wissen wir nicht. Vielleicht war es geliehen. Denn Instrumente waren teuer. Denkbar ist auch, dass es ein Geschenk war. Aber von einem Gönner aus jenen Jahren ist nichts bekannt. So hat er es sich vielleicht billig aus zweiter Hand, womöglich auch mit einer Zuwendung aus Rohrau, beschafft. Oder hatte Michael von den zwölf Dukaten, bevor er sie Reutter ließ, ein paar dem Bruder gegeben? Natürlich war das Clavierl kein Klavier. Hammerklaviere gab es in dieser Zeit zum allgemeinen Gebrauch noch nicht, ein solches hätte auch, wegen der aufwendigeren Technik, nach

Gewicht und Umfang unter keinen Arm gepasst. Was Haydn daher für seine Übungen nutzte, war ein Klavichord, das damals noch nicht auf eigenen Füßen stand, sondern auf einer Unterlage gespielt wurde, vorzugsweise auf einem Tisch, und mühelos getragen werden konnte. Der Tonumfang eines Klavichords von drei Oktaven war zwar bescheiden, aber mit seinem zarten Klang war es als Haus und Studieninstrument sehr beliebt. Und wegen der nur mäßigen Tonstärke rebellierten, selbst bei nächtlichem Spiel, auch keine Nachbarn.

Wegen des Stimmbruchs war Haydn 1749 für Reutter im Domchor nicht länger verwendbar, seine Stelle musste neu besetzt werden. Was Haydns Abgang noch beschleunigte, erzählte er dem Biographen Dies. Einer der Chorknaben habe, entgegen der Mode, sein Haar in einem Zopf getragen, und er, Haydn, habe ihm diesen aus Übermut abgeschnitten. Zur Buße sollte er Stockschläge auf die Hand bekommen. Um der Strafe zu entgehen, habe Haydn schließlich gelobt, lieber kein Chorknabe mehr zu sein und auf der Stelle zu gehen. Darauf Reutter: Das werde ihm nichts helfen, er werde erst bestraft, danach könne er gehen. Und so geschah es.

Die genauen Umstände von Haydns Entlassung aus dem Kapellhaus liegen im Dunkeln. Ihn nach neunjährigem Chordienst sang- und klanglos auf die Straße zu setzen, selbst bei dem Ärger über den kupierten Zopf, erscheint übertrieben hart. Die Knaben der Hofkapelle hatten es besser – sie erhielten beim Stimmbruch das Geld für die Heimreise oder ein Stipendium zu weiteren Studien. Aber die Stadt hatte für so viel Fürsorge kein Geld. Doch warum empfahl Reutter ihn nicht weiter? War er wegen der drückenden Kriegsfolgen nicht im Stande, für Haydn ein Engagement in der Hauskapelle eines Adligen zu finden? Oder hatte Reutter sich schon seit längerem über ihn erregt, war also Haydns Streich vor der Entlassung nur der letzte in einer Reihe früherer Aufsässigkeiten gewesen?

Im Rückblick auf Haydns erste siebzehn Lebensjahre hätte ihm niemand eine große Zukunft prophezeit. Der Vorzug einer schönen Stimme, der er die Aufnahme in das Kapellhaus verdankt hatte, galt nicht mehr. Die mit so großen Erwartungen begonnene Laufbahn endete mit einem Eklat. Er war kein Wunderkind, auch Reutter hatte an ihm nichts Wunderbares bemerkt.

Doch er gab nicht auf. »Mit unermüdeter Anstrengung suchte sich Haydn Fuxens Theorie verständlich zu machen; er ging seine ganze Schule praktisch durch, er arbeitete die Aufgaben aus, ließ sie einige Wochen liegen, übersah sie alsdann wieder, und feilte so lange daran, bis er es getroffen zu haben glaubte. ›Das Talent lag freylich in mir: dadurch und durch vielen Fleiß schritt ich vorwärts‹«, meinte er zu Griesinger.

Seine Statur war, wie wir von den Biographen wissen, etwas weniger als mittelgroß, stämmig und von derbem Knochenbau. Die untere Hälfte des Körpers war kürzer als die obere. »Seine Habichtsnase (er litt viel an einem Nasenpolypen, der ohne Zweifel diesen Teil erheblich vergrößert hatte) sowie auch die übrigen Gesichtsteile waren stark mit Blatternarben, die Nase selbst mit Blatternähten bezeichnet, sodaß die Nasenlöcher jedes eine andere Form hatten«, schildert ihn Dies mit Malerblick. Haydn selbst hielt sich für hässlich.

Der Nasenpolyp, der ihn bis zum Lebensende quälte, war ein Erbteil der Mutter. Wie sich dieses Leiden entwickelte und wann der Polyp begann, ihn ernstlich zu stören, wissen wir nicht.

Gleiches gilt für die Blattern, die schwarzen Pocken, in jener Zeit gefürchtet wie die Pest, die vorwiegend Kinder und Jugendliche traf. Die Blattern begannen mit Fieber und Schüttelfrost, Schmerzen in Kopf und Gliedern, Schwindel und Erbrechen, oft auch Entzündung der Mandeln oder Hautblutungen. Dann folgte der Pockenausschlag vom Kopf hin über den Körper, besonders befallen wurden Gesicht und Hände. Aus den roten Flecken wuchsen erbsengroße Knoten, die sich zu Pockenpusteln bildeten. Oft wanderten Eiterherde zu inneren Organen, es kam zu Blutvergiftungen oder Entzündungen von Herz und Nerven. Überlebte der Kranke den Ansturm, verschwanden zwar die Pusteln; doch hinterließen sie häufig entstellende Narben. Vor allem Mädchen oder junge Frauen, die nach überstandenen Blattern ihren Anblick im Spiegel nicht mehr ertrugen, zogen sich oft, vernichtet fürs Leben, ins Kloster zurück.

In Haydns Jugend gab es gegen die Blattern noch so gut wie keinen Schutz. Was am ehesten half, war die eilige Flucht aus der epidemischen Zone. Und doch war seit etwa 1720 die Pockenimpfung schon an einigen Höfen bekannt, wie in England. Lady Mary Montagu, geistvolle Verfasserin zahlloser Briefe, hatte ihren Ehemann, der zum Botschafter Englands bei der Hohen Pforte bestellt worden war, in die Türkei begleitet und dort erlebt, wie man Kinder auf einfache Weise und mit frappantem Erfolg gegen die Pocken impfte. Princess Caroline, geborene Karoline von Ansbach und verheiratet mit Georg August von Hannover, dem Kronprinzen und späteren König George II., ließ 1722 auf Rat der Lady ihre beiden Töchter impfen. Doch blieb das Verfahren in Europa noch lange als Teufelswerk umstritten, viele lehnten die Impfung entschieden ab, wie Leopold Mozart, mit der Folge, dass beide Mozartkinder 1767 an den Blattern erkrankten, Wolfgang so schwer, dass er neun Tage blind war. Während der Wiener Pockenepidemie von 1767 starb Erzherzogin Maria Josepha Gabriela, eine Tochter von Maria Theresia und Kaiser Franz Stephan, am Vorabend ihrer Hochzeit mit dem Prinzen von Neapel. Der Todestag, der 15. Oktober, war dazu noch der Namenstag ihrer Mutter. Schon im folgenden Jahr ließen sich drei Mitglieder der kaiserlichen Familie impfen. Aber erst im letzten Viertel des Jahrhunderts bekehrte sich Europa, wenn auch immer noch zögernd, zur Pockenimpfung. Edward Jenner hatte 1778 das bisher nur sporadisch und nicht ohne Risiko verwendete menschliche Pockenserum durch ein »Vakzin« ersetzt, das Serum einer pockenkranken Kuh.

Die Blatternarben in Haydns Gesicht werden nicht nur durch Dies bezeugt, sondern auch durch Büsten, wie die Anton Grassi zugeschriebene Bleibüste von 1800, wo die Narben, dicht gesät bis in die Stirn, prominent hervortreten. »Die besten Büsten von Haydn sind unstreitig die, welche sein Freund, der geschickte Modellier bei der Wiener Porzellanfabrik, Herr Grassy nach dem Leben verfertiget hat«, schrieb Griesinger, der es wissen musste.

Bei den hohen Ansprüchen Reutters als Diskantist im Domchor nicht weiter verwendbar, gezeichnet durch die Blattern, getroffen durch die rüde, wenn vielleicht auch nicht unverschuldete Entlassung aus dem Kapellhaus, an Geld kaum mit dem Nötigsten versehen, begann für Haydn im November 1749 die bang herbeigesehnte Freiheit.

KAPITEL DREI

DAS ELENDE BROT

Quartiere
Kummerspross
Wallfahrt
Bernardon
»Der krumme Teufel«
Austreibung des Hanswurst
Wien 1732
Verdienste
Dachbodengesellschaft
Metastasio und Porpora
Sommer in Mannersdorf
Gefährten
Tod der Mutter
Weinzierl
Direktor bei Morzin
Musikpflege
Oper in Wien
Frühe Werke
Freundlicher Ausblick

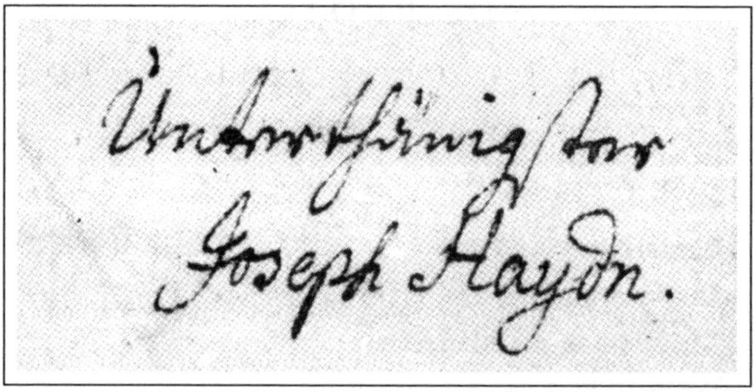

Haydns Autograph aus dem Jahre 1766

Nach dem brüsken Abschied musste Haydn, eben siebzehnjährig, für sein Fortkommen selber sorgen.

Wo sollte er bleiben? Wohnraum war in Wien rar und teuer. Die Bevölkerung wuchs rasch, dazu kamen immer mehr Menschen aus dem Umland, die in der Stadt ihr Glück suchten.

Wir wissen von drei Wiener Unterkünften Haydns aus jenen Jahren. Die erste war bei dem Tenor Johann Michael Spangler, den er von St. Stephan kannte, der jetzt bei der Pfarre St. Michael angestellt war und mit Frau und einem Kind in schon drangvoller Enge ein einziges Zimmer bewohnte. Das Leben zu viert war bald zu Ende, als Spangler in ein anderes Stadtviertel zog. Während des Winters fand Haydn dann bei der Familie des Strumpfwirkers und Posamenters Anton Buchholz ein Lager auf dem Fußboden des ehelichen Schlafzimmers. Und endlich konnte er 1754 oder 1755, ausgestattet mit einem Darlehen der Familie Buchholz von einhundertfünfzig Gulden, eine billige Kammer im Dachgeschoss des Alten Michaelerhauses am Kohlmarkt mieten.

Der eben noch vorbildliche Sohn und Bruder war nun der Kummerspross der Familie. An einer Rückkehr ihres Joseph nach Rohrau war auch den Eltern nicht gelegen. Was sollten, nach all den Berichten von seinen Erfolgen in Wien, die Leute denken? So drängten ihn die Eltern erneut, Priester zu werden. Haydn widerstand auch dieses Mal. Doch sei ihm, meinte er zu Dies, in Zeiten nagenden Hungers manchmal der Gedanke gekommen, dem Orden der Serviten beizutreten, um sich endlich satt zu essen – die Serviten, Diener Mariens, waren ein Florentiner Bettelorden.

Da er sich für die Musik entschieden hatte, sollte sie ihn auch ernähren. In einer musikseligen Stadt wie Wien konnte einer, der Geige, Cembalo und Klavichord spielte, oft ein paar Kreuzer verdienen. In Hainburg und im Kapellhaus hatte er durch Talent und Fleiß schon so viel gelernt, dass er sich zutraute, jugendliche Schüler auf dem Klavichord zu unterrichten.

Die Drangsal jener Jahre vergaß er nicht. In seiner autobiographischen Skizze klingt die bittere Erfahrung nach: »Da ich endlich meine stimme verlohr, muste ich mich in unterrichtung der Jugend ganzer 8 Jahr kumerhaft herumschleppen (NB: durch dieses Elende brod gehen viele genien zu grund, da ihnen die zeit zum studiren manglet), die Erfahrung trafte mich leyder selbst, ich würde das wenige nie erworben haben, wan ich meinen Compositions Eyfer nicht in der nacht fortgesezt hätte.«

Kurze Zeit nach der Entlassung aus dem Domchor ging Haydn auf Wallfahrt nach Mariazell, etwa achtzig Kilometer südwestlich von Wien gelegen. Die Kirche mit dem Gnadenbild der Jungfrau Maria, eine wundertätige Lindenholz-Madonna aus dem 13. Jahrhundert, war ein Ort gläubiger Verehrung, umso mehr, als Kirche und Gnadenbild unter dem besonderen Schutz der Habsburger standen. Der nach der Gegenreformation begonnene Ausbau der Kirche, eine Gründung der Benediktinermönche vom Klosterstift St. Lambrecht, wurde im Türkenjahr 1683 beendet. Der Heilige Brunnen neben der Kapelle spendete heilendes Wasser. Eine Wallfahrt gab den Gläubigen Kraft, Gesundheit, Trost und neue Hoffnung. Zur Sechshundert-Jahrfeier 1757 strömten an die vierhunderttausend Pilger nach Mariazell.

Zu Fuß brauchte der Wallfahrer von Wien dreieinhalb Tage. Der Weg führte über Mödling, Heiligenkreuz, Hafnerberg, Lilienfeld, Türnitz, Annaberg und Josephsberg. Die Andächtigen, vertieft in erbauliche Gebete und Gesänge, wurden von Geistlichen begleitet, ausgesuchte Gasthäuser am Wege sorgten für das Wohlsein der frommen Schar, übernachtet wurde in Heustadeln, Männer und Frauen getrennt. Kraft, Trost und Hoffnung brauchte der Wallfahrer Joseph Haydn so gut wie die anderen. Neue Stärke verschaffte schon die einfache, doch kräftige Pilgerkost, eine barmherzige Spende der Kirche.

Ob Haydn seine Geige bei sich trug, ist nicht belegt. Dagegen wissen wir, dass er einige Kompositionen mitgenommen hatte. Dazu Griesinger: »Er hatte einige Motetten von seiner Composition in der Tasche, und bat den Regens chori daselbst, sie in der Kirche auflegen und singen zu dürfen. Diese Bitte wurde ihm abgeschlagen; um aber seinen Zweck, sich hören zu lassen, zu erreichen, nahm er am folgenden Tage seine Zuflucht zu einer List. Er stellte sich im Chor hinter den Knaben, welcher die Altstimme zu singen hatte, und bot ihm einen Siebenzehner, wenn er ihm seine Stelle einräumen wollte; der Knabe getraute sich aus Furcht vor dem Lehrer nicht, den Handel einzugehen, und nun schob Haydn rasch die Noten vom Pulte über den Kopf des Knaben hinweg, und sang zur allgemeinen Zufriedenheit. Der Regens chori sammelte eine Kollekte von sechzehn Gulden, und schickte damit den hoffnungsvollen Jüngling nach Wien zurück.« Also konnte Haydn sich immer noch in Mariazell als Sänger hören lassen, und das mit solchem Erfolg, dass ihn der Chorleiter einlud, weitere acht Tage zu bleiben.

Zurück in Wien ging für Haydn das unstete Leben mit Musizieren oder Unterrichten tagsüber und nächtlichem Studium fort. An Abenden im Frühjahr und Sommer waren Serenaden unter den Fenstern schöner Frauen ein beliebtes Ritual. Eine dieser Schönen war die Schauspielerin Francisca, seit 1743 verheiratet mit dem als »Bernardon« volkstümlichen Wiener Komödianten Johann Felix Kurz. Eines Abends sammelten sich vor dem Haus des Gold- und Perlenstickers Anton Dirkes, wo Francisca mit Bernardon wohnte, einige Musikanten, unter ihnen Haydn, und spielten eine von ihm komponierte Serenade, die nicht nur ihr, sondern auch dem ungesehen mitlauschenden Kurz sehr gefiel. Die Bekanntschaft zwischen Haydn und Kurz-Bernardon war bald gemacht, und nach einer gelungenen Probe, bei der Haydn eine Pantomime Bernardons am Klavier kongenial begleitete, drängte dieser Haydn, für ihn eine Oper zu schreiben. Haydns Musik zu diesem Singspiel »Der krumme Teufel« ist verschollen, eine Aufführung im Kärtnertortheater gab es Ende Mai 1753, die erste vermutlich schon 1751. Das Stück hatte Erfolg, 1770 gab es eine Wiederaufnahme. Es war ein Singspiel im Wiener Volkston, ein deutsches Vaudeville, bei dem vom Komponisten erwartet wurde, dass er eingängige Melodien erfand, und auch schon bekannte Arien und Lieder aus anderen Opern durften nicht fehlen, nach dem Muster der in London 1729 erstmals gegebenen und seither immer wieder gespielten »Bettleroper«. Es versteht sich, dass Kurz als erfahrener Praktiker des Theaters dem noch ahnungslosen Haydn genau vorgab, was er von ihm wollte. Jedenfalls kein Kunstwerk, sondern Musik zu einem Volksstück, das ihm, Bernardon, als Schauspieler, Sänger und Spaßmacher zum wirksamen Auftritt die Einsätze liefern sollte.

Bernardon war ein Verwandter des Hanswurst, der komisch-heillosen Einfalt im Habit eines Salzburger Bauern, eine Schöpfung des Arztes Joseph Anton Stranitzky, der ihn seit 1709 auf dem damals erbauten und von ihm gepachteten Kärntnertortheater zwanzig Jahre lang gespielt hatte. Der Vater von Kurz war einer seiner Mimen gewesen. Hanswurst und Bernardon waren Figuren nach dem Modell des Arlecchino von Bergamo, des Bauerntölpels aus der Commedia dell'Arte. Jede Aufführung war ein

Unikum, weil nur Handlung und Szenenfolge des Stücks in Umrissen festlagen, Darstellung und gesprochenes Wort nach Laune und Einfallsreichtum der Schauspieler jedoch variierten. Bühnensprache war die Wiener Mundart, Vorlagen höfische Schauspiele oder Opern und Zauberpossen, begleitet von pantomimischen, gesanglichen und tänzerischen Einlagen. Jedes Lied, jeder Fußtritt und jede Ohrfeige wurde dem Schauspieler als »Nebengefälle« besonders vergütet.

Doch war dieser gemütvolle Volksspaß mit der Zeit zur rüden Farce verkommen, bei der Rüpeleien, unsinnige Verkleidungen und Zoten den Wortwitz verdrängten. Dem anspruchsvolleren Teil des Publikums wurde daher der Hanswurst zunehmend ein Ärgernis, wenn sie die französische Schaubühne mit den Tragödien von Corneille und Racine oder den Lustspielen von Molière mit dem deutschen Missstand verglichen. Ein dramatischer Aufbau war im deutschen Schauspiel nirgends erkennbar, allein der Effekt zählte, Szene reihte sich an Szene ohne Anspruch auf Sinn oder Logik, in Tragödien war es nicht besser.

Zum Agitator gegen das dumm-dreiste Unwesen auf der deutschen Bühne machte sich Gottsched – die Reinigung des Theaters von Banalitäten, Unsinn und Zoterei wurde für den rastlosen, pedantischen und selbstherrlichen Mann zum Lebenszweck. In der Schauspieltruppe des Ehepaares Johann und Friederike Caroline Neuber fand er schließlich für sein Projekt einer deutschen Theaterreform den gleichgesinnten Partner. Nach Gottscheds Programm verbannte die Neuberin in Leipzig 1737 in einer satirisch-allegorischen Szene den Hanswurst von der Bühne. In »Dichtung und Wahrheit« erinnerte Goethe sich, immer noch perplex, an einen Besuch mit seinem späteren Schwager Johann Georg Schlosser bei Gottsched in Leipzig: »In dem Augenblick trat Gottsched, der große, breite, riesenhafte Mann, in einem gründamastnen, mit rotem Taft gefütterten Schlafrock zur entgegengesetzten Türe herein; aber sein ungeheures Haupt war kahl und ohne Bedeckung. Dafür sollte jedoch sogleich gesorgt sein: denn der Bediente sprang mit einer großen Allongeperücke (die Locken fielen bis an den Ellenbogen) zu einer Seitentüre herein und reichte den Hauptschmuck seinem Herrn mit erschrockener Gebärde. Gottsched, ohne den mindesten Verdruß zu äußern, hob mit der linken Hand die Perücke von dem Arme des Dieners, und indem er sie sehr geschickt auf den Kopf schwang, gab er mit seiner rechten Tatze dem armen Menschen eine Ohrfeige, so daß dieser, wie es im Lustspiel zu geschehen pflegt, sich zur Tür hinauswirbelte.«

Es dauerte nicht lange, bis der neue Geschmack auch Wien erreichte und dort die schon virulente Kritik am Stegreiftheater mit Hanswurst-Bernardon und dessen Exzessen weiter stärkte. Gottsched erschien Ende 1749 selbst in Wien und wurde mit seiner gleichfalls sehr gelehrten, jungen und ansehnlichen Ehefrau Louise Adelgunde Victoria, geborene Kulmus, vom Kaiserpaar in Audienz empfangen. Keine zwei Jahre später hob Maria Theresia das kaiserliche Privileg für das Kärntnertortheater auf und unterstellte die Bühne der Aufsicht des Wiener Magistrats, mit der Auflage, das deutsche Schauspiel endlich auf einen »gesitteten Fuß« zu setzen. Wenn es stimmt, dass »Der krumme Teufel« 1751 zum ersten Mal gespielt, aber schon nach wenigen Aufführungen wegen »Verunglimpfung einer lebenden Person« verboten wurde, so könnte dies schon die Folge des Kulturkampfs um die Stegreifburleske gewesen sein, ein Streit, der trotz wachsenden Zuspruchs für das »regelmäßige Schauspiel« so bald nicht enden sollte. Noch 1768 meldete Leopold Mozart aus Wien dem Freund Lorenz Hagenauer in Salzburg, dass »die Wiener in genere zu reden nicht begierig sind ernsthafte und vernünftige Sachen zu sehen, auch wenig oder gar keinen Begriff davon haben, und nichts als närrisches zeug, tanzen, teufel, gespenster, Zaubereyen, Hanswurst, Lipperl, Bernardon, Hexen, und Erscheinungen sehen wollen, ist eine bekannte Sache, und Ihre theater beweisen es täglich«.

Wohl wegen der nun strengeren Aufsicht durch den Wiener Stadtrat zog Kurz mit Francisca und den Kindern 1753 für ein Jahr nach Prag an das dortige Kotzentheater. Zurück in Wien, setzte er sein frohes Tun als Bernardon fort, nun vielleicht sogar, wenn auch zum Verdruss vieler an herzhafte Eindeutigkeiten gewöhnter Wiener, auf einem »gesitteten Fuß«. Offenbar traf er damit den Geschmack des Magistrats und einer Mehrheit des Publikums. Nach dem Erfolg des »Krummen Teufels« hätte sich eine Fortsetzung der Partnerschaft mit Haydn angeboten. Doch weitere Kompositionen für Kurz sind nicht nachzuweisen. Kurz heiratete nach dem Tod Franciscas 1754 die italienische Soubrette Theresia Morelli, verließ Wien noch einige Male, wurde in Warschau geadelt und nannte sich Joseph Freiherr von Kurz. Er starb in Wien.

In Haydns Geburtsjahr erschien in Hannover die »Allerneueste Nachricht vom Römisch=Kayserl. Hofe. Nebst einer ausführlichen Historischen Beschreibung der Kayserlichen Residentz=Stadt Wien«. Der Verfasser war Johann Basilius Küchelbecker, der den Anblick Wiens aus der Ferne schwärmerisch pries: »Es lieget diese Welt=berühmte Kayserl. Haupt= und Residentz Stadt in einer unvergleichlichen, fruchtbaren, lustigen und angenehmen Gegend, an einem Arm der Donau, welcher die sogenannte Leopoldts=Stadt von selbiger absondert. Das Land herum ist gegen Morgen und Mittag gantz platt und eben, von Abend gegen Mitternacht zu aber siehet man ein mit Holtz und Wein bewachsenes, hohes, schönes und fruchtbares Gebürge, welches die Annehmlichkeit und schönen Prospect dieser Gegend um vieles vermehret.«

Wien war stark befestigt, die Innere Stadt von mächtigen Mauern eingeschlossen, Zugänge gab es durch sieben Tore, unter ihnen das Kärntnertor, ein anderes war das Burgtor gegenüber der kaiserlichen Hofburg. Jenseits der Mauer schloss sich das Glacis an, ein etwa sechshundert Meter langes und deckungsloses Schussfeld als Teil des Verteidigungsgürtels. Hinter dem Glacis lagen die vierunddreißig Vorstädte. Die größte war »die Wieden« mit dem Lustschloss Karls VI., die Favorita, zugleich seine Sterbestätte. Andere Vorstädte hießen Mariahilf, Rossau, Weißgerber, Landstraße oder Schottenfeld. Die Leopoldstadt lag nördlich der Inneren Stadt, jenseits des Donaukanals. Der Prater war ein Eichen- und Buchenwald auf einer Insel der Donau, seit Jahrhunderten kaiserliches Jagdgehege, mit einem Tierpark und Anlagen für glanzvolle Hoffeste, seit 1766, nach der Widmung für die Öffentlichkeit durch Joseph II., beliebter Ausflugsort der Wiener, mit Feuerwerken als sommerlicher Attraktion. Zum Schutz der Vorstädte vor ungarischen Aufständischen war auf Drängen von Prinz Eugen zu Beginn des Jahrhunderts ein zweiter Befestigungsring gebaut worden, der Linienwall, auch dieser mit eigenen Zugangs- und Ausfalltoren.

Wien war eine expandierende Stadt. Noch um 1700 lebten nicht mehr als achtzigtausend Einwohner in eintausend Wohnhäusern auf dem Gelände innerhalb des Linienwalls, fünfzig Jahre später waren es schon knapp einhundertachtzigtausend Menschen in dreieinhalbtausend Häusern. Für Lady Mary Montagu war Wien schon 1716 zu eng. Man wohnte dicht gedrängt, viele Häuser hatten fünf oder sechs Stockwerke, bis unter das Dach hausten oft mehr als fünfzig Menschen. Die meisten Häuser der Inneren Stadt hatten im Erdgeschoss geräumige Gewölbe mit Läden, Kaffeehäusern oder Werkstätten, bei anderen führten breite Einfahrten zu Höfen mit Pferdeställen, neben den Einfahrten lagerten hochgeschichtet Stapel von Brennholz. Die nobelste Straße Wiens war die Herrengasse, mit Adelspalästen zu beiden Seiten, zumeist bezahlt aus der Beute des Türkenkrieges, wie auch die neuen adligen Sommerresidenzen in den Vorstädten. Wer sich als Edelmann kein Palais leisten konnte, bewohnte ein Stockwerk der großen Stadthäuser mit bis zu zehn Zimmern. Besonders begehrt und teuer war das erste Stockwerk, wegen der Distanz zum Lärm des Verkehrs und wiederum nicht so hoch gelegen, als dass viele Treppen zu steigen waren. In den schmalen Straßen, in die wegen der hohen Häuser nur selten die Sonne schien, verkehrten in rastloser Folge Kutschen, Wagen, Karren und Sänften, dazwischen die bedrängten und eilig ausweichenden Passanten. Promenierende Türken, Polen, Ungarn, Kroaten, Panduren oder Kosaken waren an ihren Trachten erkennbar. Rauchschwaden und penetrante Gerüche oft unbestimmbarer Herkunft durchzogen die Luft, der Lärm von Hufschlag, das Rasseln und Rumpeln der Kutschen und Geschrei war überall. Die Winde aus dem flachen Umland von Norden und Osten her wirbelten Staub hoch. Johann Pezzl schreibt in seiner »Chronik von Wien«, unter Kaiser Joseph II. sei im Sommer 1782 erstmals verordnet worden, »daß zur Dämpfung des häufigen Staubes täglich zwei Mal vor allen Häusern in der Stadt mit Wasser sollte aufgespritzt werden«. Auf Plätzen und Straßen gab es Buden, Hütten und Kioske, die alle Arten von Kram, getragene Kleider und gebrauchten Hausrat, Garn und Zwirn, Gebratenes, geröstete Kastanien, Gemüse, Gewürze, Zuckerwerk, Gebäck oder Getränke anboten.

Während Haydn bisher nur wenig verdient hatte, brachte ihm »Der krumme Teufel« mit einem Schlag vierundzwanzig Dukaten ein, das waren über einhundert Gulden, was ihm erlaubte, schon jetzt den Kredit an Buchholz ganz oder zum größten Teil zurückzuzahlen, hatte er doch kaum die geliehenen hundertfünfzig Gulden schon ausgegeben. Was er durch Musizieren und Lektionen verdiente – und zu den Einkünften zählten auch die sechzig Gulden jährlich für das Amt des ersten Geigers, des »Vorspielers«, der kleinen Musikkapelle der Kirche des Konvents der Barmherzigen Brüder in der Leopoldstadt –, befreite ihn zum ersten Mal seit der Entlassung aus dem Kapellhaus von der drückenden Sorge um das »Elende brod«. In jener Zeit hatte ein Gulden, das waren sechzig Kreuzer, einen hohen Wert. Ein Pfund Käse kostete selbst in Wien nur fünf, ein Pfund Rindfleisch erster Qualität sieben oder ein Huhn nicht mehr als zehn Kreuzer. Viel schwieriger und teurer war es, in dem dicht bewohnten Wien ein Logis zu finden. Da Haydn im Michaelerhaus wohl nicht selber kochen konnte, wird er vagabundierend bei Freunden und Bekannten, beim Aufspiel, am Tisch der Haushalte seiner Schüler oder, außer der Reihe, auch einmal in einem Gasthaus ordentlich gegessen haben.

Die Dachstube im Alten Michaelerhaus bewohnte er als Untermieter. Das Michaelerhaus am Kohlmarkt gab es gleich doppelt: Das Alte, erbaut 1716, und das Neue von 1735, das Alte rechts, das Neue links der Pfarrkirche St. Michael. »Die Mieter der Dachzimmer mit einer Kammer, Haydns unmittelbare Nachbarn, waren abwechselnd ein Buchdrucker=Factor, Kammerheizer, Copist, Lakai und ein Koch; außerdem wohnten da noch ein Tafeldecker, Thürhüter, Sprachmeister und eine Jungfer, zum Theil Bedienstete der Herrschaft im Hause«, ermittelte Pohl über hundert Jahre später. Die Namen der Untermieter waren in den Zinsbüchern dagegen nicht vermerkt.

Sein Kämmerchen war gerade groß genug für Bett, Tisch und Stuhl, hatte aber Tageslicht durch ein Fenster, das zum Michaelerplatz und Kohlmarkt hinuntersah. Weil die Schräge zu den Dachziegeln nur notdürftig verschalt, also nicht isoliert war, wurde es im Kämmerchen während des Sommers zu heiß, im Winter zu kalt, im Frühling und Herbst zu feucht, weil Regen oder Schnee durch die Spalten der nicht fugendicht aufliegenden Dachziegel eindrang.

Es scheint, dass es im Dachgeschoss einen Mieter gab, der ein »wurmstichiges Klavier« besaß, das er Haydn auslieh. Teuer wurde nun noch der Kauf musikalischer Lehrbücher. Womöglich war es in dieser Zeit, dass er sich mit dem Gradus ad Parnassum und dem Vollkommenen Capellmeister auch das viel benutzte Lehrwerk »Treulicher Unterricht im General=Bass« von David Kellner beschaffte, das 1743 in dritter Auflage erschienen war.

Der Einzug in das Alte Michaelerhaus und damit in das für gewöhnlich triste Milieu einer Dachbodengesellschaft erwies sich als ein Glück.

Den ersten Stock bewohnte Fürstin Maria Octavia Esterházy, die Witwe von Joseph Anton, der seinem Halbbruder Michael bei dessen Tod 1721 als Hausherr der Esterházy zwar gefolgt, aber noch im selben Jahr gestorben war. Maria Octavia führte bis zur Volljährigkeit ihres damals zehnjährigen Sohnes Paul Anton die Regentschaft, dann zog sie nach Wien. Wir wissen nicht, ob Haydn der Fürstin vorgestellt wurde. Denkbar ist aber, dass sie von Haydns Talent mehr wusste, als der ahnte, und vielleicht hat sie seine spätere Anstellung im Hause Esterházy ihrem Sohn empfohlen.

Im dritten Stock wohnte der Neapolitaner spanischer Herkunft und von Maria Theresia zum Ritter erhobene Niccolò Martínez, Zeremonienmeister, also Chef des Protokolls, der päpstlichen Nuntiatur in Wien. Freund und ständiger Gast in seiner Wohnung war Pietro Metastasio, eigentlich Pietro Antonio Domenico Bonaventura Trapassi – der Name Metastasio war eine Übersetzung von Trapassi, wörtlich »Übergänge«, in das Griechische. Den Namen erhielt Metastasio von dem römischen Juristen Gian Francesco Gravina, einem Liebhaber der schönen Künste und Literaturkritiker, der ihn als Kind von elf Jahren adoptiert hatte. Der Vater Metastasios, Felice Trapassi, eine Zeit lang Soldat in päpstlichem Dienst, hatte einen Gemüsehandel betrieben und war zu arm, als dass er sich für den Sohn eine höhere Ausbildung hätte leisten können. Mit sechzehn Jahren empfing Metastasio in Rom die niederen Priesterweihen und nannte sich Abate. Doch bestimmte der Pate, er solle Jurist werden, und Metastasio lernte Rechtspraxis und Gerichtsrhetorik. Das Vermögen, das ihm Gravina 1718 hinterließ, war bald verschwendet. Doch hatten unterdessen seine poetischen Gelegenheitswerke Bewunderer gefunden, und er entschloss sich, Dichter zu werden. Nach Erfolgen als Opernpoet in Italien berief ihn Kaiser Karl als Hofdichter 1729 nach Wien.

Metastasios Libretti zu siebenundzwanzig Opern verherrlichen in klangvoller und makelloser Sprache den Großmut, die Gerechtigkeit, Güte und Weisheit der Fürsten. In seinen Staatsdramen, jedes in drei Akten, die Akte mit bis zu fünfzehn Szenen, bewegen sich die Figuren in vollem Ornat. In der Regel sind es sechs Personen: der Herrscher, zwei gemischte Paare und der Vertraute des Fürsten, der »confidente«. Die Helden und Heroinen entwickeln sich nicht, sondern handeln, mit der unfehlbaren Sicherheit von Typen, nach einem kunstvoll angelegten, wie den Regeln der Geometrie folgenden Plan. Krisen und Intrigen treiben die Handlung voran. Jedes Drama ist eine wohltemperierte Lehrfabel, die dem aufgeklärten Verstand versichert, dass die Welt begreifbar ist und dass Glaube und Charakterstärke über jedes Unglück siegen. Die Leidenschaften der Helden werden niemals naturalistisch übersteigert, das Tragische gerät niemals zur Tragödie. Metastasios Dramen wahren stets eine bekömmliche Distanz zur Realität. Auch Helden haben Schwächen, doch werden sie ihrer Herr; sie können zwar irren, doch nie für lange. In allen Konflikten bestätigt der Held am Ende sich selbst.

Als dem Librettokönig der opera seria kam Metastasio kein anderer

Textdichter auch nur nahe. Bewundernd schrieb Carlo Goldoni in seinen 1787 erschienenen Memoiren: »Metastasio steigerte die lyrische Tragödie zur größtmöglichen Vollkommenheit: sein reiner, eleganter Stil, seine flüssigen, wohlklingenden Verse, eine bewundernswerte Klarheit der Gefühle, eine anscheinende Leichtigkeit, welche die peinliche Kleinarbeit verbirgt; eine ergreifende Gewalt in der Sprache der Leidenschaften; seine Gestalten, seine Bilder, seine heiteren Beschreibungen, seine milde Moral, seine einnehmende Philosophie, seine Zergliederung des Menschenherzens, seine ausgebreiteten, sparsam und kunstvoll angebrachten Kenntnisse; seine unvergleichlichen Arien – alles dies machte ihn bewundernswürdig und sichert ihm unverwelkliche Lorbeeren.« Damals war Metastasio schon einige Jahre tot, seine Glanzzeit hatte er um Jahrzehnte überlebt. Denn seit der Thronbesteigung Maria Theresias und mit den Kürzungen im kaiserlichen Kulturetat war er nur noch selten beauftragt worden, für den Hof Libretti zu schreiben. Als Haydn ihm zum ersten Mal begegnete, unterrichtete der Abate, wegen seiner Höflichkeit, priesterlichen Sanftmut und das weibliche Herz gewinnenden Galanterie beliebt, die zwölfjährige Tochter Marianna seines Freundes Martínez als Hauslehrer.

Haydns dritte fruchttragende Bekanntschaft im Alten Michaelerhaus war die mit Niccolò Porpora, 1686 in Neapel geboren. Er hatte sich als Opernkomponist einen Namen gemacht, fast mehr noch als Gesanglehrer, besonders von Kastraten – sein bedeutendster Schüler war Farinelli. Auf seinem Wanderleben war Porpora in Rom, Mailand, Venedig, London, Dresden und um 1725 auch in Wien gewesen. Er kannte Metastasio seit über dreißig Jahren, in Neapel hatte er die Musik zu Serenaden auf Texte Metastasios komponiert. Später schrieb er die Musik zu acht Opernlibretti seines jüngeren Freundes. Bevor er Anfang 1753 nach Wien kam, war er vier Jahre lang Gesanglehrer der sächsischen Kurfürstin Maria Antonia und Kapellmeister in Dresden gewesen, jedoch im Wettstreit um den ersten Rang als Musiker am Hof des sächsischen Kurfürsten August II., der zugleich als August III. König von Polen war, Johann Adolph Hasse unterlegen. Danach hatte er sein Kapellmeisteramt verloren oder aufgegeben und war mit einer Jahrespension von vierhundert Talern, das waren knapp fünfhundert Gulden, aus Dresden verabschiedet worden. In Wien gab er nun Gesangstunden; denn das jüngste Libretto Metastasios, »L'isola disabitata« (Die entvölkerte Insel), das dieser zunächst Porpora zur Komposition zugedacht hatte, vertonte statt seiner Giuseppe Bonno.

Metastasios Schülerin Marianna besaß eine schöne Stimme und hatte schon bei Hof gesungen. Wenn Metastasio auch selbst etwas von Musik verstand, so doch für einen methodischen Unterricht nicht genug. Die Bekanntschaft mit Haydn, dessen Klavierübungen in der Mansarde er wohl mitgehört hatte, war ihm daher willkommen. Haydn musste Marianna »Unterricht im Singen und Klavierspielen geben, und erhielt dafür drei Jahre lang die Kost umsonst«, berichtet Griesinger. Von der Gesangstechnik verstand Haydn einiges aus seiner Chorzeit.

Es scheint, dass dieser Unterricht schon begonnen hatte, bevor Porpora in Wien erschien, sich bei Metastasio meldete und den Gesangsunterricht Mariannas von Haydn übernahm, dass dieser jedoch gebeten wurde, das Mädchen am Klavier zu begleiten, was dem einundsechzigjährigen Porpora zu beschwerlich, und wie er wohl glaubte, seinem künstlerischen Rang nicht angemessen war.

Die freie Kost auf drei Jahre hatte ihm Metastasio besorgt. Nun schuldete ihm auch Porpora für seine Dienste als Korrepetitor einen Ausgleich. Doch was konnte ihm der in Dresden entlassene Porpora mit seiner knappen sächsischen Pension schon bieten? Etwas, an dem Haydn weit mehr lag als an Geld, Kost oder Protektion: eine Unterweisung in der Komposition. Er selber meinte: »ich schriebe fleissig, doch nicht ganz gegründet, bis ich endlich die gnade hatte von dem berühmten Herrn Porpora (so dazumahl in Wienn ware) die ächten Fundamente der sezkunst zu erlehrnen.« Und zu Griesinger: »Da fehlte es nicht an Asino (Esel), Coglione (Dummkopf), Birbante (Schelm) und Rippenstoßen; aber ich ließ mir alles gefallen, denn ich profitirte bey Porpora im Gesange, in der Komposition und in der italienischen Sprache sehr viel.«

Was Haydn Porpora verdankte, war wohl kein Unterricht nach Lektionen wie in Fuxens Gradus, sondern vor allem Porporas Korrekturen in seinen Kompositionen. Haydn lernte, ohne Umwege über die Theorie, am praktischen Beispiel, und das von einem, dessen Kompetenz er vertrauen konnte.

Eine von Porporas Schülerinnen, eine »Wilhelmine«, war die Geliebte des venezianischen Botschafters in Wien, Pietro Correr. Während der Sommermonate reisten Correr und Wilhelmine nach Mannersdorf am Leithagebirge, von Wien etwa gleich weit entfernt wie von Rohrau. Wegen der warmen schwefelhaltigen Quellen war Mannersdorf ein viel besuchter Badeort. Reichsgräfin Charlotte Fuchs, die Erzieherin Maria Theresias, bewohnte das große Schloss. Weil es Maria Theresia in Mannersdorf und bei Charlotte so gut gefiel, fand sich die noble Wiener Gesellschaft dort gleichfalls ein. Als die Reichsgräfin starb, erwarb Kaiser Franz Schloss und Herrschaft.

Weil Wilhelmine auch während der Sommerfrische in Mannersdorf von ihrem Gesangsunterricht nicht lassen wollte, wurde Porpora von Correr zur Mitreise aufgefordert. Da Haydn bei Porpora schon wie zum Haushalt zählte und ihm am Klavier unentbehrlich geworden war, reiste er mit. »Drey Monate hindurch versah hier Haydn Bedientendienste bey Porpora, er speiste an Correrrs Offiziantentafel, und bekam monatlich sechs Dukaten«, erfuhr Griesinger. Ohne nennenswerte Ausgaben waren diese drei mal sechs Dukaten gespartes Geld. Wir können annehmen, dass Haydn sich als Stiefelknecht des alternden Porpora und als dessen mehr geduldeter als geförderter Schüler nicht am Ziel aller Wünsche sah. Aber er wusste, dass er sich bei seiner Jugend und als Lernender Empfindlichkeiten wegen seines Status nicht leisten konnte.

Zu den Sommergästen von Mannersdorf gehörte auch Joseph Maria Friedrich Wilhelm Hollandius Prinz von Sachsen-Hildburghausen. Der in Thüringen zwischen Meiningen und Coburg begüterte Prinz war im habsburgischen Neapel zum Katholizismus konvertiert, der österreichischen Armee beigetreten und hatte gegen die Türken gekämpft, in wenigen Jahren sollte er kommandierender Feldherr werden, zu Österreichs Unglück und zum Schaden seines eigenen Rufes, weil er das verbündete Heer bei Roßbach gegen die Preußen unter Friedrich II. in eine der schwersten Niederlagen des Siebenjährigen Krieges führte. Seine bedeutendste Leistung war die Ehe mit Victoria von Savoyen, Universalerbin von Prinz Eugen, die seinen immensen Reichtum mit in die Ehe brachte, darunter Schlösser wie das Wiener Belvedere und Schloßhof nahe der Grenze zur Slowakei. Übrigens kaufte Maria Theresia Schloßhof für ihren Gemahl, Kaiser Franz, und wählte das Palais mit den weitläufigen Gartenanlagen nach seinem Tod, in Erinnerung an die gemeinsame glückliche Zeit dort, als ihren Witwensitz.

Prinz Joseph unterhielt eine kleine, doch vorzüglich besetzte und renommierte Musikkapelle. Während der Monate in Mannersdorf gab er in seiner Villa abendliche Konzerte, zu denen er den venezianischen Botschafter, dessen singende Geliebte, Porpora und auch Haydn zum Musizieren und als Zuhörer einlud. Haydn »mußte hier zuweilen dem Porpora, in Gegenwart Glucks, Wagenseils und anderer berühmter Meister, am Klavier accompagniren, und der Beyfall solcher Kenner diente ihm zur besonderen Aufmunterung«.

Zu den Musikern, die bei dem Prinzen aufspielten, gehörte auch Christoph Willibald Gluck, der in Mailand bei Giovanni Sammartini Komposition studiert und acht Opern komponiert hatte, bevor er 1746 zu einem kurzen und wenig spektakulären Gastspiel nach London reiste. Dort traf er Händel, der einige Jahre zuvor mit »Deidamia« seine letzte italienische Oper geschrieben und sich seither dem englischen Oratorium gewidmet hatte. Nach Intermezzi in Dresden und Wien war Gluck in Hamburg Kapellmeister der Operntruppe Pietro Mingotti geworden, hatte auf einer Tournee nach Kopenhagen die Sängerin Gaspera Beccheroni hofiert und sich die Syphilis geholt. In Wien hatte er mit sechsunddreißig Jahren die um die Hälfte jüngere Maria Anna Bergin geheiratet. Die Ehe war zum Kummer des Paares kinderlos geblieben, vermutlich als Folge von Glucks Reisen zwischen Hamburg und Kopenhagen. Anna Maria war die Tochter eines reichen, aus Savoyen nach Wien zugewanderten Kaufmanns, ihre Schwester hatte als Kammerfrau Maria Theresias gedient und war nun Ehefrau des Inspekteurs für Hofbauten. Gluck war 1752 Konzertmeister des Orchesters des Prinzen geworden, trug bald auch den Titel eines Kapellmeisters und lebte wechselweise in Wien, auf Schloßhof oder wie nun in Mannersdorf.

Nach dem Tod von Karl VI. war Georg Christoph Wagenseil mit vierunddreißig Jahren Hofklaviermeister der Erzherzoginnen geworden und hatte ihnen Divertimenti für Cembalo gewidmet. Sein Aufenthalt in Mannersdorf lässt vermuten, dass in jenem Sommer die kaiserliche Familie dort gleichfalls zu Besuch war, oder vielleicht auch nur die Erzherzoginnen bei der Gräfin Fuchs.

Der Jüngste im Kreis »anderer berühmter Meister«, die beim Prinzen in Mannersdorf musizierten, war der vierzehnjährige Geiger Carl Ditters, dessen Vater von Danzig nach Wien gezogen und hier bei Hof und am Theater als Kostümbildner mit respektablen Einkünften beschäftigt war.

Der Letzte im Bunde, der jenen Sommer in Mannersdorf verbrachte, wird Giuseppe Bonno gewesen sein, als Sohn eines aus dem italienischen Brescia gebürtigen kaiserlichen Laufburschen in Wien geboren. Kaiser Karl hatte ihn zu Studien für zehn Jahre nach Italien geschickt, und bald nach seiner Rückkehr war Bonno 1739 kaiserlicher Hofkomponist geworden. Prinz Joseph hatte ihn zehn Jahre später als Kapellmeister engagiert, und Carl Ditters war unter ihm Mitglied der Kapelle geworden. Wenn auch Gluck, dem Prinzen offenbar durch Bonno empfohlen, nun den Titel eines Kapellmeisters führte, so blieb doch Bonno Orchesterchef, zumal Glucks

Zwischenspiel beim Prinzen schon bald endete. Bonno war als Komponist, Lehrer und musikalische Autorität bei Hof und Adel hoch geschätzt. Er muss ein wohlmeinender Mensch gewesen sein; denn sogar die Mozarts, Vater und Sohn, die unter sich mit Kritik an musikalischen Zeitgenossen nicht sparten, standen mit Bonno und seiner Familie lange Jahre in herzlichem Verkehr, und für Mozart blieb er, wie er dem Vater aus Wien 1781 nach einem Besuch im Hause Bonno schrieb, »der alte, ehrliche, brave Mann«.

So befand sich Haydn mit Gluck, Bonno, Wagenseil und Ditters, der sich 1773 mit kaiserlichem Patent »von Dittersdorf« nennen sollte, in exquisiter Gesellschaft, wo es ihm sogar gelang, sich mit Kompositionen achtbar zu behaupten. Die Zusammenkünfte beim Prinzen waren für Haydn auch eine Einführung in den gesellschaftlichen Komment eines Musikers in herrschaftlichem Dienst, von dem erwartet wurde, dass er sich zwar nicht servil, doch angenehm beflissen rund um die Uhr auf dem Posten höchstderselben Befehle gewärtig hielt.

In Wien erreichte Haydn die Nachricht vom Tod der Mutter. Sie hinterließ jedem der Kinder siebenundsiebzig Gulden, die jedoch erst in den Jahren nach dem Tod des Vaters 1761 in zwei Raten ausgezahlt wurden – die zweite Zahlung überließ Haydn seinem jüngsten Bruder Johann Evangelist.

Anna Maria war, schon seit einiger Zeit kränkelnd, was Apothekerrechnungen und ein Nachweis über Besuche der Badestube im Dorf Höflein bei Rohrau nahe legen, im Februar 1754 mit siebenundvierzig Jahren gestorben. Wenn wir auch über die Natur ihrer Erkrankung nichts Sicheres wissen, so lässt sich doch aus der Badekur in Höflein am ehesten auf ein Frauenleiden schließen. Die Frauen jener Zeit riskierten mit jeder Schwangerschaft ihr Leben. Und wer auf dem Lande nicht schon im Kindbett starb, war nach Geburten in Serie, unerkannten oder unbehandelten Krankheiten und durch die schwere Haus- und Feldarbeit bald erschöpft und verbraucht. Überhaupt war ein höheres Lebensalter die Ausnahme, bei Frauen mehr als bei Männern, wenn auch der Tod »mitten im Leben« bei diesen nicht selten war – Anna Marias Vater war mit dreiundvierzig Jahren gestorben.

Was und wann Haydn in Wien über den Zustand seiner Mutter erfuhr, wissen wir nicht. Selbst wenn er nicht ahnungslos war, wird der Verlust ihn tief getroffen haben. Dies umso mehr, als sich mit ihrem Tod das Leben im Elternhaus nachhaltig änderte, weil Vater Matthias noch im Sterbejahr seiner Frau die neunzehnjährige Hausmagd Anna Maria Seeger heiratete, die von ihm ein Kind erwartete. Wegen »Unzucht« wurde Marktrichter Matthias mit einer Geldbuße von zehn Gulden belegt, all dies zur Enttäuschung Haydns und der Geschwister.

Irgendwann in jenen Jahren wurde Haydn das Biwak im Dachgeschoss des Michaelerhauses zu spartanisch. Da er unterdessen für Lektionen mehr bekam, dazu einiges an Erspartem zurückgelegt hatte, bezog er eine Wohnung in der Seilerstätte zwischen Stadtmauer und Stephansdom. Der Auszug aus dem Michaelerhaus muss nicht bedeuten, dass damit auch der Unterricht bei Porpora endete oder dass er die Lektionen bei Marianna aufgab. Die Freude über das neue Zimmer war nur von kurzer Dauer: Durch Diebstahl verlor er alles, was er besaß. Doch wurde ihm der Verlust durch Freunde ersetzt.

Die sicherste Einnahme verschaffte ihm das Amt des Primgeigers bei den Barmherzigen Brüdern. Manchen Gulden verdiente er als Gelegenheitsorganist im Palais des katholisch gewordenen Schlesiers Friedrich Wilhelm Graf von Haugwitz, der im Auftrag Maria Theresias die innere Verwaltung der Monarchie an Haupt und Gliedern reformierte. Schließlich blieben die Einkünfte aus Lektionen, ermüdend immer dann, wenn der Ehrgeiz der Eltern stärker war als das Talent der Kinder.

Unterdessen hatte mit dem Einfall der Preußen in Sachsen Ende August 1756 der Siebenjährige Krieg begonnen, mit schlimmen Folgen nicht nur für die Bevölkerung der umkämpften Gebiete und die Staatskasse der kriegführenden Länder. Auch Musiker hatten in diesen Zeiten keine Konjunktur. Porpora verlor seine sächsische Pension, und Haydn sah einen Dauerdienst in weiter Ferne.

Weil ein Erlebnis, das als Unglück beginnt, nicht selten glücklich endet, so gewann Haydn aus dem Diebstahl mehr, als er verloren hatte. »Haydn erholte sich durch einen zweymonatlichen Aufenthalt beym Baron Fürnberg, der ihm nichts kostete«, versichert Griesinger. Gemeint war Carl Joseph Weber Edler von Fürnberg, ein hoher Beamter der Niederösterreichischen Landesregierung. Die Weber waren aus Würzburg zugewandert und 1730 als Edle von Fürnberg in den Reichsritterstand erhoben worden. Sie hatten Besitzungen in Niederösterreich, darunter Schloss Weinzierl bei Wieselburg, südlich der Donau auf halbem Wege von Wien nach Linz gelegen.

Der Überlieferung nach entstand auf Schloss Weinzierl Haydns erstes

Streichquartett. Der Edle von Fürnberg »lud von Zeit zu Zeit seinen Pfarrer, seinen Verwalter, Haydn und Albrechtsberger zu sich, um kleine Musiken zu hören. Fürnberg forderte Haydn auf, etwas zu komponiren, das von diesen vier Kunstfreunden aufgeführt werden könnte«. Haydn soll selbst die Bratsche gespielt haben, eines der Instrumente, das er mittlerweile gut beherrschte, nachdem er, können wir Dies glauben, bei einem nicht namentlich genannten berühmten Violinvirtuosen in Wien Unterricht genommen hatte. Der Cellist war Johann Georg Albrechtsberger, einige Jahre jünger als Haydn, ein Freund Mozarts, der ihn auf dem Sterbebett 1791 als seinen Nachfolger im Amt des Domkapellmeister-Adjunkt von St. Stephan empfahl. Albrechtsberger wurde 1793 Domkapellmeister, galt als bester Orgelspieler Europas und war Kompositionslehrer Beethovens. Als er Haydn begegnete, spielte er als Organist in der Kirche zu Maria Tafel und im Kloster Melk, beide Orgeln im Umkreis von Wieselburg.

Fürnberg hatte keine eigene Kapelle und brauchte keine ständigen Musiker, am wenigsten einen Kapellmeister. Doch war er ein Gönner zur rechten Zeit, und in der autobiographischen Skizze erinnerte Haydn sich dankbar an ihn als einen, von dem er »besondere gnaden genossen« habe.

Fürnbergs größte Gnade war, dass er Haydn in Wien an Ferdinand Maximilian Franz Graf von Morzin empfahl. Der böhmische Graf war k.k. Kämmerer und Geheimer Rat, besaß in Prag ein Palais und ein Schloss in Lukavec, heute Dolní Lukavice, südlich von Pilsen. Endlich hatte Haydn als Musikdirektor mit zweihundert Gulden Jahresgehalt, freier Wohnung und Kost an der Offizierstafel die ersehnte Anstellung. Dies geschah 1759. Wie Haydn den Grafen, der in Wien kein eigenes Haus führte, dort musikalisch erfreute und wie oft er ihn begleitete, ist nicht bekannt. Jedenfalls war er in seinem Leben noch nie so weit gereist.

Der Schlossherr war Witwer. Hausherr in Lukavec während der Aufenthalte des Grafen in Wien oder auf dessen Reisen war sein ältester Sohn, der gleichfalls Musik liebende Carl Joseph Franz, seit zehn Jahren mit Wilhelmine Freiin von Reisky verheiratet – sie hatten zweiundzwanzig Kinder.

Haydns böhmische Jahre sind kaum belegt. Doch lassen Umstände vermuten, dass er nur auf Schloss Lukavec, nicht aber im Prager Stadtpalais der Morzin die Musik besorgte, wohl weil die Familie dort während des Sommers kein Haus führte. Es wäre sonst nicht verständlich, dass er über Prag, einst Kaisersitz und eine der schönsten wie reichsten Städte der Monarchie, in seinen Erinnerungen kein Wort verlor.

Wenn wir aus dem, was Haydn in jenen Jahren komponierte und im Autograph erhalten ist, auf die Stärke der gräflichen Hausmusik schließen können, so war sie mit bis zu acht Streichern, vermutlich einem Fagott und einem Klavichord recht gut besetzt. Für eine größere Kapelle, also für weitere Musiker, womöglich noch mit familiärem Anhang, wäre weder auf Schloss Lukavec noch im Dorf über Monate Platz gewesen. Haydn hatte sich, wie andere junge Musiker, verpflichten müssen, während der Dauer des Dienstes nicht zu heiraten.

Spekulativ muss bleiben, wie lange er im Dienst des Grafen blieb. Wenn er ihn 1759 antrat, dann wohl vor oder während des Sommers. Sollte er, wie Griesinger berichtet, am 19. März 1760 schon wieder aus dem Amt geschieden sein, dann musizierte Haydn in Böhmen nur einen Sommer lang. Bekannt ist, dass Graf Morzin seine Kapelle 1761, also im fünften Kriegsjahr, auflöste, um dieselbe Zeit, als auch der Prinz von Sachsen-Hildburghausen alle Musiker entließ.

Der Dienst beim Grafen Morzin sollte für Haydn auch sonst noch denkwürdig bleiben. Einmal stürzte er vom Pferd, sodass er sich schwor, nie wieder eines zu besteigen. Wenn ihn dieses Erlebnis nachhaltig erschreckte, so raubte ihm ein anderes völlig die Fassung. Hierzu Griesinger: »Er erzählte in seinen späteren Jahren gern, daß, wie er einst am Klavier saß, und die schöne Gräfin sich über ihn beugte, um in die Noten zu sehen, ihr Halstuch auseinander fiel. ›Es war zum Erstenmal, daß mir ein solcher Anblick ward; er verwirrte mich, mein Spiel stockte, die Finger blieben auf den Tasten ruhen. – Was ist das, Haydn, was treiben Sie? rief die Gräfin; voll Ehrerbietung antwortete ich: ›aber Ihr' gräfliche Gnaden, wer sollte auch hier nicht aus der Fassung kommen.?‹« Die Szene wird schon stimmen. Doch könnte der tödlich verlegene Haydn bei dem, was er der Gräfin weltmännisch gefasst erwidert haben will, in seiner Erinnerung ein wenig nachgebessert haben.

Der musikalische Geschmack in den Ländern der Habsburger Monarchie um die Mitte des 18. Jahrhunderts wurde vom Wiener Hof bestimmt. Die drei letzten Kaiser, also Leopold I., sein Sohn Joseph I. und dessen Sohn Karl VI., waren passionierte Musiker gewesen, sie spielten nicht nur Instrumente, sondern komponierten auch, Leopold sogar ganze Opern.

Musiziert wurde bei Hof, in den Häusern des hohen Adels sowie in Kirchen und Klöstern – die Zeit der Akademien, der öffentlichen Konzerte, war noch nicht gekommen. Anders als im protestantischen Norden Deutschlands war in den Ländern der Habsburger Monarchie auch das bürgerliche Collegium musicum noch so gut wie unbekannt. Diese zunächst privaten Zusammenschlüsse von Musikfreunden zum gemeinschaftlichen Spiel und Gesang hatten sich im 17. Jahrhundert gebildet. Besonders angesehen waren die Collegia musica der Freien und Hansestadt Hamburg, die von Frankfurt am Main und Leipzig, dort 1720 gegründet und geleitet von Georg Philipp Telemann, seit 1729 von Johann Sebastian Bach.

Herz und Seele der Musikpflege unter Karl VI. war die Hofmusikkapelle, bei seinem Tod in einer niemals zuvor und nicht wieder erreichten Stärke mit sechsunddreißig Sängerinnen und Sängern sowie vierundsiebzig Instrumentalisten; ihr Unterhalt kostete die chronisch schwache Staatskasse jährlich zwanzigtausend Gulden. Nicht nur die Kaiser, auch Kaiserinnen unterhielten eigene Kapellen, wie Karls Witwe Elisabeth Christine.

Opern oder Singspiele gab es in Wien in zwei Häusern: dem »Kaiserl. Hofoperntheater nächst dem Kärntnerthor«, kurz Kärntnertortheater, im Besitz des Kaiserhauses und von ihm mit einem Zuschuss zumeist an italienische Impresarios verpachtet, sowie im »Kaiserl. königl. National=Hof=Theater nebst der Burg«, dem Burgtheater. Außerhalb Wiens war in Schloss Schönbrunn das 1747 vollendete Haustheater der Habsburger der Ort mancher Opernpremiere.

Das Vorbild des Hofes bei der Musikpflege wirkte stark auf den Adel. Leitmotiv war nicht nur der Ehrgeiz der hohen Noblesse, das Kaiserhaus als kulturellen Mentor nachzuahmen. Mindestens so stark war die zweckfreie Liebe vieler Herrschaften zur Musik. Die fürstlichen oder gräflichen Häuser Schwarzenberg, Sachsen-Hildburghausen, Auersperg, Liechtenstein, die böhmischen Familien Kinsky oder Lobkowitz, die ungarischen Magnatenhäuser Esterházy, Batthýanyi, Erdödy oder Pálffy waren für ihre Musikpflege nicht nur in den Ländern der Monarchie bekannt und geachtet, sondern in ganz Europa. Man unterhielt eigene Kapellen und förderte junge Komponisten, viele Adlige sangen und spielten ein Instrument, die Damen zumeist Klavier und Harfe, die Herren Geige oder das Violoncello, wie Erzherzog Joseph, der spätere Kaiser Joseph II. Die Rolle des Adels bei der Förderung der Musik wuchs noch, als nach der Thronbesteigung Maria Theresias wegen der Kriege der bisher bestimmende Einfluss des Hofes allmählich schwand. Das zeigte sich beim Niedergang der Hofmusikkapelle – die Zahl der Musiker sank auf zwanzig. Für Maria Theresia, eine eminent politische Frau, hatten die Zwecke des Staates Vorrang. Anders als für ihren Vater war ihr die Musik eine schöne Nebensache, eine zu passender Zeit gern geübte Liebhaberei, von höherem Wert aber erst, wenn sie mit politischen Zwecken korrespondierte, wie bei der Repräsentation höfischer Macht und Herrlichkeit. Mit diesem Verständnis war sie ein Kind der Aufklärung, die bei allem die Vernunft befragte und nur für gut befand, was auch nützlich war.

Stätten regen Musizierens waren auch die größeren Kirchen Wiens, sodann Klöster wie Melk, Göttweig, St. Florian, Lambach, Kremsmünster oder St. Blasien. Gesungen und gespielt wurde, wie wir sahen, auch bei Prozessionen zu Wallfahrtskapellen und Gnadenbildern. Besonders gepflegt wurde in den Klöstern das Orgelspiel, wie in Melk durch Johann Georg Albrechtsberger. Der Klosterklerus war nicht selten musikalisch hoch gebildet.

Die in Wien wirkenden Komponisten jener Zeit waren nach dem Tod von Fux und Caldara im Fach der opera seria der joviale Bonno und der zielstrebige Gluck, während Porpora in Wien keine neuen Opern mehr schrieb. Wagenseil hatte in den vierziger Jahren einige Opern komponiert, die meisten, wie auch anders, auf Texte Metastasios. In der Kirchenmusik führte Georg Reutter, mit und neben ihm wirkte Georg Reinhardt.

Noch stärker als bei Oper, Oratorium und kirchlichen Werken konkurrierten die heimischen Komponisten bei der Instrumentalmusik. Führend war hier der Hofklaviermeister Wagenseil mit Sinfonien, Konzerten und Kammermusik, zahlreiche seiner Werke erschienen in Paris im Druck und wurden rasch europäisch berühmt. Matthias Georg Monn, ein begabter Komponist und Organist an der Karlskirche, gilt als erster, der in die Sinfonie als dritten von nun vier Sätzen das Menuett einführte. Er starb 1750, mit dreiunddreißig Jahren.

Natürlich war man in Wien über alles, was andere anderswo komponierten, gut im Bilde. Schließlich war Wien nicht nur Hauptstadt einer Monarchie, sondern auch eines Reiches. Schon zu Beginn des 17. Jahrhunderts galt Italien den Habsburgern als Heimatland der Musik. Als Kaiser Ferdinand II. Wien zur Residenz- und Hauptstadt wählte, verpflichtete er Giovanni Valentini als Kapellmeister der Hofmusik. Damit begann die Vorherrschaft italienischer Musik und Musiker am Wiener Hof, die erst 1824 mit dem Tod Antonio Salieris als Hofkapellmeister endete.

Gastgeschenk der Italiener für Wien war die Oper, und Darbietungen solcher »Dramen durch Musik« (opera per musica) gab es am Wiener Hof seit 1629. Ein Höhepunkt jenes Jahrhunderts war die Aufführung der Oper »Il pomo d'oro« (Der goldene Apfel) des Franziskaners Antonio Cesti zur Hochzeit Leopold I. mit der fünfzehnjährigen Infantin Margaretha Theresia, der Tochter Philipp IV. von Spanien. Doch die Hochburg der Oper war zu Beginn des 18. Jahrhunderts Venedig. Viele der dort gespielten Opern, etwa von Alessandro Scarlatti, Carlo Francesco Pollarolo, Francesco Cavalli oder Antonio Vivaldi, wurden in anderen Städten Italiens und bald an Höfen und Theatern jenseits der Alpen gespielt und als Muster nachgeahmt. Zentrum der italienischen Oper war Neapel, mit Meistern wie Leonardo Vinci oder Niccolò Porpora. Herzstück der opera seria beider Schulen war der virtuose Sologesang in der Da-capo-Arie. Auch wer als Komponist kein Italiener war, schrieb Opern, als wäre er einer, wie Händel für Hamburg, Florenz, Venedig und London oder der italienischste Deutsche, der Orpheus aus Bergedorf bei Hamburg, Johann Adolph Hasse, der Italien, der Musik und seiner Frau, der Primadonna Faustina Bordoni, zuliebe sogar katholisch geworden war, bewundert von Friedrich dem Großen und für zahllose Opernfreunde das Idol der Zeit.

Die Absicht, es Hasse gleichzutun, lag Haydn fern. Er wusste, dass ein Musiker diesseits der Alpen mit Opern dem Publikum nur gefallen konnte, wenn er in Italien das Fach studiert hatte. Händel und Hasse hatten Jahre in Italien gelebt. Die Magie des Belcanto, das Pathos der opera seria oder die quirlige Komik der opera buffa ließen sich durch Übungen bei Porpora oder aus Partituren allein nicht lernen.

Gluck und Wagenseil mögen Haydn in Mannersdorf zu einer italienischen Reise geraten oder ihn dazu gedrängt haben. Porpora und Metastasio hätten mit Empfehlungen nützliche Bekanntschaften vermitteln können, bessere Fürsprecher gab es nicht. Auch Geld hätte sich auftreiben lassen, manches junge, mittellose Talent war auf Kosten hoher Gönner in Italien gewesen. Ein solcher Gönner, wie der Prinz von Sachsen-Hildburghausen, hätte sich auch für Haydn finden lassen – hätte er nur gewollt.

Doch Ortswechsel verwirrten ihm den auf Gleichförmigkeit angelegten Tageslauf. Er brauchte zur Arbeit eine durch Gewohnheit sanktionierte

Ordnung. Sesshaftigkeit, Bodenhaftung war ein bäuerlicher Zug. Hinter den letzten Feldern des Dorfes begann die Fremde, das nächste Städtchen war schon die weite Welt. Reisen zu Märkten oder Verwandten im Umkreis, mit der Rückkehr spätestens am folgenden Tage, wurden von langer Hand geplant, Hof und Vieh mussten versorgt werden. Kein anderer Komponist von Haydns Rang blieb dreißig Jahre im Dienst eines Fürstenhauses, davon die längste Zeit auf einem von der Welt abgeschiedenen Schloss in einer von Sümpfen durchsetzten Landschaft. Erst an der Schwelle zum Alter, mit neunundfünfzig Jahren, reiste er nach England, und auch nur mit Überwindung, ihn reizte weniger das Reisen als die Erwartung eines Rendezvous mit seinem Ruhm in der Metropole eines Weltreiches, samt der Aussicht auf hohe Einnahmen. Erst in England ließ er sich zu Landpartien und sogar zu längeren Ausflügen animieren.

Zeitgenossen beklagten nach seinem Tod, dass er nie in Italien gewesen sei. Er hätte sich mit Opern einen großen Namen gemacht. Das will Dies nicht gelten lassen – eine Reise nach Italien sei für deutsche Komponisten entbehrlich, alle guten italienischen Opern seien in Wien zu hören gewesen, der Komponist lerne »Italien in Wien kennen«. Das glaubte damals auch Haydn. Erst später dachte er offenbar anders: Angehenden Künstlern riet er, in Italien den Gesang, in Deutschland die Instrumentalmusik zu studieren. Er hätte mehr Musik für den Gesang schreiben sollen, dann wäre er einer der ersten Opernkomponisten geworden, meinte er nachdenklich. Sein Verhältnis zu Italien blieb ambivalent, italienische Komponisten ließ er als Vorbilder nicht gelten, Glucks Lehrer Sammartini, der Sinfonien geschrieben hatte, nannte er einen »Schmierer«, und in London konnte oder wollte er sich nicht erinnern, den Namen des bedeutenden Geigers und Komponisten Giuseppe Tartini jemals gehört zu haben. Doch war das Italienische die einzige Fremdsprache, in der er gerne konversierte und die er geläufig beherrschte.

Die Begegnung mit Bernardon und dem Wiener Singspiel blieb ohne Folgen, zum Opernkomponisten fühlte Haydn sich noch nicht berufen, er spürte nur wenig von dem theatralischen Eros, der Gluck so ganz beherrschte.

Was blieb, war das weite Feld der Musik für Kirche, Kammer und Konzert. Seit der Entlassung aus dem Kapellhaus bis zum Ende des Dienstes beim Grafen Morzin hatte Haydn vieles komponiert, doch ist das meiste verloren.

Erhalten haben sich eine Missa brevis, ein Salve regina für Sopran, Chor, Streicher und Orgel sowie die Motette Lauda Sion für zwei Soprane, Alt, Chor und Orchester, im Stil der Palestrina-Tradition, versetzt mit Elementen der neapolitanischen Oper.

In größerer Zahl überliefert sind Instrumentalwerke. Zu diesen gehören rund zwanzig Sinfonien für Graf Morzin, Divertimenti für Streichquartett zum Vergügen des Edlen von Fürnberg, Divertimenti für Streicher und Bläser oder nur für Bläser wie die »Feld-Parthie« zur Aufführung unter freiem Himmel, ein Konzert für Orgel, zwei Klaviertrios, Variationen für Klavier und einige Menuette für Orchester, womöglich auch schon einige Streichtrios.

Haydn folgte dem Wiener Geschmack, vertreten durch Wagenseil, und der norddeutschen Schule der Empfindsamkeit mit Carl Philipp Emanuel Bach, der seit 1740 beim preußischen Hof als Cembalist amtierte, von Friedrich II. aber kühl und unter Verdienst behandelt wurde. Umstritten ist der Einfluss der »Mannheimer Schule« mit ihren neuartigen Orchestereffekten auf Haydns frühe Sinfonien. Immerhin beginnt der erste Satz der für Graf Morzin wohl 1758 komponierten ersten Sinfonie in D-Dur, ein Presto, mit einem für den Mannheimer Stil typischen Crescendo.

Haydns Jahre des »Elenden Brotes« waren zugleich schöpferische Lehrzeit. Bei Fürnberg und Morzin komponierte er in rascher Folge, was der Tag verlangte – originell, kurzweilig und melodisch gefällig. Sein Ehrgeiz war es, mit Gusto zu unterhalten.

Wie sehr ihm das gelang, zeigt sein zwar mühevoller, doch unaufhaltsamer Aufstieg vom Verlegenheitskorrepetitor und Stiefelknecht Porporas zum Direktor des Orchesters und Komponisten des Hauses Morzin. Wieder einmal war es sein ungewöhnliches Talent, das ihn empfahl, mit Eigenschaften wie Fleiß, Loyalität, Verlässlichkeit und eine durch Leistung legitimierte, unaufdringliche Selbstsicherheit.

Bald dreißig Jahre alt, endlich mit ausreichendem Verdienst, bot sich Haydn ein erfreulicher Ausblick in die Zukunft – noch erfreulicher, wäre der Krieg erst vorbei. Nach der für Friedrich II. verlustreichen Schlacht von Kunersdorf im Sommer 1759 und der zeitweisen Besetzung Berlins durch das russische Heer im Oktober des folgenden Jahres schien für das Haus Habsburg der Sieg der Verbündeten über Preußen, mit der reichen Beute auch der Rückgewinn Schlesiens, greifbar nahe.

KAPITEL VIER

EHE UND FRAUEN

Familie Keller
Perücken
Maria Anna Aloisia Apollonia
Schuldspruch
Stadien einer Ehe
Fällige Revision
»Reize anderer Frauenzimmer«
Luigia Polzelli
»Liebhaber«
Abgeklärt

Haydns Autograph aus dem Jahre 1771

In Haydns Hungerjahre fällt die Bekanntschaft mit Johann Peter Keller, einem Friseur und Perückenmacher aus der Vorstadt Landstraße, vielleicht durch seinen Sohn Georg vermittelt, der Geiger in der Domkapelle war und mit Haydn musiziert hatte. Denkbar ist auch, dass Haydn, der seit Kindheit eine Perücke trug, die Dienste eines Meisters der Zunft von Zeit zu Zeit brauchte.

Wie Griesinger notierte, hatte Haydn im Hause Keller »öfters Unterstützung erhalten«. Das Ehepaar Johann Peter und Maria Elisabeth Keller, in St. Michael 1722 getraut, hatte viele Kinder. Die Namen von acht sind überliefert, allein sechs aus dem Testament der Maria Anna Haydn von 1799, vermutlich waren es aber, wegen der frühen und häufigen Sterblichkeit, mehr als acht. Wenn Keller mit seiner Kinderschar dem brotlosen Haydn öfter helfen konnte, dürften seine Vermögensverhältnisse passabel gewesen sein.

Was nicht verwundert. Denn Perückenmacher waren zu jener Zeit, zumal in der kaiserlichen Residenzstadt Wien, bei Personen beiderlei Geschlechts stark gefragt. Wie bei der Mode überhaupt wurde der in Paris kreierte und bildhaft getaufte Stil der Haartracht in der europäischen Diaspora durch alle Exzesse nachgeahmt. Die Frisur war nicht weniger ein Kunstwerk als die Robe. Die Coiffure der Damen am französischen Hof sollte bald noch nie erlebte Höhen erreichen. Nicht nur den Herren von Stand war die Perücke unentbehrlich. Es gab sie, in ähnlich verwirrender Vielfalt wie bei den Damen, in Form und Qualität zu jedem nur denkbaren Anlass. Als die Preußen im Siebenjährigen Krieg in Dresden den Palast des sächsischen Ministers Heinrich Graf Brühl besetzten, fanden sie in den Ankleidesälen des Hausherrn fünfzehnhundert Perücken, wozu Friedrich II. maliziös bemerkte: »Wie viele Perücken für einen Menschen, der keinen Kopf hat!« Da das eigene Haar zu einer modischen Frisur oft nicht reichte, musste eine Perücke den Mangel kaschieren. Wie bei Goethe: »Ich hatte zwar sehr schöne Haare, aber mein Straßburger Friseur versicherte mir sogleich, daß sie viel zu tief nach hinten hin verschnitten seien und daß es ihm unmöglich werde, daraus eine Frisur zu bilden, in welcher ich mich produzieren dürfe, weil nur wenige kurze und gekrauste Vorderhaare statuiert würden, alles übrige vom Kopfscheitel an in den Zopf oder Haarbeutel gebunden werden müsse.« Dieser Beutel war ein schwarzseidenes Säckchen, in das die Nackenhaare zum Schutz des Rocks gegen den reichlich aufgestäubten weißen Puder eingebunden waren. Manchmal half eine Teilperücke, kombiniert mit eigenem Haar, und wegen des Puders, der den Kopf bedeckte, ließ sich nicht leicht erkennen, wo die Natur endete und die Kunst begann. Die Perücke war auf beiden Seiten in eine oder zwei Rollen frisiert, die »ailes de pigeon«, die Taubenflügel, auch Seitenbuckel genannt. Geistliche trugen Perücken, bei denen das Haar von Ohr zu Ohr zum Nacken hin in eine Rolle gewickelt war, woran man ihren frommen Stand erkannte. Perücken waren besonders gefragt bei denen, die ganz oder so gut wie kahl waren, wie Kaiser Joseph. Ein geschickter Perruquier brauchte sich um Kundschaft nicht zu sorgen.

Die Überlieferung will wissen, Haydn habe von zwei heiratsfähigen Töchtern des Hauses Keller die jüngere, Therese, geliebt, doch habe diese es vorgezogen, den Schleier zu nehmen. Therese Keller trat im Mai 1756 als Dreiundzwanzigjährige ins Kloster der Clarissen ein. Zu ihrem Gelöbnistag komponierte Haydn das Salve Regina in E-Dur und ein Orgelkonzert in C-Dur, obwohl ihm zur Musik in Dur, unterstellt, die Geschichte stimme, wohl kaum zu Mute war. Maria Anna Haydn vermachte ihrer »noch lebenden Schwester der Exklosterfrau« im Kodizill zu ihrem Testament ein »atlas-gelbgestreiftes Kleid«. Demnach war Therese wohl, im Zuge der josephinischen Kirchenreform durch Aufhebung zahlreicher Klöster seit 1781, aus ihrem Ordenshaus vertrieben worden. Haydn vermachte ihr im ersten Testament fünfzig Gulden; im letzten Testament von 1809 erscheint sie nicht mehr. Sie starb 1819.

Die innige Bekanntschaft Haydns mit dem Hause Keller führte vier Jahre später zur Ehe mit Thereses älterer Schwester, im Februar 1729 getauft auf die Namen Maria Anna Aloisia Apollonia. Der Trauung im Wiener Stephansdom am 26. November 1760 ging das kirchliche Verlöbnis gut zwei Wochen früher voraus. Das Versprechen der Brautleute wurde nach Brauch durch den Heiratsvertrag wirtschaftlich unterlegt. Dort heißt es, die Jungfrau Keller habe sich mit Joseph Haydn in Gegenwart und mit Einwilligung der respektiven Eltern und Schwiegereltern »auf sein gezimendes ansuchen Ehelichen verlobt, und beyde Theil einander die Ehe biß auf die Priesterliche Copulation zugesagt, und versprochen«. Die Braut brachte fünfhundert Gulden Bargeld mit in die Ehe, dazu eine auf dreihundertfünfzig Gulden geschätzte Aussteuer. Haydn hatte die, nach dem Stand der Braut recht ansehnliche Bareinlage doppelt zu »widerlegen«, also mit eintausend Gulden. Die guten Umstände von Vater Keller werden durch die Höhe der Mitgift bestätigt. Woher Haydn die tausend Gulden nahm, hat sich nicht klären lassen. Ersparnisse aus der Verpflichtung beim Grafen Morzin allein dürften nicht gereicht haben, vielleicht hatte er, schon in sicherer Erwartung bald höherer Einkünfte beim Fürsten Esterházy, einen Kredit aufgenommen.

Über den vierzigjährigen Lebensbund der Haydns verlieren die Biographen seit mehr als zweihundert Jahren kein gutes Wort. Für Haydn sei diese Ehe ein Martyrium gewesen. Schuld an seinem Unglück trage die Frau, eine Megäre der schlimmsten Art.

Die pauschalen Schuldzuweisungen und eifernden Verwünschungen beginnen mit Griesinger und Dies. Haydn ist bei ihnen schon das arglos-unschuldige Opfer vor der Ehe: Nur »auf zudringendes Zureden des Friseurs und aus Dankbarkeit gegen ihn« habe Haydn Maria Anna geheiratet. Er habe in der Ehe keine Kinder gezeugt: »Mein Weib war unfähig zum Kindergebären, und daher war ich auch gegen die Reize anderer Frauenzimmer weniger gleichgültig.« Überhaupt sei Haydns Wahl nicht glücklich ausgefallen, »denn seine Gattin war von einem gebieterischen, unfreundlichen Charakter, und er musste ihr seine Einkünfte sorgfältig verbergen, weil sie den Aufwand liebte, dabey bigott war, die Geistlichen fleißig zu Tische lud, viele Messen lesen ließ, und zu milden Beyträgen bereitwilliger war, als es ihre Lage gestattete«. Auf die Frage, ob Haydn erlaube, eine von ihm erwiesene Gefälligkeit durch ein Geschenk an seine Frau zu vergelten, habe Haydn erwidert: »Die verdient nichts, und ihr ist es gleichgültig, ob ihr Mann ein Schuster oder ein Künstler ist.« Haydn habe, da ist sich Dies sicher, »gegen seine Neigung« geheiratet, denn die jüngere Tochter »war der eigentliche Gegenstand seiner Liebe«, er habe sich mit Maria Anna begnügt, »um nur bald eine Frau zu bekommen. Er musste aber in der Folge den nicht überlegten Schritt schwer abbüßen«. Haydn habe nämlich bald entdecken müssen, dass seine Frau »viel Leichtsinn besaß«. Er habe sich über »seine häuslichen Leiden« nicht weiter auslassen wollen, weil er sie wohl »für unwürdig oder zu alltäglich gehalten habe, in seiner Lebensgeschichte Raum zu finden«. Ein halbes Jahrhundert nach Maria Annas Tod ist für Pohl nur zu gewiss, dass Haydn »von seinem Weibe die Hölle im Hause hatte«. Mit ihr »brachte sich Haydn ein unverträgliches, zanksüchtiges, herzloses, verschwenderisches und bigottes Weib, eine keifende Xantippe, ins Haus«. Nach den »glaubwürdigsten Zeugnissen« sei sie eine »gebieterische und eifersüchtige Frau« gewesen, dazu »keiner Überlegung fähig«. Sie »war aber auch boshaft und suchte ihren Mann geflissentlich zu ärgern«. So habe sie, »soviel auch Haydn dagegen eiferte, seine Partituren zu Papilotten«, also Haarwickeln, und »zu Pasteten=Unterlagen« missbraucht, und dadurch sei manche Handschrift Haydns verschwunden. Das Zusammenleben mit einem solchen Ausbund an Tücke und Unverstand, dazu noch »ohne körperliche Reize«, konnte nur, schließt Pohl, in das für Haydn unverdiente Unglück führen: Er »hatte nie die Freuden häuslichen Glücks erfahren und nur ein Charakter wie der seinige vermochte das traurige Loos einer solchen, obendrein kinderlosen Ehe zu ertragen«. Daher sei auch Haydns Beziehung zur Sängerin Luigia Polzelli, die als seine Geliebte gilt, in mildem Lichte zu beurteilen, »denn er bedurfte einer theilnehmenden Seele«. Die Kluft zwischen den Eheleuten sei mit den Jahren unüberbrückbar geworden, und schließlich hätten sie »in einer vergifteten Atmosphäre« gelebt. Die letzten Jahre habe Haydn seine Frau nach Baden bei Wien »ins Exil« geschickt. An der Seite eines solchen Weibes müsse man den Seelenfrieden, der den Kompositionen Haydns eigen sei, nur umso mehr bewundern.

Erstaunlich ist, wie sicher sich diese Biographen im Urteil über Haydns Frau sind. Da ist nicht die Spur eines Zweifels. Erstaunlicher noch: Dies hat Maria Anna nie gesehen, Griesinger wechselte mit ihr im Sommer 1799 einige Worte und beschrieb sie danach in einem Brief an seinen Leipziger Verlag als »eine gute alte Matrone«, erst nach ihrem Tode kein Jahr später änderte er sein Urteil. Die anschaulichste Beschreibung Maria Annas lieferte ein Menschenalter nach ihrem Tod der Forscher Pohl, der sogar noch ihr Keifen hörte und Haydn wegen der körperlichen Reizlosigkeit seiner Frau tief bedauerte.

Schwedische Reisende, die Haydn 1799 in Gumpendorf besuchten, trafen ihn dort zunächst nicht an, ein Diener führte sie in den Garten, wo eine alte Frau, umgeben von Hunden und Katzen, auf einer Bank saß. Auf die Frage, ob die »Frau Doctor« mit ihrem Gatten seinerzeit nach England gereist sei, habe sie erwidert: »Nein, mein Gatte hatte Mühe genug, mich zu berreden, in die Vorstädte zu ziehen. Ich werde mein geliebtes Wien niemals verlassen.« Als das Gespräch auf »Die Schöpfung« kam, habe Frau Haydn bemerkt, die Leute hielten das Werk für gut, sie selbst könne sich dazu nicht äußern. Die Reisenden verließen sie mit dem Eindruck, dass sie weder gebildet noch musikalisch sei. In Wien erzähle man sich, Haydns »recht unglückliche und kinderlose Ehe« sei der Grund, warum er so viel komponiere.

Es scheint, als habe Haydn über seine Frau gelegentlich auch anderes erzählt, als was die Biographen später der Wiedergabe für nötig hielten. Wie bei der kritischen Durchsicht des Manuskripts ungewollt übersehen, wirkt bei Dies das Bekenntnis Haydns, warum er Maria Anna überhaupt zur Frau nahm: »Wir gewannen uns lieb.« Was der von Dies zuvor in Klammern eingerückten Behauptung widerspricht, Haydn habe Maria Anna »gegen seine Neigung« geheiratet. Schwerer wiegt, was sich Griesinger erlaubte. Sein Bericht über Haydns Bemerkung, »Die verdient nichts« auf das Angebot, Frau Haydn ein Geschenk zu machen, ist nämlich absichtsvoll gekürzt. Griesinger hatte nach dem Gespräch Anfang 1800, also in den letzten Lebenswochen Maria Annas, brieflich nach Leipzig gemeldet, Haydn habe erwidert: »Dawider protestiere ich förmlich, ich liebe mein Weib, es fehlt ihr an nichts, aber sie hat keine Verdienste, die Belohnung verdienen.« Erst für seine »Biographischen Notizen« hat Griesinger das Gespräch retuschiert.

Zum üblen posthumen Ruf Maria Annas hat Haydn selbst viel beigesteuert, nicht nur in den Gesprächen mit seinen Biographen. Zu dem Geiger François Baillot soll er 1805 bemerkt haben, als sie im Flur seines Hauses an einem Bild vorbeikamen: »Das ist meine Frau, sie hat mich oft in Wut gebracht.« Und dann in seinen Briefen an Luigia Polzelli. Von ihnen später.

Das Urteil der Nachwelt über Haydns Frau ist kurz und bündig: Sie ist schuldig in allen Punkten. Entlastungsgründe werden nicht einmal erwogen.

Was sagt zu allem Maria Anna? Sie schweigt. Kein Brief von ihr ist erhalten. Was wir besitzen, ist ihre Unterschrift auf dem Heiratsvertrag von 1760 und das eigenhändig geschriebene Testament von 1799 samt dem Kodizill von 1800. In ihrem letzten Willen nannte sie Haydn mehrmals ihren »lieben Ehegatten«, setzte ihn zum Universalerben ein und überließ ihm die Entscheidung über die Art ihrer Bestattung.

Was sich zur Chronologie dieser Ehe dokumentarisch gesichert sagen lässt, ist bald erzählt. Mit der Anstellung Haydns beim Fürsten Paul Anton Esterházy in Eisenstadt, zunächst noch als Vizekapellmeister, begründen die

Eheleute dort im Frühjahr 1761 ihren Hausstand. Haydn und Maria Anna sind 1763 wiederholt als Taufpaten für Kinder fürstlicher Musiker nachgewiesen. Drei Jahre später nehmen sie bei Vater Keller fünfhundert Gulden für ein Jahr zu fünf Prozent Zinsen gegen Zeichnung eines Schuldscheins auf. Mit diesem Darlehen und weiteren siebenhundert Gulden kaufen sie das Haus Klosterzeile 82 hinter dem Bürgerspital in Eisenstadt samt Wiesen, Äckern, Waldungen und Küchengarten. Als das Haus zwei Jahre später abbrennt, trägt der neue Fürst, Nikolaus, die Kosten des Wiederaufbaus. Auf Vorschlag oder Drängen des Grafen Ladislaus Erdödy, ein Verwandter des Fürsten, nehmen die Haydns 1772 den damals fünfzehnjährigen Ignaz Pleyel auf fünf Jahre in Pension und als Haydns Schüler auf – der Graf ist von Haydns Unterricht und Pleyels Fortschritten derart entzückt, dass er Haydn eine Kutsche mit zwei Pferden schenkt, die Kosten für Futter und den Unterhalt eines livrierten Kutschers übernimmt Fürst Nikolaus. Dieser residiert seit 1766 auf Schloss Esterháza, und Haydn pendelt zwischen der neuen Wirkungsstätte und Eisenstadt. Mit dem Umzug der Kapelle nach Bau des Musikhauses auf Esterháza bezieht Haydn mit seiner Frau dort eine Wohnung mit vier Zimmern. Als der Fürst den Musikern 1772 verbietet, Ehefrauen und Kinder »nicht einmahl auf 24 Stund« nach Esterháza zu bringen, gehören Haydn und seine Frau zu den Wenigen, die das Verbot nicht trifft. Das Wohnhaus in Eisenstadt brennt 1776 ein weiteres Mal ab, die Haydns verkaufen es zwei Jahre später und wohnen seither bis 1790 auf Esterháza. Haydn und Maria Anna sind Paten bei einer Taufe in Süttör 1781. Als Fürst Nikolaus 1790 stirbt, hinterlässt er seinem Kapellmeister eine jährliche Pension von tausend Gulden, bei Haydns Tod solle seine Witwe die Hälfte beziehen. Maria Anna schreibt 1792 von Wien an ihren Mann in London, sie habe in Gumpendorf ein geeignetes Haus gefunden, das Haydn nach seiner Rückkehr 1793 kauft und aufstocken lässt. Joseph Carl Rosenbaum, in Diensten des Fürsten Anton Esterházy, fragt Frau Haydn 1798 um Rat bei einem Heiratsplan in eigener Sache, weil der Fürst den Ehekonsens nicht erteilen will. Haydns Bruder Michael bittet aus Salzburg Sigismund von Neukomm, einen Schüler Haydns, an diesen und dessen Frau »herzliche Grüße« auszurichten – Michael hatte im Jahre zuvor das Ehepaar in Wien besucht. Wegen schwerer Arthritis begibt sich Maria Anna 1799 auf eigenen Wunsch nach Baden, Haydn zahlt die Kosten der Kur. Testamentarisch bestimmt sie ihren »lieben Ehegatten« zum Universalerben. Im Archiv des Hauses Esterházy haben sich Deckblatt und Epilog zu einem Manuskript des Badener Arztes Karl von Schenk gefunden. Es trägt die Aufschrift: »Worte / eines Freundes der Musen und der Musik / an / Herrn Joseph v: Hayden / Doktor der Tonkunst / Gesprochen / als dieser das Haus des H: Karl v: Schenk / Medic: Dor mit seiner Gegenwart / beehrte / am 19ten März 1800«. Vermutlich hatte man Haydn in Wien vom Zustand seiner Frau berichtet. Sie sahen sich zum letzten Mal. Maria Anna starb am folgenden Tag.

Ihre Ächtung geht, wie schon dem bloßen Auge erkennbar, über jedes vernünftige Maß hinaus. Für Wohl oder Wehe einer Ehe stehen beide Partner ein. Es ist nicht nur ungerecht, sondern auch lebensfremd, einer Ehehälfte alle Schuld zu geben, wenn frohe Erwartungen sich nicht erfüllen.

Wie viele Ehen schwankte auch die der Haydns zwischen Glück und Elend. Immerhin lebten sie vierzig Jahre miteinander, die »Hölle im Haus« hätte selbst ein als christlicher Dulder kanonisierter Joseph Haydn nicht ertragen. Die längste Trennung brachten die Jahre zwischen 1791 und 1794, die Haydn in England war. Das »Exil« Maria Annas in Baden war Folge ihres Leidens, an der Behauptung, Haydn habe sie verstoßen, ist nichts Wahres.

Wenn auch jede Ehe eine geschlossene Gesellschaft ist und ein Urteil über die in ihr wirkenden Kräfte spekulativ bleiben muss, so führt doch blinde Parteilichkeit mit Sicherheit zu falschen Schlüssen. Der Versuch, unser Verständnis der Ehe der Haydns in ein lebensnaheres Gleichgewicht zu bringen, ist an der Zeit.

Joseph und Maria Anna heirateten aus gegenseitiger Zuneigung, wie Haydn sich nach dem Tod seiner Frau erinnerte: »Wir gewannen uns lieb«, ein Geständnis, das sich, bei den von Haydn überlieferten zumeist gereizten oder abfälligen Bemerkungen über Maria Anna, nicht leicht dahinsagt. Noch anderes mag ihm zu dieser Ehe geraten haben: der Wunsch, mit achtundzwanzig Jahren eine eigene Familie zu gründen, die Fortsetzung der Beziehung zu dem ihm angenehmen Milieu im kinderreichen Hause Keller, die wenn nicht üppige, so doch willkommene Mitgift der Braut, und wohl auch Dankbarkeit gegenüber Vater Keller für manche Hilfe in Tagen der Not.

Er hatte Zeit genug, sich den Entschluss zur Ehe reiflich zu überlegen. Mit den Kellers war er seit der ersten Hälfte der fünfziger Jahre bekannt. Nach Thereses Absage hätte er sich anderswo nach einer Frau umsehen können. Stattdessen entschied er sich für die Schwester. Beide Haydns werden ihre Zukunft gemeinsam von langer Hand geplant haben. Als sie nach

Jahren Ende 1760 heirateten, dürften sie überzeugt gewesen sein, dass sie zueinander passten.

Wie in jeder Ehe musste sich nun zeigen, ob die Zuneigung stark genug war, Charaktergegensätze durch Geduld und Kompromisse auszugleichen, und es ist anzunehmen, dass beide sich eine Zeit lang um das Verständnis der Eigenarten des anderen bemühten. Mit den Jahren jedoch wurden dem einen die Eigenheiten des anderen immer mehr zum Ärgernis. Wann dies begann, lässt sich nicht bestimmen, ebenso wenig, wer zuerst mit dem anderen die Geduld verlor. Bekannt sind nur Haydns Klagen.

Seine Frau habe ihn »oft in Wuth gebracht«. Wodurch? Wie die Biographen von Haydn wissen wollten und in ihre Sprache resümierend übersetzten, war Maria Anna gebieterisch, zänkisch, verschwenderisch, bigott und boshaft.

Eigenschaften wie diese sind für jede Ehe eine Belastung. Fragt sich nur, ob die von den Biographen gewählten Worte die Fakten wahrheitsgetreu wiedergeben. Durch passende Wortwahl lässt sich ein Sachverhalt vorteilhaft oder nachteilig schildern. Beim hergebrachten Urteil über Haydns Frau durfte sprachlich nur passieren, was sie abwertete.

Positiv gewendet kann »gebieterisch« bedeuten, dass Maria Anna eine eigene Meinung hatte, sich also nicht wortlos unterordnete. Diese Annahme liegt deshalb nicht fern, weil sie mehr als drei Jahre älter war als Haydn. Der Umstand, dass sie sich 1793 zutraute, das von ihr ausgesuchte Haus in Gumpendorf zu kaufen, wie es Haydn denn auch bei seiner Rückkehr tat, spricht für ihren praktischen Verstand, den sie auch nutzte. »Gebieterisch« kann schließlich heißen, dass sie sich von Haydn bei der Führung des Haushalts nicht mehr als nötig hineinreden ließ. Bezeichnend ist, dass sich unter den vielen Klagen keine findet, die ihr vorhält, sie sei eine schlechte Hausfrau gewesen.

Maria Anna habe einen unfreundlichen, ja zänkischen Charakter gehabt. Wahrscheinlich ist, dass Haydn sich bei zunehmender Arbeitslast zu wenig um sie kümmerte. Wie er meinte, sei es seiner Frau gleich gewesen, »ob ihr Mann ein Künstler oder ein Schuster« war. Das kann heißen, dass sie, wie auch die schwedischen Reisenden glaubten, unmusikalisch war, also gar nicht verstand, und sie es daher auch nicht interessierte, was ihren Mann zutiefst beschäftigte. Wäre dies so gewesen, müsste Haydn sich fragen lassen, was er nach reiflicher Überlegung von der Ehe mit einer Frau, der Musik nichts bedeutete, erwartet hatte. War sie aber für musikalische Eindrücke empfänglich, selbst ohne zu singen oder ein Instrument zu spielen, und hat Haydn sie von dem, was ihn bewegte, ausgeschlossen, so lässt sich als Reaktion auf eine solche Zurückweisung wachsende Unfreundlichkeit wohl denken. Zum Beweis von Maria Annas Unleidlichkeit erzählt Dies, Haydn habe im Selbstunterricht das Spiel auf dem Baryton, einem Verwandten des Cellos, gelernt, um den Fürsten, dessen Lieblingsinstrument das Baryton gewesen sei, zu überraschen. Weil Haydn am Tag nicht Zeit genug blieb, wohl auch, weil er vom Fürsten nicht entdeckt werden wollte, übte er nachts. »Freilich wurde er oft in seinen nächtlichen Studien durch das Schelten und Gezänke seiner Frau gestört.« Man muss keinen zänkischen Charakter haben, wenn man gegen fortgesetzte nächtliche Ruhestörung protestiert. Übrigens zeigte sich der Fürst von Haydns Eifer auf dem Baryton überrascht, nur nicht angenehm, denn an nichts lag ihm weniger als an einem Wettstreit mit seinem Kapellmeister. Der ernüchterte Haydn gab das Spiel auf dem Baryton daher sofort und für immer auf. Maria Annas angebliche Unfreundlichkeit und »zänkischer Charakter« wäre, sollte an dem Vorwurf etwas Wahres sein, am ehesten ihrer Krankheit zuzurechnen. »Schwere Arthritis«, an der sie den Quellen nach gestorben sein soll, ist ein langwieriges Leiden und in der Regel sehr schmerzhaft. Die »Hölle im Hause« mag daher vor allem das Los Maria Annas gewesen sein.

Sie sei, so heißt es weiter, »verschwenderisch« gewesen und habe den »Aufwand« geliebt. Für wen oder was trieb sie Aufwand? Wenn für sich selbst, dann müsste sich bei der Abfassung des Testaments einiges von diesem Aufwand in ihrem Besitz befunden haben. Sie hinterließ »schöne wesch und Kleidungsstück sambt Sielber schmuck und einrichtung«, Haydn solle als Universalerbe davon verkaufen und den Erlös an Arme geben. Im Kodizill setzte sie eine goldene Uhr, einen Silberlöffel, ihr Silberbesteck, einen goldenen Ring, eine goldene Tabatiere, zwei mit Diamanten besetzte Ohrgehänge, zwei silberne Salzfässer und zwei Kleider als Legate aus. Wenn ihr gesamter Nachlass nicht mehr als dreitausend Gulden wert war, dann dürfte Frau Haydn an persönlichen Habseligkeiten am Lebensende, nach vierzigjähriger Ehe mit einem der auch geschäftlich erfolgreichsten Musiker der Zeit, nicht viel besessen haben. Vermutlich waren Silberbesteck, Schmuck und Einrichtung sogar Teil ihrer Aussteuer, oder sie hatte einiges von ihren vorverstorbenen Geschwistern geerbt.

Verschwendung kann auch heißen, dass sie, um gesellschaftlich zu glänzen, ein zu großes Haus führte. Riesbeck berichtete aus Wien, die dort geübte Gastfreiheit sei erstaunlich. Während der ersten Wochen habe er nur drei- oder viermal auf eigene Kosten gespeist. »Es ist Sitte, wenn man in ein Haus eingeführt wird, einen Tag zu bestimmen, an welchem man wöchentlich Gast im Hause sein muss.« Bei Tische traf er so viele Bekannte, die ihn gleichfalls einluden, dass er auf Wochen hinaus freie Mittagstafel hatte. Bei der Zahl und Güte der Gerichte wurde nicht gespart. Es ist anzunehmen, dass Maria Anna sich als Wienerin ihrem Mann, der auf dem Lande aufgewachsen war, an feiner, also städtischer Lebensart überlegen fühlte. Im Hause Keller wird es ähnlich freigebig zugegangen sein, mit Haydn als Gast.

Verschwendung aus »Bigotterie« ist ein weiterer Tadel. Sie habe die Geistlichen »fleißig zu Tische« eingeladen. Für großen Aufwand spricht das eher nicht, unterstellt, sie habe die Geistlichen nicht gleich im Dutzend bewirtet. Auch müsste man wissen, wann dies geschehen sein soll – die nach 1781 aus den Klöstern vertriebenen Mönche waren durchweg arme Schlucker, die meisten hatten für das Leben draußen wenig Brauchbares gelernt. Das tätige Mitleid frommer Christen war für diesen nun brotlosen Klerus eine nötige Überlebenshilfe. Als Bigotterie, also Scheinheiligkeit und Frömmelei, gilt auch, dass Maria Anna »viele Messen lesen ließ«. Was heißt »viele«, und wo beginnt die Verschwendung? Von Verschwendung redet leicht, wer das Lesenlassen von Messen überhaupt für unnütz hält. Der eine nennt bigott, was für den anderen gläubig ist. Nachgesagt wird ihr schließlich Verschwendung durch »milde Beyträge«. Ob das im Übermaß geschah, wird zwar behauptet, aber nicht belegt. Almosengeben war ein Gebot christlicher Nächstenliebe, ein gewinnender Zug, weil frei von Selbstsucht. Die »Bigotterie« missfiel den Biographen, aber wohl nicht Haydn, gläubig und kirchentreu wie seine Frau.

Was ihn dagegen ernstlich störte, war die »Verschwendung«. Das Geld muss in dieser Ehe ein ständig wiederkehrendes Reizthema gewesen sein. Die großstädtische Maria Anna und der in knappen Verhältnissen aufgewachsene, durch Hungerjahre geprägte und aufs Sparen bedachte Joseph konnten sich über die ebenso philosophische wie praktische Frage, wozu das Geld da sei, allem Eindruck nach nicht einig werden.

Was schließlich die Maria Anna nachgesagte »Boshaftigkeit« betrifft, so sind die Vorfälle in der überlieferten Lesart unglaubhaft. Zwei Zeugen sollen, nach Pohl, für die Wahrheit der Geschichte bürgen: »Wie Prinster und Thomas, Mitglieder der fürstl. Musikkapelle, nach mündlicher Ueberlieferung erzählten« – Geschichten aus zweiter oder dritter Hand sind in der Regel Variationen einer Begebenheit. Prinzip der Variation ist die Veränderung. Vorstellen lässt sich, dass Maria Anna aus Notenpapier ihres Mannes »Papilotten« drehte, wie sie diese vom Vater kannte, oder auch mit Notenpapier Pasteten unterlegte. Die verändernde Übertreibung liegt darin, dass sie für diese Zwecke gleich ganze Partituren verwendet habe, wo sie schon mit dem Missbrauch einzelner, von Haydn beschriebener Notenblätter nicht nur ihm, sondern auch, durch die ihm bereiteten Verlegenheiten, sich selbst geschadet hätte. Die Geschichte zeigt, was alles aufgeboten wurde, um das einmal gefasste Urteil über Haydns Frau als Xanthippe, und sei es durch Verwendung entstellter Histörchen, schlüssig abzurunden.

Was jedoch die Ehe der Haydns am stärksten belastete, war die enttäuschte Hoffnung auf Kinder. Schuldig ist wieder die Frau: »Mein Weib war unfähig zum Kindergebären.« Das klingt, als sei Haydn von der Wahrheit dieser Behauptung überzeugt gewesen. Damit stand er nicht allein. In der Vorstellung der Zeit oblag es der Frau, in der Ehe dem Manne »Kinder zu schenken«. Blieben sie aus, hatte im Zweifel die Frau ihre gottgewollte Pflicht versäumt. Im Zweifel. Denn es kann sein, dass Haydn, über Verdacht und Vorurteil hinaus, für die Unfähigkeit seiner Frau, Kinder zu gebären, Beweise hatte, oder sie zu haben glaubte. Und möglich ist, dass Maria Anna die Gründe der Kinderlosigkeit schuldbewusst allein bei sich selber suchte und damit ihren Mann in seinem Glauben noch bestärkte. Haydns ältere Schwester Anna Maria Franziska hatte drei, Schwester Anna Maria aus zwei Ehen sechzehn Kinder. Dagegen starben Haydns beide Brüder kinderlos wie er selber: Michaels einziges Kind lebte nur ein Jahr, und Johann Evangelist blieb unbeweibt und kinderlos. Maria Annas Schwester Barbara und Elisabeth hatten mehrere Kinder, wie auch Bruder Karl. Therese ging ins Kloster, und ein weiterer Bruder soll unter dem Namen Eduard dem Augustinerorden in Graz beigetreten sein.

Während Haydn in der Musik Erfüllung fand, blieb Maria Anna im Haus in Eisenstadt und in der Wohnung auf Esterháza die meiste Zeit allein, erst recht, als den Ehefrauen der meisten Musiker der Aufenthalt dort verboten wurde. Trost in der Einsamkeit spendeten die Lehren und Riten der Kirche sowie erbauende Gespräche mit der Geistlichkeit. Die Aufnahme von Ignaz Pleyel als Hausgast und Schüler war beiden Haydns recht, ja ein Bedürfnis. Pleyel hätte über die Ehe seiner Gasteltern manches erzählen können, doch ist nichts überliefert. In Wien stimmte Maria Anna der von Haydn betriebenen Einquartierung seines Schülers Pietro Polzelli ohne Zaudern zu. Wie wir aus ihrem Testament wissen, hatte sie zwei Pflegesöhne, Ladislav und Karl, Kinder verstorbener Geschwister; das Ausmaß ihrer Sorge um sie ist nicht bekannt.

In einer solchen, wenn auch nicht heillos zerstrittenen, so doch unbehaglichen Ehe nehmen es die Partner mit der Treue nicht genau. So bekannte auch Haydn: »Mein Weib war unfähig zum Kindergebären, und daher war ich für die Reize anderer Frauenzimmer weniger gleichgültig.«

Bei der Nacherzählung des Lebens großer Männer ist die Versuchung groß, in ihren Beziehungen zu Frauen ein romantisches Interesse aufzuspüren. Aus einer Bekanntschaft wird leicht ein Verhältnis, aus einer Freundin die Geliebte. Besonders vom genialen Künstler wird erwartet, dass er liebt, und findet er dieses Glück nicht in der Ehe, so hat er das Recht, sich anderswo nach »theilnehmenden Seelen« umzuschauen. Diese Freiheit wird auch Haydn zugebilligt, ja manchmal, wie es scheint, geradezu aufgedrängt.

Haydns herabgesetzte Gleichgültigkeit gegenüber anderen Frauenzimmern kann durchaus, wie berichtet wird, die Eifersucht seiner Frau erregt haben. Dazu konnte Maria Anna schon genügen, dass ihr Mann den gesellschaftlichen Umgang mit anderen Frauen dem mit ihr vorzog. Haydn gestand Dies, »dass er schöne Weiber gerne gesehen hätte, doch konnte er nicht begreifen, woher es komme, dass er in seinem Leben von so manchem schönen Weibe geliebt worden sei. ›Meine Schönheit‹, fuhr er fort, ›konnte sie nicht dazu verleiten‹«. Zum Gegenstand weiblicher Aufmerksamkeit werden macht noch keinen Frauenhelden. Und es fragt sich, welcher Art die »Liebe« dieser Frauen war, ob also mehr als Bewunderung für sein Werk. Haydn rief Griesinger beim Abschied einmal nach: »Viele Grüße an alle schönen Weiber«, wozu Griesinger meinte: »Den Frauenzimmern hatte er immer etwas Artiges zu sagen; es ergötzte den alten Mann, wiewohl ganz in den Schranken der Bescheidenheit, die Rolle eines verliebten Näschers mit ihnen zu spielen, und dann setzte er hinzu: ›Das gehört schon zu meinem Metier!‹« Wenn Mozart von sich sagte, er liebe es, mit Frauen zu »narriren«, also im Gespräch zu albern, so gehörte Haydn zu jenen, die Frauen auf die in Wien geschätzte Manier »charmierten«, mit Handkuss und scherzhaftem Geplauder, mehr gemütvoll als geistreich.

Bekannt sind die Namen von vier Frauen, zu denen Haydn in nähere außereheliche Beziehung getreten sein soll.

Zunächst »Catherine Csech«, in Haydns Schreibweise, Kammerjungfrau der Fürstin Maria Anna Grassalkovics in Preßburg, wo Fürst Nikolaus Esterházy, ihr Vater, vor Ausbau und Bezug von Esterháza 1768 öfter residierte. Der Name von »Catherine Csech« ist nur aus Haydns erstem Testament bekannt, wo er ihr unter Nummer 57 der Vermächtnisliste ein Legat von eintausend Gulden aussetzte. Im Testament von 1809 erscheint ihr Name nicht mehr. Haydn hat übrigens geschwankt, wie viel er ihr hinterlassen solle, die tausend Gulden sind einmal durchgestrichen und durch fünfhundert ersetzt, am Ende blieb es beim höheren Betrag. Auf welche Art er »Catherine« verpflichtet war oder er sich ihr verpflichtet fühlte, hat sich nicht klären lassen. Die Vermutung, er habe mit ihr eine Liebesbeziehung unterhalten, hat den Nachteil, dass sie sich nicht beweisen lässt. Es ist wenig wahrscheinlich, dass Haydn sich über dreißig Jahre später für einen außerehelichen Seitensprung derart revanchierte. Die Höhe der Summe ist weniger erstaunlich, wenn man bedenkt, wie sehr der Gulden in drei Jahrzehnten an Wert verloren hatte. Der Grund für das Vermächtnis kann jede Gefälligkeit oder Hilfe »Catherines« gewesen sein, etwa bei einer Krankheit Haydns während der Preßburger Aufenthalte im Gefolge seines Fürsten im Winter 1767 und im Mai 1769.

Haydns Bekanntschaft mit Marianne Sabina Edle von Genzinger begann mit ihrem Brief vom 10. Juni 1789. Dort bat sie ihn, ein von ihr für Klavier gesetztes Arrangement einer Komposition Haydns auf Fehler zu prüfen. Haydn antwortete vier Tage später aus Esterháza, er bewundere »das eingeschückte – treflich übersezte Adagio, welches Ihrer Richtigkeit wegen jeder Verleger unter die Presse legen kan«.

Marianne war die Ehefrau von Peter Edler von Genzinger, neu geadelter »Haus Medicus« von Fürst Nikolaus Esterházy bei dessen Visiten in Wien. Die passionierte Liebhaberin der Musik und Klavier spielende, damals achtunddreißigjährige Marianne, Mutter von sechs Kindern, dürfte die Verbindung ihres Mannes zum Hause Esterházy für den Kontakt mit Haydn genutzt haben.

Haydns sechsundzwanzig Briefe an Marianne sind in achtungsvollem Ton gehalten. Die Anrede »allerliebste gnädige Gönnerin« war das Intimste, was er sich erlaubte. Die Bewunderung dieser Dame der Wiener Gesellschaft schmeichelte ihm. Er war Gast im Hause Genzinger, und im Mai 1790 erwartete er ihren Besuch auf Esterháza, offenbar begleitete sie ihren Mann bei einer Visite, oder plante es. Bald wurde sie Haydns Vertraute und Herzensfreundin. Als er bei einem Besuch in Wien ihrer Einladung einmal nicht folgen konnte, weil er durch die kurzfristig angesetzte Abreise seines Fürsten gezwungen war, ihm nach Esterháza zu folgen, schrieb er ihr: »Nun – da siz ich in meiner Einöde – verlassen – wie ein armer waiß – fast ohne menschlicher Gesellschaft – traurig – voll der Errinerung vergangener Edler täge.« Der angenehme Briefwechsel mit ihr tröste ihn, »indem mir dieser zur aufmunterung in meiner Einöde, meines öfteren sehr tief gekränckten Hertzens höchst Nothwendig ist«. Aus London berichtete er ihr 1791 über das dortige Musiktreiben, seine Erfolge und die Kabalen seiner Feinde. Einmal bat er sie, seiner Frau auf kurze Zeit einhundertfünfzig Gulden vorzustrecken, weil er verschiedener Umstände wegen nicht liquide sei, sie möge aber nicht denken, er sei seit der Abreise von Wien »ein schlechter würth geworden«.

Die Korrespondenz endete mit Mariannes Tod Ende Januar 1792. Er wird ihren Verlust tief betrauert haben. Sie hinterließ der Nachwelt die sorgfältig aufbewahrten Briefe Haydns.

Haydn zeigte Dies bei dessen dreiundzwanzigstem Besuch im Sommer 1806 ein Notizbuch mit der Abschrift von Briefen »einer englischen Witwe in London, die mich liebte; aber sie war, ob sie gleich schon sechzig zählte, noch eine schöne und liebenswürdige Frau, die ich, wenn ich damals ledig gewesen wäre, sehr leicht geheiratet hätte«.

Rebecca Schröter war die Witwe von Johann Samuel Schröter, eines in Warschau geborenen deutschen Musikers, der sich in London niedergelassen und als Nachfolger von Johann Christian Bach 1782 »Master of the King's Musick« und später Kammerpianist des Prince of Wales geworden war. Seine jüngere Schwester, die schöne und ewig jugendliche Corona, war 1778 von Goethe als Kammersängerin an den Weimarer Hof verpflichtet worden, wo sie auch als Schauspielerin auftrat, beides mit solchem Erfolg, dass sich Herzog Carl August, als einer von vielen, in sie verliebte. Ihr Bruder wurde in London als Komponist und Pianist rasch beliebt. Eine seiner Klavierschülerinnen war Rebecca, Erbin eines ansehnlichen Vermögens. Johann Samuel starb 1788, achtunddreißig Jahre alt. Als Haydn Anfang 1791 in London eintraf, dauerte es nicht lange, bis Rebecca sich bei ihm meldete, um Klavierstunden zu nehmen. Von ihr stammen jene englisch verfassten zweiundzwanzig Billets, die er Wort für Wort in sein Notizbuch übertrug, bevor er die Originale zurückgab. Bei seinem zweiten Londoner Besuch wohnte er in Bury Street, nur wenige Schritte von Rebeccas Haus entfernt – Billets aus dieser Zeit sind nicht bekannt. Er widmete ihr drei Klaviertrios, die erstmals in London 1795 im Druck erschienen – der dritte Satz des zweiten Trios in G-Dur war das bald berühmte »Rondo all' Ongarese«.

Die Lektüre der Briefchen nährt den Verdacht, dass Rebecca bei Haydn versuchte, was ihr bei Johann Samuel gelungen war. Kein Zweifel auch, dass ihre Bewunderung Haydn gefiel. Er hatte das Londoner Publikum erobert, nun ergab sich ihm, wie er glaubte, das Herz einer Frau. Rebeccas Methode war ebenso einfach wie wirksam. Nach jeder Begegnung schrieb sie ihm auf der Stelle ein Billet, das am nächsten Vormittag ausgetragen wurde. Dort versicherte sie Haydn, ohne dass sie von Mal zu Mal viel an Stil und Ausdruck änderte, wie außerordentlich sie das Gespräch mit ihm genossen habe, ihr Herz sei voll von Zärtlichkeit, keine Sprache könne jene Liebe ausdrücken, die sie für ihn, »my dearest and most beloved Haydn«, empfinde und die täglich wachse. Äußerst besorgt erkundigte sie sich schließlich, wie es ihm gesundheitlich gehe, vor allem, wie sein Schlaf gewesen sei.

Was Rebeccas Absicht bei dieser Kampagne war, die sich ein Jahr hinzog, ist nicht klar. Wollte sie ihn wirklich zur Heirat verführen? In jedem Falle war ihr wichtig, mit Haydn als Trophäe die Aufmerksamkeit der Londoner Gesellschaft und den Neid der Damen im Besonderen auf sich zu ziehen.

Wurde der Seelenbund mit Marianne von Genzinger bald zur schmerzlichen Erinnerung und blieb die Londoner Idylle mit Rebecca Schröter Episode, so geriet das Verhältnis des Meisters zu Luigia Polzelli, nach beschwingter Ouvertüre, immer mehr zum Albtraum.

Luigia war 1750 in Neapel geboren. Ihr Ehrgeiz zog sie, Kind einer Musikerfamilie, zur Oper, ihr Fach war Mezzosopran. Sie heiratete den wohl wesentlich älteren und gebrechlichen, aus Rom stammenden Geiger Antonio Polzelli. Ihr gemeinsamer Sohn Pietro wurde 1777 in Bologna geboren. Die fast mittellose Familie Polzelli erschien im März 1779 auf Esterháza und wurde für zwei Jahre engagiert. Dort begegnete Luigia dem unterdessen in Europa berühmten Kapellmeister Haydn, siebenundvierzig Jahre alt. Nach dem Signalment ihres Passes hatte Luigia ein schmales, längliches Gesicht, einen dunklen Teint, dunkle Augen und trug kastanienbraunes Haar. Sie war von zierlichem Wuchs bei mittlerer Größe. Wegen enttäuschender Leistungen wurde der Vertrag mit den Polzellis im Dezember 1780 vorzeitig gekündigt. Vermutlich auf Haydns Drängen widerrief der Fürst die Entlassung. Danach blieben die Polzellis bis 1790, mit dem niedrigsten Gehalt aller angestellten Musiker. Luigia sang zweit- und drittrangige Opernpartien, zu Hauptrollen reichte ihr Talent nicht. Eine den Polzellis 1780 geborene Tochter starb nach zwei Jahren. Ein weiteres Kind, Anton, wurde 1783 geboren, er gilt als Haydns Sohn. Ihm folgten noch drei Polzellis, zwei Söhne und eine Tochter, ihr Schicksal ist unbekannt. Pietro, den Haydn später als Schüler in sein Wiener Haus aufnahm, starb 1796. Anton führte ein unstetes Leben als Komponist, Geiger, Bodenspekulant und Verwalter von Adelsgütern. Er lebte bis 1855. Luigia heiratete nach dem Tod ihres Mannes den Sänger Luigi Franchi. Sie lebte bis 1815 in Bologna und ließ sich dann im slowakischen Kosice, damals Kaschau, nieder, wo sie 1832 verarmt und einsam starb.

Die Behauptung, Luigia Polzelli sei Haydns »Geliebte« gewesen, beruft sich auf sein schriftliches Eheversprechen von 1800 und die italienisch geführte Korrespondenz zwischen beiden in den Jahren 1791 bis 1793, aus der nur Haydns Briefe, neun an der Zahl, und das Postscriptum von seiner Hand auf einem Brief Pietros an seine Mutter erhalten sind. Griesinger wie Dies waren ahnungslos, Haydn verlor im Gespräch mit ihnen über Luigia kein Wort. Erst Pohl wusste nach einem halben Jahrhundert mehr.

Sollte es zwischen Haydn und Luigia ein Liebesverhältnis gegeben haben, so hatte sich davon, außer Beteuerungen Haydns, die aus einem Ratgeber für Liebespostillen kopiert sein könnten, zur Zeit des Briefwechsels schon lange jede Spur verloren.

Luigia brauchte Geld, das ihr Haydn, immer zu wenig und immer angemahnt, unlustig schickte oder widerstrebend versprach. Auf die Nachricht, der alte Antonio Polzelli liege im Hospital, schreibt Haydn, er hoffe, »dass dein armer Mann jeden Augenblick sterben wird«. Er schicke einhundert Gulden, er würde gerne mehr tun, sei aber dazu derzeit nicht im Stande. Und bald darauf: Die Vorsehung habe wohl getan, sie durch den Tod ihres Mannes von einem schweren Joch zu befreien, auch für ihn, Antonio, sei es besser, nun in einer anderen Welt zu sein, als in dieser weiter nutzlos zu verweilen. Vielleicht werde die Zeit kommen, »von der wir beide so oft geträumt haben, wenn vier Augen geschlossen sein werden. Zwei haben sich geschlossen, aber die anderen zwei – genug, Gottes Wille geschehe«. Er schätze und liebe sie wie am ersten Tage. Es schmerze ihn schrecklich, dass er für sie nicht mehr tun könne. Doch Geduld, der Tag werde kommen, »an dem ich dir zeigen kann, wie sehr ich dich liebe«. Sie solle ihm Pietro schicken, er werde ihn behandeln wie seinen eigenen Sohn. Er, Haydn, werde, »falls möglich«, nach Italien reisen, um sie dort zu sehen. Er hoffe, sie habe ihn nicht vergessen, wie er sie »niemals, niemals vergessen« werde. Und gleich darauf: Sollte sie noch einmal heiraten, so werde sie ihm dies doch wohl schreiben, denn er möchte gerne den Namen dessen wissen, der so glücklich sein werde, sie zu besitzen. Man schreibe ihm aus Wien, »dass du die schlimmsten Dinge über mich gesagt hast, aber Gott segne dich, ich verzeihe dir alles«. Seine Frau, »diese höllische Bestie«, habe ihm aus Wien so manches geschrieben, dass er gezwungen gewesen sei, ihr zu antworten, er werde für den Rest seines Lebens nicht mehr nach Hause kommen. Das habe gewirkt. Auf die Nachricht Luigias, seine Frau sei schwer erkrankt, schrieb ihr Haydn, sie befinde sich in der Tat nicht wohl, »aber mit ihrer üblichen Art von Krankheit kann sie mich noch um Jahre überleben. Nun, wir haben ihr Schicksal der Vorsehung zu überlassen«. Und im nächsten Brief, jetzt wieder aus Wien: »Meine Frau ist die meiste Zeit krank, und immer übler Laune, aber es kümmert mich nicht mehr – schließlich wird auch diese Plage eines Tages enden.«

Zwei Monate nach Ende der Plage, dem Tod Maria Annas am 20. März 1800, sandte Haydn an Luigia folgende italienisch geschriebene Erklärung: »Ich, der hier Unterfertigte, verspreche der Signora Loisa Polzelli, im Falle ich gesonnen sein sollte, mich wieder zu verheiraten, keine andere zur Frau zu nehmen als genannte Loisa Polzelli, und falls ich Witwer bleibe, verspreche ich genannter Polzelli, ihr nach meinem Tode eine lebenslängliche Pension von dreihundert Gulden, das heißt 300 Gulden in Wiener Münze, zu hinterlassen. Rechtsgültig vor jedem Richter unterfertige ich mich, Wien, am 23. Mai 1800, Joseph Haydn, Kapellmeister seiner Hoheit des Fürsten Esterházy.«

Was Haydn von diesem Versprechen wirklich hielt, steht im ersten Testament von 1801. Dort vermachte er Luigia »6 Wochen nach meinem Todt gleich in baarem vorhandenen Geld« einhundertfünfzig Gulden, danach jedes Jahr diese Summe, nach ihrem Tode solle ihr Sohn Anton noch ein weiteres Jahr einhundertfünfzig Gulden erhalten: »NB. Die von mir unterschriebene Verheißung aber in welscher Sprach, so Madam Polzelli aufweisen wird, erkläre ich für null und nichtig, weil so viele meiner armen Anverwandten bei größerer Abgabe zu wenig erhielten. Endlich, sie Polzelli soll also mit obiger jährlichs Vermächtniß von 150 fl. zufrieden seyn.«

Im letzten Testament von 1809 blieb es zwar bei dem schon um die Hälfte gekürzten Legat. Doch bestimmte Haydn nun, dass sie auch dieses verlieren werde, sollte sie sich auf das »von mir vor beiläufig 18 Jahren ausgestellte

Instrument« berufen. Sohn Anton ging diesmal leer aus. Irrte Haydn sich, als er von dem »Instrument« schrieb, er habe es vor achtzehn Jahren ausgestellt? Bei seinem peniblen Umgang mit Zahlen und dem im Übrigen mit großer Klarheit verfassten Testament ist das nicht wahrscheinlich. Dann hätte er Luigia nicht nur das Ehe- und Zahlungsversprechen von 1800 gegeben, sondern vor seiner Abreise nach England im Januar 1791 noch ein weiteres »Instrument« unbekannten Inhalts.

Auf die Geschichte von Haydns Verhältnis zu Luigia Polzelli, wie sie überliefert ist, reimt sich manches nicht.

Welcher Art war das Verhältnis? Dass sie sich nahe standen, ist außer Frage. Doch wie nahe? War Luigia wirklich Haydns Geliebte? Von ihm wissen wir, er habe »schöne Weiber gern gesehen«. Das ist ein ästhetisches Interesse. Als Dies meinte, Haydns »gewisses genialisches Etwas im Gesicht und in der ganzen Figur« habe ihn wohl manchem weiblichen Angriff ausgesetzt, entgegnete der geschmeichelte Haydn: »Oh, manchem! Doch ich war klug!« Im Klartext: zu klug, um mich je in ein Verhältnis einzulassen.

Auf diese Vorsicht hatte er bei Luigia offenbar verzichtet. Die Briefe an sie und die »Instrumente« zeigen ihn von allen klugen Geistern verlassen. In Luigia geriet er an eine Person, die es verstand, ihn über Jahre auszubeuten.

Wie gelang ihr das? Reichte schon der Appell an Haydns Dankbarkeit für zärtliche Stunden, oder besaß sie Beweise, die ihn, falls sie in andere Hände oder an die Öffentlichkeit gerieten, kompromittiert hätten? Von Dankbarkeit ist in den Briefen und beiden Testamenten nichts zu spüren. Und Haydn rächte sich an ihr durch Kürzung des Legats und sogar Androhung seines Entzugs.

Dann besaß sie etwas, mit dem sie ihn nötigen konnte. Was das war, ist nicht bekannt. Aber es muss etwas gewesen sein, von dem Haydn wollte, dass es nicht publik würde. Die Kenntnis ihrer Beziehung zu ihm, welcher Art sie auch immer gewesen war, eignete sich nicht für diesen Zweck. Denn die wird auf Esterháza kein Geheimnis gewesen sein. War es eine schriftliche Anerkennung seiner Vaterschaft bei dem 1782 geborenen Anton Polzelli? Dazu passt aber nicht, dass er den 1796 verstorbenen Pietro, nicht aber Anton, wie seinen eigenen Sohn liebte. Wäre Haydn überzeugt gewesen, Anton sei sein Sohn, hätte er sich doch wohl um ihn bei Lebzeiten mehr gekümmert und in seinem letzten Willen väterlich für ihn gesorgt.

Nicht ausschließen lässt sich, dass Haydn, trotz aller Klugheit, mit Luigia eine Affäre hatte, mit ihm als dem Verführten. Doch kam es kaum zu einem Verhältnis, also zu einer Dreiecksbeziehung mit Haydn zwischen Ehefrau und Geliebter. Nach dem Dienstvertrag vom 1. Mai 1761 wurde, wie schon erwähnt, vom Vize-Kapellmeister erwartet, er werde sich »um so viel exemplarischer conduitiziren, damit die subordinirten von seinen guten eigenschafften sich ein beyspiel nehmen können, mithin wird er Joseph Haydn allbesondere Familiarität, gemeinschafft in essen, trincken, und andern umgang vermeiden, um den ihme gebührenden Respect nicht zu vergeben, sondern auffrecht zu-erhalten«. Ein Verhältnis mit Luigia als einer »subordinirten« hätte dieser fürstlichen Weisung klar widersprochen. Der Umstand, dass der Fürst mit Haydn, nun Kapellmeister, am 1. Januar 1779 einen neuen Kontrakt schloss, wo zahlreiche Bestimmungen des ersten nicht wieder erschienen, so auch jene über die zu unterlassende Familiarität und »andern umgang«, kann nicht heißen, dass Haydn von diesem Verbot befreit war, als Luigia im März jenes Jahres auf Esterháza erschien. Es gab nur keinen Anlass, an das Verbot zu erinnern, weil Haydn sich in den achtzehn Jahren seines Dienstes tadelfrei geführt hatte und der Fürst dieselbe »conduite« als selbstverständlich auch künftig erwartete. Disziplin zu halten war auf Esterháza, mit dem jungen Personal sowie den gastierenden Sängern und Schauspielern der Wanderbühnen, nicht immer leicht. In einem Vertragsentwurf von 1775 wurden die Musiker zu einem »auferbaulichen Christlichen, Gottesfälligen Lebens=Wandel« angehalten. Der Güterverwalter des Fürsten, Hauptmann Ludwig Peter von Rahier, mit dem Haydn gelegentlich zusammenstieß, hielt auf Zucht. Als der Sänger Benedetto Bianchi 1776 bei einer Opernvorstellung auf offener Bühne zur Gaudi des Publikums die Röcke der Sängerin Catarina Poschwa mit einem Stock lüftete, was diese erst beim dritten Mal merkte, beschwerte sich das Ehepaar Poschwa beim Fürsten, der Bianchi nicht nur zwang, sich von der Bühne vor vollem Haus zu entschuldigen, sondern ihn auch mit zwei Wochen Arrest bestrafte. Und sollte er dergleichen noch einmal wagen, würden ihm öffentlich fünfzig Stockhiebe aufgezählt werden.

Schließlich Haydns Religiosität. Für einen Fehltritt ließ sich im Beichtstuhl noch Vergebung finden, ein fortgesetzter Ehebruch jedoch war schwere Sünde, die Gott strafen würde.

Wollen wir Haydn glauben, fehlte er nicht allein. Bei einem Gespräch über ein Bild, das der Ausgabe kompletter Werke bei Breitkopf & Härtel als Frontispiz vorangestellt werden sollte, schien Griesinger ein Porträt Haydns von Ludwig Guttenbrunn besonders ähnlich. Maria Anna hatte dieses Bild im Juli 1799, wie erbeten, an Griesinger geschickt. Der Maler Vinzenz Georg Kininger sollte das Bild kopieren, Clemens Kohl die Kopie in Kupfer stechen. Kiningers Kopie misslang, ein weiterer Versuch sollte im November folgen. Doch Maria Anna hatte das Bild mit sich in die Kur nach Baden genommen. Griesinger berichtete nach Leipzig: »Guttenbrunn war ehemals, sagte Haydn, ihr Liebhaber, und daher trennt sie sich so selten wie möglich von dem Porträt.«

Hatte Maria Anna sich für den Seitensprung ihres Mannes mit einer Liebschaft gerächt? Guttenbrunn malte, zur Zufriedenheit des Fürsten, in den Jahren 1770 bis 1772 auf Esterháza. Was meinte Haydn mit »Liebhaber«? Wenn er als Kapellmeister für die Musiker ein Vorbild an »Gottesfälligem Lebens=Wandel« sein sollte, so galt das analog auch für die Frau. Religiöse Skrupel waren bei Maria Anna mindestens so stark wie bei Haydn. War Guttenbrunn Maria Annas erhörter »Liebhaber«, oder war er nicht mehr als ein »Verehrer«? Jedenfalls hat Griesinger in den »Biographischen Notizen« den Vorwurf ehelicher Untreue im Sündenkatalog Maria Annas nicht aufgeführt. Und warum sollte Maria Anna das Porträt nicht mit in die Kur genommen haben, weil es sie an ihren Mann erinnerte?

Es lässt sich fragen, ob Haydn für die Ehe überhaupt geschaffen war. Hätte eine Haushälterin nicht auch gereicht? Beruf und Berufung ließen ihm für die Ehe kaum Zeit. Ob er sich einer Familie mehr gewidmet hätte? Vielleicht. Jedenfalls wären Kinder der Ehe gut bekommen.

Haydn hatte die bergende Nestwärme einer Familie nur kurze Zeit erlebt. Mit fünf Jahren verließ er das Elternhaus, in Hainburg und Wien geriet er in die raue Zucht von Vetter Franck und Kapellmeister Reutter, es folgten Entlassung und Jahre in bitterer Armut. Von Kindheit an hatte er für sich selber sorgen müssen. Das vertrug sich allerdings nahtlos mit der Vorstellung der Zeit, schon die Kinder müssten zu Erwachsenen erzogen werden. Das Ideal war der junge Herr, die junge Dame schon im Kinde. Umso stärker wirkte die Revolution von Jean-Jacques Rousseau mit seinem Erziehungsbuch »Emile«, in dem er beschwörend forderte, man solle die Kindheit im Kinde reifen lassen.

Wenn das Verhältnis der Haydns zueinander darunter litt, dass aus ihrer Ehe keine Familie wurde, so kam noch belastend hinzu, dass Haydn, als er bekannt und dann berühmt wurde, bei seiner Frau weder ein sonderliches Interesse für Musik noch Bewunderung für sein Talent fand, jedenfalls keine von der Art, die ihm viel bedeutet hätten. Der Mensch Joseph Haydn war

Maria Anna wichtig, nicht der Künstler. Dagegen verstanden die anderen Frauen, zu denen Haydn in nähere Beziehung trat, sein Metier und wussten, was er im Wettstreit mit anderen Komponisten galt.

Kaum anzunehmen, dass Haydn seine Frau als ihm an Bildung unterlegen sah, auch wenn Maria Anna noch mehr Mühe hatte als er, sich schriftlich auszudrücken, was bei der vernachlässigten Bildung der Mädchen nicht verwundert. Schöngeistig oder literarisch interessiert und belesen waren beide nicht, was sie von den meisten Zeitgenossen kaum unterschied.

Auch als sozial ungleichwertig wird Haydn, trotz wachsender Berühmtheit, seine Frau nicht empfunden haben. Er wusste, wohin er gehörte. Als ein Besucher einmal ausrief, er verstehe nicht, warum er, Haydn, nicht in dem prächtigsten Palast wohne, sein Garten nicht zehnmal größer sei und er nicht mit sechs Pferden fahre, erwiderte Haydn: »Ich bin mit Kaisern, Königen und vielen großen Herren umgegangen, und habe manches Schmeichelhafte von ihnen gehört: aber auf einem vertraulichen Fuß will ich mit solchen Personen nicht leben, und ich halte mich lieber zu Leuten von meinem Stande.«

In Haydns erstem Londoner Notizbuch findet sich, beifällig aufgelesen oder nachdenklich erinnert, dieser Spruch: »begehre nicht ein glück zu groß / und nicht ein weib zu schön, / der Himmel möchte dir dies Looß / Im zorne zu gestehn.«

KAPITEL FÜNF

ESTERHÁZA

Süttör
Die Fürsten Esterházy
Das Schloss
Hofstaat
Gregor Joseph Werner
»Regulatio«
Ein Feenreich
Wandertruppen
Kapellmeister
Versuchslabor
Die neue Form
Sinfonie
Klaviersonate
Streichquartett
Eiliger Aufbruch

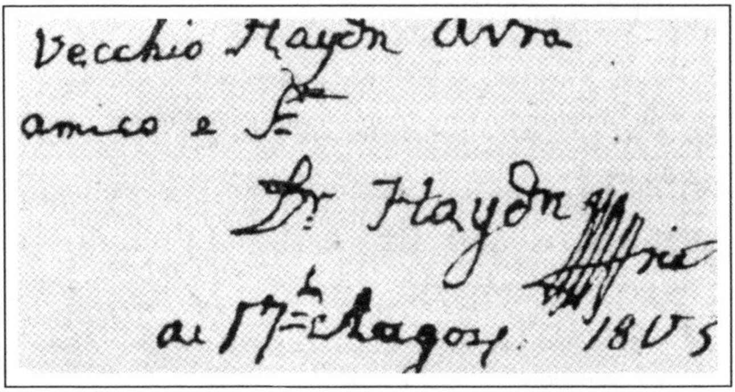

Haydns Autograph aus dem Jahre 1805

Das Jagdschloss Süttör, erbaut um 1720, südöstlich von Eisenstadt in den flachen, sumpfigen Weiten nahe dem Neusiedler See gelegen, war schon der liebste Aufenthalt von Fürst Nikolaus Esterházy, noch ehe er als Nachfolger seines Bruders Majoratsherr wurde.

Für ein Jagdhaus hatte der Besitz mit Kapelle, zwei großen Sälen und einundvierzig Zimmern herrschaftliche Maße, von der »Hofkuchel«, den Wirtschaftsgebäuden, Ställen für vierzig Pferde und, wie es in einem Bestandsbericht von 1760 hieß, dem »schönen Lust und Zier, oder mehr zu sagen unvergleichlichen Blumengarthen, samt denen 3 Hauptaléen« nicht erst zu reden.

Stammsitz der Esterházys war seit Ende des Dreißigjährigen Krieges Schloss und Herrschaft Eisenstadt. Was Fürst Nikolaus bewog, statt der Erweiterung von Eisenstadt nun auf den Fundamenten des Kastells Süttör ein neues Schloss zu bauen, ist nicht bekannt. Der Plan muss ihn viele Jahre beschäftigt haben. Noch im Todesjahr seines Bruders 1762 begannen die Arbeiten in Süttör. Zwei Jahrzehnte wurde an Schloss und Park gebaut. Dem Traum seines Lebens, um den ihn selbst der Kaiser beneiden sollte, gab Nikolaus 1765 den Namen »Esterháza«.

Fürst Nikolaus, der »Prachtliebende«, konnte sich diesen Luxus leisten. Die Esterházys waren Besitzer des größten ungarischen Feudalvermögens. Begonnen hatte der Aufstieg des Hauses Anfang des 17. Jahrhunderts mit der Nobilitierung erst zu Baronen, dann zu Grafen. Ein Nikolaus Esterházy erweiterte den Besitz durch zwei Heiraten. Er starb als Erbgraf und gewählter »Palatin von Ungarn«, so heißt der Stellvertreter des Königs. Sein Enkel Paul wurde 1681 Palatin. Nachdem er die ungarischen Stände bewogen hatte, auf das Recht der freien Königswahl zu verzichten und Kaiser Leopold I. als König von Ungarn Treue zu schwören, verlieh ihm dieser zum Dank die Würde eines Reichsfürsten, mit dem Recht, über seine Untertanen zu Gericht zu sitzen, Geld zu prägen und eine Garde zu halten. In jenem

Jahr führte der Kaiser in Österreich und Ungarn als käufliches Privileg das Rechtsinstitut des Fideikommiss ein, wonach Grundbesitz ungeteilt in der Hand des ältesten Sohnes der Familie verblieb. Zum Fideikommiss wurde der Besitz 1696, damals gehörten den Esterházy in Ungarn und Österreich siebenhunderttausend Joch, das waren an die vierhunderttausend Hektar.

Die Esterházys dienten den Habsburgern mit hingebendem Eifer und unverbrüchlicher Treue. In der Schlacht von Kolin 1757 griff Fürst Nikolaus mit seiner Brigade die Preußen mehrmals an, drei Pferde wurden unter ihm getötet, die dritte Attacke führte zum Sieg der Kaiserlichen. Wegen Tapferkeit wurde er mit hohem Rang in den 1760 gegründeten Maria-Theresia-Orden aufgenommen. Das Haus Esterházy stellte ein eigenes Regiment, zahlte in die kaiserliche Kriegskasse und lieferte Waffen und Proviant. Paul Anton war außerordentlicher kaiserlicher Botschafter in Neapel, und Nikolaus vertrat den böhmischen Kurfürsten bei der Wahl und Krönung von Erzherzog Joseph zum Römischen König in Frankfurt 1764. Die Monate Februar und März dieser »Frankfurter Botschaft« kosteten ihn die phantastische Summe von dreihunderttausend Gulden. Goethe bewunderte, mit Gretchen am Arm, »die verschiedenen glänzenden Darstellungen«, mit denen ein Gesandter den anderen bei den Festlichkeiten zu überbieten suchte. Nachdem sie einige der geschmückten und illuminierten Hausfassaden zwischen Roßmarkt und Saalhof besichtigt hatten, »ging man doch lieber in das Esterhazysche Feenreich wieder zurück. Dieser hohe Botschafter hatte, diesen Tag zu ehren, sein ungünstig gelegenes Quartier ganz übergangen und dafür die große Lindenesplanade am Roßmarkt vorn mit einem farbig erleuchteten Portal, im Hintergrund aber mit einem wohl noch prächtigren Prospekte verzieren lassen. Die ganze Einfassung bezeichneten Lampen. Zwischen den Bäumen standen Lichtpyramiden und Kugeln auf durchscheinenden Piedestalen; von einem Baum zum andern zogen sich leuchtende Girlanden, an welchen Hängeleuchter schwebten. An mehreren Orten verteilte man Brot und Würste unter das Volk und ließ es an Wein nicht fehlen«. Goethe beschrieb Nikolaus als »nicht groß, aber wohlgebaut, lebhaft und zugleich vornehm anständig, ohne Stolz und Kälte. Ich hatte eine besondre Neigung zu ihm, weil er mich an den Marschall von Broglio erinnerte«. Nikolaus diente als Kapitän der 1760 gegründeten ungarischen kaiserlichen Leibgarde. Er war in Innsbruck bei der Hochzeit von Erzherzog Leopold zugegen und Zeuge des plötzlichen Todes von Kaiser Franz Stephan geworden. Als Gardekapitän war er verpflichtet, an Hofzeremonien teilzunehmen, was ihn häufig nach Wien führte. Sehr zu seiner Unlust; denn jede Trennung von Esterháza war ihm verhasst. Haydn hatte von dieser Aversion später manches zu leiden.

Die Hauptfront des Schlosses schaute nach Norden. Der Gast, der Esterháza erreichte, passierte zunächst zur Visitation die Gebäude der Hauptwache. Durch das dreiteilige Eingangstor aus geschmiedetem Laubwerk fuhr er in den Prunkhof mit Blumenrabatten, Ziersträuchern, Statuen und Fontäne, zu beiden Seiten umschlossen von Gebäudeflügeln, denen sich zum Hauptbau hin zweistöckige Trakte anschlossen. Die beidseitige Freitreppe vor der reich geschmückten Fassade führte zum Obergeschoss mit dem Paradesaal. Zu ebener Erde lag der Sommersaal, oft für Musikaufführungen genutzt. Die rückwärtige, nach Süden weisende Schlossfront grenzte an den Park mit der Kaskade, dem Tiergarten, dem Lustwald und den arkadischen Tempeln zum Preis der Sonne, Dianas, Fortunas und der Venus.

Das Schloss hatte, neben der Kapelle, den großen Sälen, der Bibliothek und der Prozellankammer, einhundertsechsundzwanzig Zimmer, viele mit kostbaren, aus Paris eingeführten Raritäten möbliert und dekoriert. Gemälde und Gobelins schmückten Säle und Hallen. Die Gäste speisten von chinesischem, japanischem oder deutschem Porzellan.

Zum Schloss gehörte das Opernhaus, wo seit 1768 gespielt wurde, im Winter angenehm geheizt durch sechs mächtige Kachelöfen. Spirituslampen mit Bleieinlage illuminierten die Bühne, wobei das Licht durch Spiegel verstärkt wurde. Gegenüber lag das Marionettentheater. In einem zeitgenössischen Bericht hieß es: »Das ganze Parterre sieht einer Grotte ähnlich, indem alle Wände, Nischen und Öffnungen mit verschiedenen Stuffen, Steinen, Muscheln und Schnecken bekleidet sind.« Zu beiden Seiten des Prunkhofs befanden sich Wintergarten und Bildergalerie, das Musikhaus lag nahebei. Dazu die zahlreichen Gebäude und Anlagen für den Wirtschaftsbetrieb und die Nutztierhaltung. Riesbeck meinte, außer Versailles gebe es in ganz Frankreich keinen Ort, der sich an Pracht mit Esterháza vergleichen lasse: »Das Schloss ist ungeheuer groß und bis zur Verschwendung mit allem Geräte der Pracht angefüllt. Pavillons von allen Arten sehen wie die Wohnungen wollüstiger Feen aus, und alles ist so weit über dem gewöhnlichen Menschlichen, daß man beim Anblick desselben einen schönen Traum zu träumen glaubt.«

Für den Betrieb dieses Traums sorgte der Hofstaat, unterteilt in drei Klassen.

Zur ersten gehörten die Hausoffiziere, wie der Güterregent, der Hausarzt, Sekretäre, Kammerdiener, der Zwerg »Monsieur Jean«, ein Mohr, der Bibliothekar, die Hofköche, der Zuckerbäcker, der Keller- und der Stallmeister, Hofmaler, der Bühnendekorateur, Tapezierer und Uhrmacher. Hausoffiziere waren auch die Musiker.

Zur zweiten Klasse zählten die Bedienten in Livrée, also Lakaien, Läufer, Kammerdiener, Portier, Hausmeister, Zimmerputzer oder Büchsenspanner.

In der dritten Klasse fand sich das Personal fürs Grobe in Haus, Küche und Garten, das Heer der Stallburschen und schließlich die Grenadierleibgardisten, die nicht nur Esterháza, sondern auch Schloss Eisenstadt und die Burg Forchtenstein bewachten. Die einhundertfünfzig Grenadiere hatten Gardemaß, jeder war nicht weniger als sechs Schuh groß, also knapp zwei Meter.

Bezahlt wurde der Hofstaat in Geld und Naturalien, dem Deputat. Bestverdienender war der Güterregent mit fürstlichen zweitausendzweihundert Gulden jährlich und Naturalien im Wert von vierhundert Gulden – vermutlich war die Besoldung so hoch, um ihn vor der Versuchung zu schützen, sich durch Unterschlagung zu bereichern. Ihm folgten Arzt, Rechtsrat, Schlossinspektor, Forstmeister und weitere hohe Chargen. Als Deputate gab es Brennholz in Klaftern, Kerzen, Getreide, Fleisch, Kraut und Rüben sowie Wein oder Bier, in Eimern zu je sechsundfünfzig Litern. Zur Ausstattung der Musiker gehörte jedes Jahr auch ein »Kleyd« – gemeint war bei Männern die Uniform aus Rock, Weste, Hose und Hut.

Wegen der Abgelegenheit Esterházas, dazu noch in einem Sumpfgebiet, war die ärztliche Versorgung des Hofstaats geboten. Es gab einige Ärzte, Medikamente wurden auf fürstliche Rechnung verordnet. Paul Anton hatte 1760 das Eisenstädter Spital zum Krankenhaus der Barmherzigen Brüder erweitern lassen. Hausoffiziere hatten Anspruch auf Behandlung in einem Extrazimmer, stationär Behandlungsbedürftige anderer Klassen teilten sich den Krankensaal. Selbst für eine Kur zahlte die fürstliche Kasse – der Ingenieur Nikolaus Jacoby genoss die Quellen von Baden fast zwei Wochen lang, die Kosten für Arzt, Unterkunft, Verpflegung und den Besuch des Theaters wurden übernommen. Der Waldhornist und Barytonspieler Carl Franz wurde ein volles Jahr im Krankenhaus zu Eisenstadt behandelt, alle Kosten zahlte die »General-cassa«. Nahe bei Esterháza, in dem Dorf Széplak, ließ Fürst Nikolaus 1780 für das niedere Dienstvolk ein Spital mit zwölf Betten bauen, Behandlung und Aufenthalt waren frei. Hausoffiziere wurden in leichteren

Fällen in ihren eigenen vier Wänden kostenlos von einer Krankenschwester betreut. Dies alles war angewandte Humanität im Zeichen der von Maria Theresia und dem aufgeklärten Absolutisten Joseph II. betriebenen Sozialreformen.

Musikliebe und Kunstinteresse gehörten zur Familientradition der Esterházys.

Schon Fürst und Palatin Paul war ein Kenner der Musik wie auch ausübender Musiker gewesen. Er spielte das Virginal, ein Vorläufer des Klaviers, besonders in Holland und England gepflegt. Und er komponierte, vorzugsweise Kirchenlieder – eine Sammlung ließ er als »Harmonia Caelestis« in Wien 1711 im Druck erscheinen. Nach dem Umbau von Schloss Eisenstadt sammelte er 1673 einen Kreis von Sängern und Instrumentalisten. Später teilte sich das Aufgebot in Kirchenchor und Instrumentalensemble. Die Knaben des Chors ließ der Fürst in Wien unterrichten, zeitweise bei Johann Joseph Fux. Paul hatte zudem eine Vorliebe für Poesie, Malerei und Architektur. Er sammelte Antiquitäten und Waffen und besaß ein Raritätenkabinett. Dem Kloster der Franziskaner in Eisenstadt spendete er eine Bibliothek zur Förderung der Wissenschaften.

Sein Sohn, Fürst Paul Anton, der Haydn 1761 nach Eisenstadt holte, und sein um fast vier Jahre jüngerer Bruder Nikolaus waren begeisterte Liebhaber der Musik. Paul Anton spielte Geige, Flöte und Laute, Nikolaus die Viola da Gamba und das Baryton. Als Bauherr übertraf Nikolaus den Palatin Paul durch Enthusiasmus und Geschmack. Wie dieser war er passionierter Sammler. Seine Bibliothek zählte siebentausendfünfhundert Bände, eine für die Zeit ansehnliche Kollektion, umso erstaunlicher, als man in Wien von Literatur und Wissenschaften nicht viel wusste oder wissen wollte. In der »Skizze von Wien« meinte Johann Pezzl, und sein Urteil wurde rundum geteilt: »Die Künste werden in Wien ungleich mehr geehrt, geschätzt, unterstützt als die Wissenschaften. Ein Maler, ein Bildhauer, ein Kupferstecher, ein Musiker usw. hat eine Art von Etat in der Gesellschaft; er hat unter dieser Benennung allenthalben Achtung und Zutritt, besonders bei den Großen und Reichen. Ein Mann hingegen, der sich nichts als Gelehrter, Autor, Homme de lettres nennen kann, wird nur sehr zweideutig angenommen und kaum spricht man sein Prädikat ohne höhnische Miene aus.« Die von den Fürsten im Ausland bestellten Bücher mussten durch die Zensur in Preßburg. Paul Anton, der mit der Sammlung von Büchern schon als Student in Leyden begonnen hatte, gelang es, so revolutionären Sprengstoff wie Rousseaus Werke einzuschmuggeln. Dagegen wurden 1774 bei einer Lieferung von sechsunddreißig von Fürst Nikolaus in Paris gekauften Büchern neun eingezogen, wobei unerfindlich bleibt, welchem Prinzip der Zensor bei der kritischen Auswahl folgte, weil unter den beschlagnahmten Bänden auch solche vom Genre »kurtzweilige Historien« waren. Wie es scheint, gelang es auf Beschwerde des Fürsten, den Vorfall zu seiner Zufriedenheit zu schlichten.

Für Haydn war das Amt des Musikdirektors beim Grafen Morzin nur ein Zwischenspiel. Doch statt dass ihn die Entlassung in eine Krise stürzte, nun auch noch als Ehemann, fand er in Fürst Paul Anton Esterházy einen Dienstherrn, der ihm an Einkünften und Aussichten weit mehr bot, als es der Graf je vermocht hätte.

Schon im April 1761 reiste Haydn nach Eisenstadt, um das fürstliche Orchester auf seine Fertigkeit zu prüfen. Was er vorfand, war ein Ensemble von je sieben Bläsern und Streichern, ohne Pauken und Trompeten. Einige Musiker wurden auf Haydns Rat entlassen, andere eingestellt. Unter seiner Leitung sollte das Orchester mit den Jahren fast zu doppelter Stärke anwachsen.

Konzertmeister dieser nach Haydns Wünschen neu formierten Kapelle war Luigi Tomasini, damals zwanzig Jahre alt. Fürst Paul Anton hatte ihn auf einer Italienreise 1757 als Kammerdiener und Musiker nach Eisenstadt verpflichtet. Zwei Jahre später schickte ihn der Fürst zu musikalischen Studien nach Venedig. Tomasini glänzte nicht nur als Virtuose, sondern gewann auch durch seinen ebenso beseelten wie disziplinierten Vortrag. Er war der Liebling der Esterházys und wurde von ihnen nachhaltig gefördert. Er begleitete Fürst Nikolaus 1767 nach Paris und blieb noch, als der Fürst wieder abreiste, weil er sich mit dem musikalischen Geschmack der Franzosen bekannt machen sollte, wie der zehnjährige Mozart ein Jahr zuvor auf der großen europäischen Tour. Aus zwei Ehen hatte Tomasini fünfzehn Kinder, von denen zehn die Kindheit überlebten. Er war nicht nur fürstlicher Günstling, sondern auch in ganz Eisenstadt populär, wo er bei aller Welt »Luigi« hieß. Ein Glück für die Musikkapelle und die Herrschaft, dass Haydn und Luigi sich auf der Stelle verstanden. Haydn schätzte ihn sehr und bemerkte einmal, niemand könne so ausdrucksvoll seine Quartette spielen wie Tomasini. Er starb in Eisenstadt 1808, geehrt mit einem Requiem, und wurde in der Gruft der Bergkirche beigesetzt. Sein Freund und Meister Haydn folgte ihm zwölf Jahre später dorthin nach.

Das Engagement Haydns in Eisenstadt war nicht die Folge eines Routinewechsels im Amt des Musikdirektors, oder jedenfalls noch nicht. Einen Kapellmeister gab es nämlich, und der blieb zunächst. Gregor Joseph Werner, 1693 in Ybbs an der Donau geboren, wurde 1728 von Fürstin Maria Octavia Esterházy, verwitwete Mutter von Paul Anton und Nikolaus, aus Wien nach Eisenstadt berufen. Als Komponist vor allem kirchenmusikalischer Werke war Werner begabt und angesehen, er galt als einer, der den strengen Satz gründlich beherrschte. Zudem war er fleißig. Wie zur Entspannung schrieb er auch musikalische Humoresken, kauzig oder volkstümlich, so zum Beispiel 1748 »Neuer und sehr curios=musikalischer Instrumental=Calender. Parthien=weiß mit 2 Violinen und Basso ò Cembalo in die zwölff Jahrs=Monate eingeteilt, und nach eines jedwedern Art und Eigenschafft mit Bizzarien und seltzamen Erfindungen herausgegeben durch Gregorium Josephum Werner«, erschienen in Augsburg bei »Joh. Jacob Lotter seel. Erben« – beim Sohn des Gründers, Johann Jacob der Jüngere, sollte 1756 Leopold Mozarts »Versuch einer Violinschule« erscheinen. Nach dreißig Jahren im Dienst der Herrschaft Esterházy hatte sich Werner verbraucht, Frau und Kinder waren ihm gestorben. Der Hofmusik war nur mit einem jüngeren Direktor aufzuhelfen, begabt, fleißig und energisch, wie Werner es selbst einmal gewesen war. Ihn gegen seinen Willen aufs Altenteil zu setzen hatte Fürst Paul Anton, wegen der hohen Verdienste Werners, nicht das Herz. Im Übrigen sollte Haydn unter der ebenso wachsamen wie argwöhnischen Aufsicht Werners zeigen, was er konnte. Das Verhältnis zu diesem wurde zur Probe für Haydns Geschick und Geduld im Umgang mit einem an Jahren älteren und amtlich teils vorgesetzten, doch an Talent nicht gleich qualifizierten Partner. Werner war mit dem Wechsel nicht zu versöhnen, zumal er erlebte, wie der Fürst dem Vize schon vom ersten Tage an das gleiche Gehalt zahlte, das er, Werner, nach drei Jahrzehnten hingebender Pflichterfüllung endlich selber bezog.

Die »Convention und Verhaltungs-Norma des Vice-Capel-Meisters«, die Haydn in Wien am 1. Mai 1761 bei Aufnahme des neuen Dienstes unterschrieb, gilt als Muster der feudalen Allmacht des hohen Adels und des subalternen Ranges des Musikers in jener Zeit. Ein näherer Blick soll zeigen, was das heißt (Wortlaut der »Convention« im Anhang).

Von den vierzehn Punkten des Vertrags beschreiben die meisten Haydns Pflichten. Er wird zum Vizekapellmeister bestellt, zwar mit unbeschränkter Verantwortung für die Musikkapelle, doch dem zum »Oberkapellmeister« beförderten Gregor Werner bei der Kirchenmusik nachgeordnet. Als Hausoffizier soll Haydn sich anständig führen, vor allem nüchtern bleiben, bescheiden, ruhig und ehrlich sein, die ihm unterstellten Musiker »nicht Brutal« behandeln und sorgen, dass diese ihm »Subordinirten« stets wie er selbst in Uniform, weißen Strümpfen, weißer Wäsche und gepudert zum Dienst erscheinen, die Wahl, ob Zopf oder Beutel, bleibt den Musikern überlassen, nur sollen sich alle für eine einheitliche Frisur entscheiden. Sodann wird vom Vizekapellmeister erwartet, dass er sich vor seinen Untergebenen beispielhaft führt und alle Familiarität durch gemeinsames Essen, Trinken und »andern umgang« vermeidet. Nach Auftrag Komponiertes gehört der Herrschaft, Abschriften zur anderweitigen Verwendung sind nicht statthaft. Haydn ist gehalten, dem Fürsten morgens und nachmittags in dem Antichambre aufzuwarten, bis der ihm sagt, was er von ihm an Kompositionen oder musikalischer Darbietung wünscht. Streitigkeiten zwischen den Musikern soll Haydn schlichten, die Herrschaft will von Bagatellsachen verschont bleiben. Sollte der Vizekapellmeister dagegen einen Zwist nicht beilegen können, muss er den Vorfall der Herrschaft berichten. Die Sorge des Vizekapellmeisters um die Noten und den spielbaren Zustand der Instrumente oder die Beschaffung neuer ist eine weitere Pflicht. Er hat die Sängerinnen zu unterrichten, damit sie das, was sie in Wien »mit vieler mühe und Speesen« gelernt haben, in Eisenstadt nicht wieder vergessen. Schließlich wird Haydn aufgefordert, über diese im Detail beschriebenen Pflichten hinaus alles zu tun, um sich die Zufriedenheit der Herrschaft zu erwerben.

Für dieses gehaltvolle Pensum an Pflichten wird Haydn mit vierhundert Gulden jährlich belohnt, zahlbar quartalsweise, freiem Tisch an der Offizierstafel oder ersatzweise einem halben Gulden Tageskostgeld. Der Vertrag wird auf drei Jahre geschlossen. Sollte er danach »sein glück weiters machen« wollen, muss er dies ein halbes Jahr vor Ende des Kontrakts der Herrschaft anzeigen. Erfülle er die Erwartungen der Herrschaft, werde man ihn förmlich zum Nachfolger Gregor Werners im Amt des Kapellmeisters ernennen. Enttäusche er, sei die Herrschaft berechtigt, ihn jederzeit, selbst vor Ende der drei Jahre, zu entlassen.

Viel an Rechten blieb da für Haydn nicht, auch nichts zu verhandeln. Offenbar benutzte der Sekretär des Fürsten, Johann Stifftel, eine Mustervorlage. Der Abstand zwischen Herrschaft und Diener war deutlich. Aber schließlich war Haydn als Musiker ein Diener, freilich in Umständen, um die ihn jeder, vielleicht sogar Gluck, beneidet hätte. Andere herrschaftliche Musiker waren nicht nur das, sondern auch noch Kammerdiener. Dagegen genoss Haydn das Privileg eines »Hausoffiziers«, und er hatte nur ein Amt. Kein Zweifel, er sah sich überglücklich am Ziel seiner Wünsche.

Kein Zweifel auch, dass er sich dieses Glück teuer verdienen musste. Fürst Paul Anton erwartete eine exzellente Leistung. Sonst hätte er sich den Aufwand für das neue Opernhaus und die Verpflichtung neuer Musiker sparen können. In der Berufung Haydns nach Eisenstadt zeigte sich die fürstliche Gnade. Zu weiteren Herablassungen wie solchen, welche die gottgegebene Distanz zwischen Herrschaft und Diener verkürzt hätten, gab es keinen Grund. An dieser Distanz änderte sich auch später nichts. Das Lob des Fürsten blieb immer Gnade.

Über Haydns persönliche Umstände in jenen Jahren ist nur wenig bekannt. Ein Porträt von Johann Basilius Grundmann, vermutlich von 1763, zeigt Haydn in der Glorie des fürstlichen Vizekapellmeisters mit Perücke in hellblauem, reich mit silbernen Borten und Pailletten geschmückten Uniform – wohl möglich, dass ihn sein Vater noch in dieser Gala sah. Das Ehepaar Haydn lebte in einer Wohnung der »Alten Apotheke« neben der Bergkirche. Es war ein alter, verzogener Bau, wo der Wind durch die Türen Regen und Schnee ins Innere blies. Kein Glück hatten die Haydns mit ihrem Hausburschen, Ludwig Hähnl, der des Diebstahls beschuldigt und gerichtlich vernommen wurde. Mehr geben die Stadtakten nicht her, sodass wir nicht wissen, ob Ludwig verurteilt oder, vielleicht sogar auf Haydns Antrag, freigelassen wurde. Nach dem Tod des Vaters 1763 bat Haydn, seinen Bruder Johann Evangelist als ehrenamtlichen Chortenor nach Eisenstadt kommen zu lassen, was der Fürst erlaubte. Krankheiten blieben unter der Last des neuen Amtes nicht aus. Im Archiv von Esterháza finden sich mehrere auf Haydn ausgestellte Rechnungen, vor allem für den Kauf von Abführmitteln, wie das Electuarium, eine Mixtur aus verschiedenen Arzneien, gemischt mit Pflaumen oder versetzt mit Honig. Wegen des nötigen Dauerbezugs solcher Mittel bat Haydn 1764 den Fürsten, ihm die Kosten aus der Hofkasse zu erstatten. Nikolaus bewilligte das Ersuchen, ordnete aber zugleich an, dass die Gunst nur für Haydn gelte, die anderen Musiker sollten sich die Medikamente selber kaufen, sie würden gut genug bezahlt. Gelegentliche Reisen des Fürsten nach Italien, Frankfurt und Paris gaben Haydn ein wenig Zeit, Atem zu holen. Entspannung bot sich auch in der Natur: »Die Jagd und der Fischfang waren Haydns Lieblings-Erholungen während seines Aufenthalts in Ungarn, und er konnte es nicht vergessen, daß er einst mit einem Schuß drey Haselhühner erlegt habe, welche auf die Tafel der Kaiserin Maria Theresia kamen; ein anderesmal zielte er auf einen Hasen, er schoß ihm nur die Ruthe ab, aber er tödtete zugleich einen Fasan, der zufälligerweise in der Nähe war, und sein Hund, welcher den Hasen verfolgte, erwürgte sich in einer Schlinge« – diese Groteske kausaler Verkettung, die dem Laienjäger Haydn denkwürdig blieb, erzählte er Griesinger. Gut denkbar ist, dass Haydn, der an Scherzen viel Freude hatte, Griesinger nach Jägerart einen Bären aufband.

Offenbar verliefen Haydns Einstand und erste Jahre in Eisenstadt zu allseitigem Wohlgefallen. Das änderte sich im Herbst 1765.

Der erste Anlass war Haydns Einspruch gegen die drakonische Arretierung des Flötisten Franz Sigl auf Befehl des Güterregenten. Sigl hatte auf Vögel geschossen, dabei hatte das Strohdach eines dem Schloss benachbarten Hauses Feuer gefangen, und das Gebäude war bis auf den Grund niedergebrannt. Wegen der Inhaftierung Sigls gab es einen heftigen Streit, bei dem der herrische und jähzornige Rahier die Tür vor Haydns Nase zuschlug. Die Gemüter erhitzten sich erst recht, als Rahier allen Musikern die Einsperrung androhte. Haydn protestierte. In einem Brief an den Fürsten schrieb er, dass er noch immer Befehle des Güterregenten befolgt habe, wenn sie über diesen vom Fürsten an ihn gekommen seien. Rahier sei aber nicht berechtigt, ihm aus eigener Machtvollkommenheit zu befehlen. »Übrigens aber werden Euer Hochfürstliche Durchlaucht selbst allergnädigst ermessen, daß ich zweyen Herren nicht dienen, und eben also Herrn Regentens eigene Befehle nicht annehmen, und mich Ihme unterthähnig machen könne, allermassen Euer Hochfürstliche Durchlaucht selbsten dereinstens zu mir gemeldet: fürohin komme er zu mir, dan Ich bin sein Herr.« Der Streit wurde mit einem Kompromiss beigelegt.

Von ganz anderer Qualität war die »Regulatio« des Fürsten an Haydn vom selben Jahr. Die Anordnung begann mit diesem scharfen Verweis: »Nachdeme auf dem Chor der Eisenstädter Schloß-Kapellen unter denen Musicis, Saumseeligkeit und übler Einverständniß wegen, bey denen Chor-Instrumenten aber wegen schlechter Obsicht und Verwahrung derenselben eine sehr grosse Unordnung verspühret worden«, werde Haydn befohlen, unverzüglich Remedur zu schaffen. Dieser Eröffnung folgten genaue Anweisungen, wie der Bestand an Noten vor weiterem Verlust zu schützen, die Instrumente in brauchbarem Stand zu halten und die Choristen an die regelmäßige Mitwirkung bei der Kirchenmusik unter Sanktionsdrohung zu erinnern seien. Um das Maß voll zu machen, erging in einem Postskript der Befehl, »sich selbsten embsiger alß bißhero auf die Compositionen zu legen«, wovon er, der Fürst, noch zu wenig gesehen habe.

Nach der Lehrzeit bei Porpora hatte Haydn keiner wieder derart barsch ins Gebet genommen. Der vom Fürsten gezeichnete Entwurf stammte von Rahier. Spiritus Rector der Abmahnung war aber nicht er, sondern Gregor Werner. Der hatte sich in einer längeren Eingabe an den Fürsten bitter beklagt, »der faule Müssiggang der dermaligen gesammten Music« unter Haydn sei Schuld an ihrem Verfall, und eine Untersuchung gefordert. Die fürstliche Maßregel folgte Werners Lamento Punkt für Punkt. Was zeigte, dass sein Urteil über den Zustand der Kirchenmusik, seine Domäne, immer noch zählte. Werner war krank und dem Ende nahe. Wegen des strengen Winters bat er im selben Schreiben den Fürsten, ihm aus Barmherzigkeit zwei Klafter Brennholz zu überlassen, weil »mir ohne deme ein kurzes Ziel seze, diesen Winter schwärlich zu überleben: weilen die Natur dermassen wegen abnehmender Leibes-Nahrung geschwächet, daß fast nichts als Haut, und Knochen an meinem kranken Leibe zu finden seyn«. Es war deutlich, dass Werner sich nicht an Haydn revanchieren wollte, weil der ihn aus seinem Vorrang verdrängt hatte, sondern dass ihn die Missstände bei der Kirchenmusik bedrückten. Dem Güterregenten Rahier war die Eingabe willkommen, um Haydn wegen der ihm aufgezählten Mängel abzukanzeln. Der Fürst billigte die Regulatio, weil er den kranken Werner und Rahier in ihrem Eifer nicht brüskieren wollte, wohl mehr noch, weil er über Haydns Säumigkeit bei der Komposition verärgert war.

Wenn gleich drei sich bei dieser Rüge einig waren, dann muss bei der Kirchenmusik tatsächlich geschludert worden sein. Wie es scheint, war Haydns Aufsicht zu lax. In Werners Eingabe hieß es, der Fürst möge »Ihm einen Severen Befehl ertheilen, daß Er strictissime Ordre unter denen fürstl. Chor Musicijs ordentlich halte«. Haydn musste noch lernen, mit »Subordinirten« umzugehen, also zwischen Strenge und Nachsicht das rechte Maß zu finden.

Der Vorwurf des Fürsten, er komponiere zu wenig, traf Haydn empfindlich. Wir wissen nicht, wie er den Nachweis führte, er sei beim Komponieren nicht faul gewesen. Am ehesten mit einem Verzeichnis der Werke, die er bis 1765 komponiert hatte. Dies könnte der »Entwurf=Catalog« gewesen sein, den er seither fortführte, wenn auch nicht mit jener pedantischen Sorgfalt, die ihm in der Lebensführung sonst so wichtig war. Wie sehr er sich bemühte, den Fürsten zu versöhnen, und wie gut ihm das gelang, zeigte dessen Anweisung an den Güterregenten, Haydn zwölf Dukaten auszuzahlen, weil er mit drei neuen Kompositionen, die er eben erhalten habe, sehr zufrieden sei.

Das Feenreich des Fürsten Nikolaus in Frankfurt, an das Goethe sich im Alter noch erinnerte, war nur eine improvisierte Kostprobe. Die Zauberwelt, die den irdischen Beschwerden entrückte Insel der Seligen, erstand erst auf Esterháza in noch nie erlebtem Glanz. Gartenfeste wurden mit größter Pracht gefeiert, im Stil jener Fêtes champêtres, die Jean-Antoine Watteau in dem Gemälde »Die Ausfahrt nach Cythera« mit heiterer Wehmut verklärt hatte. Dazu gab es Brillantfeuerwerke und Jagden im Park am Morgen, nachmittags auf Enten am Neusiedler See. Die Illusionskunst des Fürsten kulminierte in den Festen zu Hochzeiten des Hauses. Drei Tage lang folgte in buntem Wechsel eine Darbietung auf die andere. Das Programm bei der Vermählung einer Nichte des Fürsten im September 1770 kann als Muster gelten. Die Gäste versammelten sich abends im Opernhaus, wo »die in wirklichen fürstlichen Diensten stehenden Schauspieler zvey kleine deutsche mit Arien vermischte Stücke, mit wiederholten grossen Beyfalle« gaben. Es folgte eine Aufführung durch die Schauspieltruppe Passer. Danach wurden die Gäste am Portal von Karossen erwartet und zu einer laubbekränzten Lichtung im Park gefahren, »in dessen Mitte eine herrliche Wasserkunst in die Augen fallet, dieser prächtige Platz war mit so vieler Kunst und Geschmack beleuchtet, daß man sich nicht satt genug daran sehen konnte«. Tausende mit Talg gefüllte Tiegellampen beleuchteten Schloss und Wege. Auf der Parklichtung tanzten Bäuerinnen und Bauern nach Volksweisen bis in die tiefe Nacht. Kehrten die Gäste ins Schloss zurück, erwartete sie eine reich gedeckte Tafel. Nach dem Souper begann der Ball, er dauerte bis in den frühen Morgen. Zum Menü fürstlicher Gastlichkeit gehörten auch Pantomimen mit Kriegsszenen, bravourös vorgeführt von den Grenadierleibgardisten. Und schließlich die Aufführung einer Oper und Konzerte der unter Haydns Leitung schon weithin berühmten Musikkapelle.

Ein Ereignis von historischem Rang war für Esterháza der Besuch der Kaiserin Anfang September 1773. Die beiden Tage sollten alles in den Schatten stellen, was Esterháza je geboten hatte. Ein krönender Höhepunkt des Besuchs war die Besichtigung des eben erbauten chinesischen Lusthauses im Park. Als Maria Theresia sich mit einem Kompliment an

Fürst Nikolaus wendete, meinte dieser, es handele sich doch nur um eine »bagatelle«. Seit dieser noblen Untertreibung hieß das Lusthaus Bagatelle. Nach dem Festmahl gab es Haydns neue Oper »L'infedeltá delusa«. Schauplatz des Maskenballs war ein weiter Saal mit chinesischen Dekorationen, verschwenderisch erleuchtet von elf Lüstern mit sechshundert Kerzen. Ein opulentes Feuerwerk, zu dem die Kaiserin selbst die Lunte zündete, zeigte im ersten Bild das ungarische Wappen auf blauem Feld, umsprüht von Schlangen und Sternen.

Die von Wandertruppen das Jahr hindurch gebotenen Schauspiele sorgten für bunte Unterhaltung. Man spielte Hanswurstiaden, Schwänke und Komödien ebenso wie »regelmäßige Stücke«, also solche ohne burleske Improvisationen. Kaum zu glauben, was diese Truppen zu leisten im Stande waren. Die Gesellschaft Pauli-Mayer zeigte in acht Monaten bei einhundertdreißig Vorstellungen einhundertneunzehn verschiedene Stücke. Im Jahre 1778 gab es sogar einhundertzweiundachtzig Stücke, darunter Pantomimen wie »Arlequin als Todtengerippe«, zahllose Schwänke nach der Art von »Trau, schau, wem« oder »Der Schubkarren des Essighändlers« und Melodramen à la »Louise oder der Sieg der Unschuld«. Gespielt wurden aber auch Stücke moderner Autoren, etwa Lessings »Emilia Galotti« und »Minna von Barnhelm«, Goethes »Clavigo« und »Stella«, Schillers »Fiesco« und »Maria Stuart« oder »Der Hausvater« von Diderot. Die Truppe Carl Wahr zeigte 1774 Shakespeares »Hamlet« und »Macbeth«, es folgten »Othello« und »König Lear«, in der Prosaübersetzung Wielands.

Vergleichbar reichhaltig war der Spielplan der Oper, wenn es auch, wegen der höheren Zahl des Personals und langwierigen Einstudierung, nicht ganz so viele Aufführungen gab wie beim Schauspiel. Immerhin wurde bis 1781 zweimal wöchentlich gespielt, danach sogar dreimal. Eröffnet wurde das neue Theater auf Esterháza im Herbst 1768 mit Haydns »Lo speziale« auf einen Text von Carlo Goldoni, gefolgt bis 1775 von drei weiteren Haydn-Opern. Danach beherrschten Werke anderer Komponisten die Szene, darunter solche von Dittersdorf, Glucks »Orfeo ed Eurydice« und »Alceste«, Opern von Niccolò Piccinni und dem gefeierten Buffo-Komponisten Giovanni Paisiello, eine war »Il Barbiere di Sevilla« nach der zum Auftakt der Revolution geratenen Komödie von Pierre-Augustin Caron de Beaumarchais, ferner Werke von Giuseppe Sarti, Pasquale Anfossi und Antonio Salieri, der mit zwei Opern vertreten war, darunter »La Fiera di Venezia«, von der Leopold Mozart seiner Tochter gereizt schrieb, sie sei »voll der ausgepeitschtesten gemeinsten Gedanken, altvätterisch, gezwungen und sehr Leer an Harmonie«, nur die Finale seien noch erträglich, sodann gab es von Vincenzo Righini eine Don-Juan-Oper, sechs Jahre vor Mozarts »Don Giovanni«, schließlich allein zehn Opern von Domenico Cimarosa, wenn auch nicht seine beliebteste Buffa »Il matrimonio segreto« – er schrieb sie 1792, als Haydn nicht mehr auf Esterháza war.

Auf eigener Bühne schließlich spielte das vom Fürsten besonders geliebte und geförderte, 1773 eingeweihte Marionettentheater, für das auch Haydn komponierte, wie »Philemon und Baucis oder Jupiters Reise auf die Erde« zum Besuch der Kaiserin.

In dem künstlichen und kunstvollen Ambiente Esterházas, in der Abgeschiedenheit der westungarischen Provinz, wurde Joseph Haydn in zwei Jahrzehnten zu einem europäischen Ereignis.

Nach dem Tode Gregor Werners 1766 wurde er, wie ihm die »Convention« als Preis fürstlicher Zufriedenheit verheißen hatte, zum Kapellmeister bestellt. Damit sah er sich auch mit der Direktion der Chormusik betraut. Dazu kam das Ärgernis der zweimal täglich mit Warten vergeudeten Zeit in dem Antichambre.

Das Ausmaß seiner dienstlichen Pflichten war erdrückend. Besonders belastend war die Streitschlichtung zwischen den Musikern. Zur Zwietracht kam es häufig, weil es in der Einöde Esterházas nur wenig Abwechslung gab. Grobe Scherze, Schmähungen und Prügeleien belebten das Einerlei. Manchmal geriet Haydn selbst in Not. Zwischen den Cellisten Ignaz Küffel und Joseph Weigl kam es im März 1769 auf der Fahrt der Musiker von Esterháza nach Eisenstadt beim Mittagessen in Ödenburg, Küffels Beschwerde an den Fürsten zufolge, zu einem »precedentz discours zwischen mir, undt den Weigl, wo rauf die letz der Weigl, ohne von mir ein schändliches worth zu bekommen, mich einen Hunds futt, in presentz des Cappellmeister, und der gantzen Musique Hieß. Ewr. Hoch Fürstl. Durchlaucht Können nicht zu geben, daß ich einen solich Titl auf mir behalte, Massen ich mich auf meinen vorgesetzten Herrn Capell Meister beruffe daß ich mich in nichts gegen den Weigl verlohren habe«. Küffel bat den Fürsten, »gnädigst anzuordnen, wer von uns beeden der Erste Violoncellist seyn solle«. Daraufhin vernahm Güterregent Rahier den Weigl, der sich erinnerte, Küffel habe ihm schon vor einiger Zeit in Gegenwart von Luigi Tomasini Prügel angedroht, weil »Er falsche griff mache, und nicht im Stande seye, eine opera zu accompagniren, und daß ihme Küffl dieses der Kapelmstr. Selbsten gesagt hätte«. Weigl habe Haydn gefragt, ob er sich wirklich über ihn bei Küffel beklagt habe. Haydn habe das verneint. Bei dem Wortwechsel in Ödenburg kam dieser frühere Vorfall wieder auf. Weigl fragte Haydn erneut, ob er zu Küffel abfällig über ihn gesprochen habe, was Haydn ein weiteres Mal bestritt. Als aber Haydn, Küffel und Weigl von Rahier vernommen wurden, musste Haydn gestehen, er habe dem Küffel in der Tat gesagt, »daß der Weigl zuweilen falsche griff mache, aber nicht, daß Er keine opera accompagniren könte«. Andere Zeugen wollten nicht mehr genau gehört haben, was der Küffel zum Weigl und dieser zum Küffel gesagt hatte. Der Fürst entschied, weder Küffel noch Weigl sei der bessere Cellist, alles bleibe wie bisher. Offenbar ging der Streit zwischen beiden danach versteckt weiter, bis Weigl im Mai die Kapelle verließ.

So aufreibend das alles war, Herzenssache und Hauptpflicht blieb doch das Komponieren. Nur mit einem minuziös entworfenen und strikt befolgten Tagesplan konnte Haydn hoffen, sich für die Pflichten des Amtes die nötige Zeit zu schaffen. Während ihn die Verwaltung mit Eingaben, Abrechnungen und Aufträgen oft genug irritierte, blieb ihm die Freude am Komponieren ungetrübt. »Mein Fürst war mit allen meinen Arbeiten zufrieden, ich erhielt Beyfall, ich konnte als Chef eines Orchesters Versuche machen, beobachten, was den Eindruck hervorbringt, und was ihn schwächt, also verbessern, zusetzen, wegschneiden, wagen; ich war von der Welt abgesondert, Niemand in meiner Nähe konnte mich an mir selbst irre machen und quälen, und so mußte ich original werden«, resümierte Haydn im Alter.

Ganz frei, so scheint es, war er also nicht. Was er komponierte, musste der Herrschaft gefallen. Es mag sein, dass Haydn manches andere und einiges anders komponiert hätte, wenn er sich dem Geschmack des Fürsten nicht hätte fügen müssen. Doch viel Grund zur Klage hatte er nicht. Denn der Fürst war in seinen Ansprüchen keineswegs borniert. Seine Großzügigkeit erlaubte es Haydn, mit einem Musikensemble seiner Wahl zu experimentieren, ein Glücksfall, den er sich niemals auch nur hätte erträumen können. Nikolaus erkannte, dass Haydn in dem Gesamtkunstwerk, das auf Esterháza entstand, ein geistesverwandter Partner war, der nicht bloß populären Vorbildern folgte oder geschickt von der Konvention entlieh, was Erfolg versprach, sondern Neues wagte, begabt mit einem stupenden Reichtum an unverbrauchten Einfällen. Indem der Fürst Haydns Freude am Versuch nicht nur billigte, sondern bewundernd ermutigte, bildete sich mit der Zeit sein Geschmack an Haydns Werk.

Im Versuchslabor von Esterháza enstanden die meisten Werke Haydns. Hier übte er sich, mit einer Schaffenskraft ohnegleichen, in allen musikalischen Gattungen.

Von dreizehn Opern schrieb er zehn auf Esterháza. Allein sieben sind Buffo-Opern, zwei auf Texte von Carlo Goldoni, wie »Il mondo della luna«. Zum Genre der opera seria gehören »L'isola disabitata« nach einem oft vertonten Libretto Metastasios, und »Armida«, die letzte für Esterháza. Wegen des Faibles des Fürsten für leichte Kost und wohl auch zur Unterhaltung der Schlossbediensteten komponierte Haydn einige Singspiele, wie »Die Feuerbrunst« oder »Die bestrafte Rachbegierde«. Von ähnlich unbeschwertem Charakter waren die Kurzopern für das Marionettentheater, wie »Philemon und Baucis«, »Hexenabbas« und »Dido«. Schließlich lieferte Haydn die Musik zu einigen Schauspielen, wie zu »Hamlet« oder Goethes »Götz«.

Haydns Opern sind lange vergessen, Wiederbelebungsversuche waren glücklos. Haydn selber wäre kaum überrascht davon. In einem, im Original verschollenen Brief an einen Prager Musikfreund, den Proviantoberverwalter Franz Roth, schrieb er Ende 1787: »Sie verlangen eine Opera buffa von mir, recht herzlich gern, wenn Sie Lust haben, von meiner Singkomposition etwas für sich allein zu besitzen. Aber um sie auf dem Theater zu Prag aufzuführen, kann ich Ihnen dießfalls nicht dienen, weil alle meine Opern zu viel auf unser Personale gebunden sind, und außerdem nie die Wirkung hervorbringen würden, die ich nach der Lokalität berechnet habe.« Die für Esterháza geschriebenen Opern ließen sich also, nach Haydns eigenem Urteil, auf eine größere Bühne, mit qualifizierteren Sängern und vor einem anspruchsvolleren Publikum, nicht übertragen, ohne dass sie an Wirkung verloren. Der von Haydn nicht eingestandene wahre Grund war freilich, dass er keinen naturhaften Theaterinstinkt besaß. Er war kein Bühnendramatiker. Bezeichnend ist, dass er die ihm vorgelegten Libretti unkritisch hinnahm, anders als Gluck und Mozart, die an Struktur und Text der Vorlage oft Änderungen vornahmen oder solche vom Textdichter nachdrücklich forderten. Haydns Anteilnahme an den Charakteren der Oper bleibt distanziert, intellektuell, so sehr er sich bemüht, ihnen durch Kontraste wesenseigene Züge zu geben. Es scheint oft, als nehme er sich vor, durch geschickte Organisation der musikalischen Mittel ein mathematisches Problem zu lösen. Die Oper bleibt für ihn inszeniertes Theater, eine Kunstwelt in bemalten Kulissen, sie wird ihm, hinter der vordergründigen Irrealität, ja selbst dem Widersinn der Handlung, nicht zu einem bewegenden Gleichnis menschlichen Schicksals.

In Haydns auf Esterháza geschriebenen Oratorien werden sakrale Texte musikalisch gedeutet. »Il ritorno di Tobia« entstand um 1775, geschrieben für die »Tonkünstler-Societät«, ein Verein zur Unterstützung der Witwen und Waisen von Musikern, nach Londoner Vorbild 1771 in Wien gegründet. Zweimal jährlich gab es Akademien der Sozietät im Kärntnertortheater, in einer solchen wurde Haydns Werk aufgeführt. Zehn Jahre später beauftragte ihn die spanische Stadt Cádiz, für die Fastenzeit eine Musik über »Die Sieben Worte des Erlösers am Kreuz« zu schreiben. Was entstand, waren sieben Sonaten für Orchester, jeweils eingeleitet durch ein Rezitativ. Das Werk endet mit einem Satz in c-Moll, »Il terremoto«, dem Erdbeben bei Christi Tod. »Es war gewiß eine der schwersten Aufgaben, ohne untergelegten Text, aus freyer Phantasie, sieben Adagios auf einander folgen zu lassen, die den Zuhörer nicht ermüden, und ihm alle Empfindungen wecken sollten, welche im Sinne eines jeden von dem sterbenden Erlöser ausgesprochenen Wortes lagen«, meinte Haydn. Wie gut ihm das gelang, zeigte der Erfolg des Werks, nicht nur in Spanien.

Von zwölf erhaltenen Messen Haydns, zahlreiche weitere werden ihm zugeschrieben, komponierte er mindestens vier auf Esterháza, darunter eine in G-Dur, die Nikolaus-Messe von 1772, zum Preis des Heiligen und des Fürsten. Diese Messen sind durchweg homophon gesetzt und folgen bei der Behandlung der Solostimmen dem Stil der neapolitanischen Oper, bis hin zur Koloraturarie.

Von ungleich größerer Wirkung als das Vokalwerk war Haydns auf Esterháza entstandene Instrumentalmusik.

Die Zahl der Werke bezeugt seinen immensen Fleiß. Zu ihnen gehören Duette für Violine und Bratsche, Trios für Streicher oder Bläser und Streicher, zur Ergötzung des Fürsten allein einhundertsechsundzwanzig Trios für Baryton, Bratsche und Violoncello – das Baryton, der Gambe verwandt, besaß nicht nur die mit dem Bogen gestrichenen sechs Saiten, sondern weitere unter dem Griffbrett, die mitschwangen, wenn die oberen Saiten gestrichen wurden, auch konnten die unteren von einem geschickten Spieler während des Spiels mit dem Bogen zugleich gezupft werden. Dazu komponierte er für Streicher und Klavier, Konzerte für Klavier, Bläser, Violine oder Violoncello, darunter das Violinkonzert in C-Dur mit dem Eintrag im Entwurfs-Katalog

»fatto por el luigi«, also für Tomasini geschrieben. Das heute wieder gern gespielte Konzert für Violoncello in D-Dur hat sich im Autograph erhalten.

Von epochaler Bedeutung wurden Haydns Beiträge zu Sinfonie, Klaviersonate und Streichquartett.

Als er Ende der fünfziger Jahre begann, für den Grafen Morzin Sinfonien zu schreiben, gab es in diesem Fach zwei Traditionen: eine italienische und eine deutsche.

Die italienische Sinfonie hatte sich aus dem instrumentalen Opernvorspiel entwickelt, »sinfonia« bedeutete Ouvertüre. Die Tempi der drei Sätze waren schnell-langsam-schnell. Einige dieser Sinfonien wurden bald auch im Konzertsaal gespielt. Erster Meister der Konzertsinfonie war Giambatista Sammartini, eigentlich Saint-Martin, Sohn eines französischen Oboisten, der nach Mailand zugewandert war. Sammartinis Beitrag zur Entwicklung der klassischen Sinfonie ist heute unbestritten, gegen Haydns gereizten Einspruch, der auf Sammartini schlecht zu sprechen war, so schlecht, dass er ihn im Gespräch mit Griesinger einen »Schmierer« nannte, gegen die sonst von ihm befolgte Regel, über Rivalen öffentlich lieber nichts oder nichts als Gutes zu sagen. Gleichwohl war Haydn mit Sammartinis Sinfonien bekannt, wie er selber einräumte, und zwei Sinfonien des Mailänder »Schmierers« befanden sich, nach dem Inventar von 1759, in der Eisenstädter Musikaliensammlung des Hauses Esterházy.

Die andere Tradition hatte sich in Wien und zeitgleich in Mannheim gebildet. Führend in Wien waren Wagenseil und Monn. Anders als die italienische sinfonia orientierte sich die deutsche Sinfonie an der barocken Suite, eine Reihung von Tänzen. Ende des 17. Jahrhunderts war es Brauch geworden, diese Tanzfolgen mit einem tanzfreien Orchesterstück einzuleiten, aus dem sich die Sinfonie als eigenständige Form entwickelte. Wagenseils frühe Sinfonien waren noch dreisätzig, bis das Menuett, ein Tanz der Suite, als weiterer Satz in der Sinfonie heimisch wurde. Zugleich löste sich die Musik von der Gängelei durch den Generalbass, der dem Spieler die harmonische Struktur des Tonstücks Takt für Takt vorgab.

Von einhundertsechs Sinfonien schrieb Haydn die Hälfte während der Jahre auf Esterháza. Rund zwanzig von diesen wurden bald unter eigenen Namen bekannt, wegen ihrer Popularität und weil sie sich mit einem Etikett unter der Zahl ständig neuer Werke leichter merken ließen, wie Merkur, La Reine, Maria Theresia, Schulmeister, Bär, Uhr, Henne oder La Chasse. Von Haydn selbst wissen wir, dass er sich bei der Komposition nicht nur von absoluten Ideen, sondern auch von bildhaften Vorstellungen leiten ließ. Als Griesinger ihn fragte, was ihn zu seinen Sinfonien veranlasst und was ihm bei der Komposition vorgeschwebt habe, erwiderte Haydn, dass er in seinen Sinfonien öfters »moralische Charaktere geschildert« habe.

Einer Programmmusik am nächsten kommt die Sinfonie Nr. 45 in fis-Moll vom Herbst 1772, die »Abschieds-Sinfonie«. Anlass war das für die Musiker geltende Verbot, ihre Frauen und Kinder nach Esterháza mitzubringen. Übrigens war das Verbot keine reine Willkür. Denn obwohl schon sieben Räume im Musikhaus für Schauspieler der Wanderbühnen reserviert waren, reichte die Zahl der Zimmer nicht, um die Truppe von Carl Wahr aufzunehmen, die der Fürst für die Saison verpflichten wollte. Um Platz zu schaffen, mussten die Frauen und Kinder der Musiker in Eisenstadt bleiben. Als der Fürst spontan beschloss, seinen Aufenthalt auf Esterháza um einige Wochen zu verlängern, was bedeutete, dass sich für die Musiker die ersehnte Rückkehr zu ihren Familien in Eisenstadt verzögerte, wandten sie sich an Haydn. Der begriff, dass von einer schriftlichen Petition, die auf dem Dienstweg über den sperrigen Güterregenten hätte vorgelegt müssen, nichts zu erwarten war. Wie aber, wenn man dem Fürsten das Drängen der Musiker auf fristgerechten Urlaub musikalisch erklärte? Der vierte Satz der Sinfonie, ein Presto, mündet unvermutet in ein klagendes Adagio. In Takt 30 des Stücks erhoben sich erste Oboe und zweites Horn nach ihren Solos, löschten die Kerzen, nahmen das Notenpult und verließen den Saal. Im Abstand weniger Takte folgten Fagott, zweite Oboe, erstes Horn, Kontrabass, Violoncello, dritte und vierte Violinen und schließlich die Bratsche. Zurück blieben erste und zweite Violinen, gespielt von Haydn und Tomasini. Sie beendeten das Stück mit Dämpfern und bei nun trübem Dämmerlicht pianissimo in Fis-Dur. Der Fürst verstand die Botschaft, verwand seinen Ärger, applaudierte dem Einfall und entließ die Musiker.

Ein größerer Gegensatz als den zwischen dem drangvoll von Pflichten bestimmtem, doch einförmigem Tageslauf auf Esterháza und den nach Gehalt und Form überragenden Werken jener Zeit lässt sich nicht denken. Auf der Suche nach einer neuen Synthese zwischen gelehrt und galant erprobte Haydn die überkommenen Stile und Kompositionsweisen auf ihr Potenzial an Veränderbarkeit.

Der Zeitgeist hatte sich gewandelt. Der sieghafte Rationalismus der Aufklärung sah sich seit Mitte des Jahrhunderts vom Kult der Empfindsamkeit herausgefordert, inspiriert durch Rousseaus leidenschaftlich-suggestiven

Appell an das jedem Menschen eigene »natürliche« Gefühl. In Deutschland gab die Literatur der neuen Erfahrung den Namen »Sturm und Drang«, nach einem Schauspiel von Friedrich Maximilian Klinger.

Herold der Empfindsamkeit in der Musik war Carl Philipp Emanuel Bach. Der Musiker müsse durch sein Werk und Spiel bildend auf die Gefühle der Zuhörer einwirken. »Ein Musicus kann nicht anders rühren, er sey dann selbst gerührt; so muß er nothwendig sich selbst in alle Affekten setzen können, welche er bey den Zuhörern erregen will«, heißt es im »Versuch über die wahre Art das Clavier zu spielen« von 1753.

Wir wissen nicht, was Bachs despotisch-aufgeklärter Dienstherr, Friedrich II., von solchen Thesen hielt. Vermutlich nichts – die Musik war zur Verherrlichung Gottes oder zum Preis und Vergnügen der Fürsten bestimmt. Sich dem Gefühlsdiktat eines Musikers zu unterwerfen, womöglich noch in mystischer Gemeinschaft mit anderen Subjekten, wäre ihm absurd erschienen. Der Adressat von Bachs Lehre der Empfindsamkeit waren denn auch nicht die Fürsten und ihre Höfe, sondern das Bürgertum, das von der Musik und den Musikern, mit dem Gefallen an der Form, nun die Einladung zu einem Gefühlserlebnis erwartete. Der neue Bund mit dem bürgerlichen Publikum stellte die Komponisten zwar vor höhere Ansprüche, bot ihnen aber, waren sie erfolgreich, die Chance, aus öffentlichen Konzerten und durch Verkauf ihrer Werke höhere Einkünfte zu erzielen als durch den Hofdienst.

Die Überwindung des strengen Stils war auf zweifache Weise denkbar: durch Auflösung in freie Improvisation und Phantasie oder durch Entwicklung einer neuen Form.

Wenn die Einfälle sich nicht wirkungslos verlieren sollten, war es nötig, sie in einem System zu ordnen. Dies geschah durch die Sonatenform. Ihre Elemente waren zwar bekannt, doch in ihrer Eignung als Bauplan des sinfonischen Kopfsatzes noch kaum verstanden. Die Ordnung der musikalischen Ideen im Sonatensatz, in immer neuen Versuchen abgewandelt, war Haydns fundamentaler Beitrag zur Entwicklung der Sinfonie.

Prinzip dieser Form waren Aufbau und Auflösung von Spannungen. In der Exposition wurden Haupt- und Seitenthemen vorgestellt, die Durchführung zerlegte die Themen in Motive, mit denen sie frei spielte, bis die Themen der Exposition in der Reprise wiederkehrten. Um das Gefühlserlebnis des Publikums zu steigern, nutzte Haydn als weitere Kontraste die Ausweichung in abgelegene Tonarten, wie nach fis-Moll in der »Abschieds-

Sinfonie«, dissonante Akkordbildungen, neben barocker Stufendynamik nun auch stufenlos ansteigende und abschwellende Tonstärken nach dem Vorbild der Mannheimer Schule, die Mischung von Homophonie und Kontrapunktik, ungewohnte rhythmische Akzente, Scheinreprisen, Trugschlüsse, Generalpausen, Molltrübungen, thematische Dehnungen und Raffungen, gelegentlich Selbstzitate aus bekannten Sinfonien, Wechsel der Tempi und Taktarten im selben Satz oder die Anreicherung des Kolorits durch originelle Verwendung von Instrumenten und Instrumentengruppen. Dazu die Spannungen zwischen den vier Sätzen durch Variierung von Satztypus, Tonart und Taktmaß.

Zu seinen besten Werken gehören die sechs »Pariser Sinfonien« der Jahre 1785 und 1786. Haydn schrieb sie im Auftrag der »Loge Olympique«, die seit 1782 viel besuchte öffentliche Konzerte gab. Haydn war in Paris seit zwei Jahrzehnten bekannt, knapp ein halbes Hundert seiner Sinfonien war dort schon im Druck erschienen. Der sinfonische Stil Haydns ist hier vollkommen ausgebildet: klare Textur, starke Kontraste, Überraschungseffekte, Adaption von Volksweisen, Meisterschaft in allen Stilen. Zwingend durch Geschlossenheit und Originalität sind besonders Sinfonie Nr. 84 in Es-Dur, Sinfonie Nr. 86 in D-Dur und »La Reine«, Sinfonie Nr. 85 in B-Dur – nach der Exposition im ersten Satz zitiert Haydn das Hauptthema des Kopfsatzes aus der »Abschieds-Sinfonie«, die in Paris schon bekannt war. Das Thema des zweiten Satzes variiert die Melodie einer französischen Romanze. Das Finale überrascht nach der Wiederkehr der Exposition mit einem brisanten Einwurf von nur wenigen Takten, der das bislang schlichte Gefüge des Satzes rhythmisch und harmonisch zu sprengen droht.

Die frühen Klaviersonaten, jene mehr als zwanzig, die Haydn vor der Zeit auf Esterháza schrieb, sind zumeist unterhaltende, dabei vorzüglich komponierte »Divertimenti«, wie er sie nannte, vor allem bestimmt für Schüler und Liebhaber. Erst ab 1773 sind die Sonaten für den Druck geschrieben. Zielgruppe waren nun versierte Dilettanten. Zu ihnen gehörten auch die Schwestern Catharina, die ältere und schönere, und Marianne von Auenbrugger, Töchter des neu geadelten Arztes Leopold Edler von Auenbrugger. Marianne, von Geburt an kränklich und verwachsen, starb 1786 mit dreiundzwanzig Jahren an der »Abzehrung«, also der Schwindsucht, Catharina heiratete im Todesjahr der Schwester einen Freiherrn von Edelstein. Die Mozarts, Vater und Sohn, hörten die Schwestern im Wiener Sommer 1773, und Leopold schrieb, mit dem Sohn einer Meinung, seiner Frau nach

Salzburg: »wegen dem Frauenzimmer, ist es keine andere als die Tochter des H: Doctor Auenbrugger, oder vielmehr seine 2 Tochter, die beyde, sonderheit: die ältere unvergleichl: spiehlt, und vollkommen die Musik besitzt.« Haydn widmete den Schwestern 1780 sechs Sonaten und war über ihr Talent des Lobes voll: »Der Beifall deren Freilein v. Auenbrugger ist mir der allerwichtigste, indem ihre Spielart und die ächte Einsicht in die Tonkunst denen größten Meistern gleichkommt: Beede verdienen durch offentliche Blätter in ganz Europa bekannt gemacht zu werden.«

Starke Anregungen verdankte Haydn, wie er gern bekannte, Carl Philipp Emanuel Bach, und nicht nur als Adept von dessen »Spielmanieren« und Kunst der Verzierung: »wer mich gründlich kennt, der muß finden, daß ich dem Emanuel Bach sehr viel verdanke, daß ich ihn verstanden und fleißig studiert habe.« Mit Händen greifbar ist Bachs Einfluss in Haydns Sonaten des Sturm und Drang, seiner »romantischen Krise«, wie in der Sonate in c-Moll, vermutlich von 1771, eine der sechs aus dem Auenbrugger-Zyklus, ein Zeugnis versunkener Empfindung wie modischer Empfindsamkeit.

Als »klassischer Höhepunkt« seiner Klaviersonaten gilt die in Es-Dur, geschrieben um 1790 und gewidmet Anna de Jerlischek, einer gemeinsamen Freundin von Haydn und Marianne von Genzinger. Anna führte seit dem Tod von Fürstin Maria Elisabeth Esterházy, der Ehefrau von Nikolaus, Anfang 1790 die Aufsicht über den fürstlichen Haushalt und war damit für Haydn, bei aller Freundschaft, wegen ihrer nun leitenden Rolle in der Hofhierarchie zur »Gebieterin« geworden. Die von ihr bestellte Sonate, für die sie auch zahlen wollte, hatte Haydn schon Marianne von Genzinger zugedacht. Nur sie und Haydn wussten, dass er den Kopfsatz und das Schlussmenuett bereits im Jahr zuvor komponiert hatte, allein das Adagio war neu, was aber Anna alles nicht wissen sollte. Wenn Haydn auch Marianne versicherte, er werde von Anna kein Geld nehmen, weil das Werk doch für sie, Marianne, bestimmt sei, so ließ er sich von Anna eine goldene Tabatiere schenken, als er ihr die Sonate in Gegenwart des Fürsten vorspielte. Wäre Haydn eine Anerkennung in Geld nicht doch lieber gewesen? An Marianne: »schade, daß diese kleine goldne Dose, so Sie mir gegeben, und getragen hat, so voller fleck ist, vielleicht kan ich Sie in wienn ausbessern lassen.«

Wie bei Sinfonie und Sonate begann Haydn auch beim Streichquartett mit Divertimenti als Serenaden- und Tafelmusik. Das änderte sich um 1770 mit drei Serien zu je sechs Quartetten, nun viersätzig wie in der Sinfonie. Die dritte Serie ist Opus 20, bekannt als »Sonnenquartette«, nach der Titelblattvignette in der Druckausgabe mit einer aufgehenden Sonne. Die Abkehr vom Stil der Divertimenti, obwohl er die Quartette noch so nannte, zeigte sich in den erweiterten Proportionen der Sätze ebenso wie im gesteigerten Ausdruck, erkennbar etwa in der verstärkten Hinwendung zu Moll-Tonarten. Insgesamt bot diese Quartettreihe ein Quodlibet an Stilen und Ausdrucksmitteln, noch auf der Suche nach einer abgeklärten Synthese.

Den Durchbruch zur »Klassik« brachte das Jahr 1781 mit Opus 33, den »Russischen Quartetten«, dem Großfürsten Paul gewidmet, der 1796 nach dem Tod seiner Mutter, Katharina der Großen, für wenige Jahre Zar von Russland wurde. Er und seine Gemahlin, eine Prinzessin von Württemberg, besuchten Wien inkognito als Graf und Gräfin von Norden, wohl auch, um den protokollarischen Aufwand in Grenzen zu halten. Zu Ehren der Gäste des Kaisers gab es musikalische Soireen, so auch am ersten Weihnachtstag, wo einige der neuen Haydn-Quartette gespielt wurden. Zur Begleitung des Großfürsten gehörte auch Friedrich Maximilian Klinger, nun nicht mehr Ausbund der Stürmer und Dränger, sondern seit einem Jahr in St. Petersburg Offizier in russisch-kaiserlichen Diensten.

Haydn hatte die Quartette einigen Bekannten in Abschrift zur Subskription angeboten. Unter den Adressaten war auch der Züricher Theologe und passionierte Physiognom Johann Caspar Lavater, der von Haydn eine Silhouette besaß und sich zum Porträt notiert hatte: »Etwas mehr als gemein erblick ich im Aug' und der Nase; Auch die Stirn ist gut; im Munde 'was vom Philister.« Gut möglich, dass Lavater, wie es nicht selten geschah, gar nicht wusste, wen die ihm vorgelegte Silhouette in Wahrheit zeigte.

An Lavater und andere schrieb Haydn nun, er habe nach zehn Jahren wieder Quartette komponiert, und diese seien »auf eine gantz neue besondere art« gemacht. Was er meinte, war die thematisch-motivische Arbeit. An Fortspinnung und Abwandlung waren nun alle vier Instrumente beteiligt, die erste Violine sah sich in ihrer Vorherrschaft von den drei Mitspielern respektlos herausgefordert.

Die folgende Quartettserie, die sechs von Opus 50, ist König Friedrich Wilhelm II. von Preußen gewidmet, der gar nicht dilettantisch das Cello spielte. Die Wahl des Instruments, das sich von der Flöte seines Onkels, des Alten Fritz, so sehr unterschied, bezeichnete auch den Abstand, der beide menschlich voneinander trennte. Weitere Quartette widmete Haydn dem Geiger der Kapelle, Johann Tost, wie das herrliche Quartett in D-Dur, das »Lerchenquartett«, so genannt wegen des Kopfthemas im ersten Satz mit dem Gesang der Primgeige in hoher Lage, in der Tost mit Wonne brillierte.

Den europäischen Ruhm verdankte Haydn seinem außerordentlichen Talent, das ihn aus der Menge der Rivalen weit heraushob, maßloser Lernbegierde, brennendem Ehrgeiz und einer an Besessenheit grenzenden Arbeitswut. In zahllosen Versuchen testete er an seiner Zuhörerschaft auf Esterháza, was dem Publikum an Neuerungen zumutbar war. Hier konnte er »beobachten, was den Eindruck hervorbringt, und was ihn schwächt«. Wenige Komponisten haben mit solcher Konsequenz derart systematisch, ja geradezu wissenschaftlich gearbeitet wie Haydn.

Doch hinter der Logik der wie auf dem Reißbrett erdachten Architektur, hinter der gefälligen Fassade war manchmal eine dämonische Erregung spürbar, gegen die die Vernunft nicht aufkam, in einigen Finales eine fiebrige, gehetzte Heiterkeit. Die Spannweite zwischen gelehrt und galant, aufgeklärt und romantisch, gebändigt und entfesselt, derb und sublim machte seine Musik modern. Dazu noch Überraschungen aller Art, von denen der Paukenschlag im Andante der später für London komponierten G-Dur-Sinfonie nur die schlagkräftigste war.

Haydns schwerfälliger Umgang mit der Sprache darf uns nicht täuschen. Seine frühe Popularität bei den Parisern, denen Esprit so viel bedeutet, war kein Zufall. Eine anspruchsvollere Konversation als die zwischen den vier Personen eines Quartetts von Haydn, wo wegen der Transparenz der Stimmen jedes Ungeschick und jede Banalität gleich auffällt, lässt sich so bald nicht finden.

Griesinger vermerkte verwundert, wer Haydn von seiner Kunst nur habe reden hören, hätte in ihm den großen Komponisten nie vermutet: »Seine theoretischen Raisonnements waren höchst einfach; nämlich: ein Tonstück soll haben einen fließenden Gesang, zusammenhängende Ideen, keine Schnörkeleyen, nichts Ueberladenes, kein betäubendes Accompagnement.« Das lasse sich, so Haydn weiter, durch keine Regeln erlernen, sondern wirke als »Eingebung des inneren Genius«. Überhaupt die Regeln. Haydn zu Dies: An die Regeln habe er »im Feuer der Komposition nie gedacht; ich schrieb, was mich gut dünkte und berichtigte es nachher nach den Gesetzen der Harmonie«. Ein paar Mal habe er sich die Freiheit erlaubt, »die gewöhnlichen Regeln der Lehrbücher zu beleidigen«, worauf ihm seine Gegner lauthals Fehler vorgeworfen hätten. Er habe sie gefragt, »ob sie nach dem Gehör beweisen könnten, daß es ein Fehler sei. Sie mußten mit Nein antworten.

Darum bat ich um Erlaubnis, mich gegen die Regeln versündigen zu dürfen«. Und wieder zu Griesinger: »Die Kunst ist frey, und soll durch keine Handwerksfesseln beschränkt werden. Das Ohr, versteht sich ein gebildetes, muß entscheiden, und ich halte mich für befugt, wie irgend einer, hierin Gesetze zu geben.« Das gebildete Ohr und die Regeln – ähnlich souverän und bündig hat sich ein Komponist über seine Kunst selten geäußert.

DER TOD SEINER FRAU, die im Februar 1790 in Eisenstadt gestorben war, hatte Fürst Nikolaus tief getroffen. Der nun Fünfundsiebzigjährige sollte sich von dem Verlust nicht mehr erholen. Selbst die Musik heiterte ihn nicht mehr auf. Im Spätsommer fühlte er sich krank und reiste wegen ärztlicher Hilfe nach Wien. Dort starb er Ende September.

Erbe war sein Sohn Anton. Wie wohl von ihm schon von langer Hand geplant, entließ der neue Fürst, zwei Tage nach dem Tod des Vaters, die Musiker der Kapelle. Nur einige Bläser blieben, er brauchte sie als »Feldharmonie«.

Haydn und Tomasini behielten zwar nominell ihre Ämter, doch ohne Pflichten stand ihnen frei, sich anderswo nach Beschäftigung umzusehen. Fürst Nikolaus hatte Haydn testamentarisch eine Pension von jährlich tausend Gulden vermacht, Fürst Anton gab ihm weitere vierhundert Gulden für Dienste, an denen ihm nichts mehr lag.

Die Rückkehr nach Esterháza von Besuchen in Wien hatte Haydn in den letzten Jahren zunehmend bedrückt. An Marianne von Genzinger schrieb er Anfang 1790, eben zurück in Esterháza: »wer weis, wan diese angenehmen täge wider kommen werden? Diese schöne gesellschaften? Wo ein ganzer Kreiß Ein herz, Eine Seele ist – alle diese schöne Musicalische Abende – welche sich nur dencken, und nicht beschreiben lassen – wo sind alle diese begeisterungen?«

Kaum hatte Fürst Anton die Entlassung der Musiker verfügt, reiste Haydn wenige Tage später, im Gepäck nur das Nötigste, überstürzt nach Wien.

Anders als sein Vater liebte Anton den Glanz und die Zerstreuungen des Wiener Lebens. Nur noch wenige Gäste kamen nach Esterháza, dann und wann einige Neugierige oder eine Jagdgesellschaft. Das Feenreich zerfiel. Das Schloss verwaiste.

KAPITEL SECHS

JOSEPHINISCHES WIEN

Theresianische Reformen
Joseph II.
Stadt für Bürger
Salons
Broschürenflut und Sprachpatent
Oper
Akademien
Musikalienhandel
Feinde
Tonkünstler-Sozietät, erster Akt
Mozart
Der allerhöchste Dilettant
Wiener Volksmund

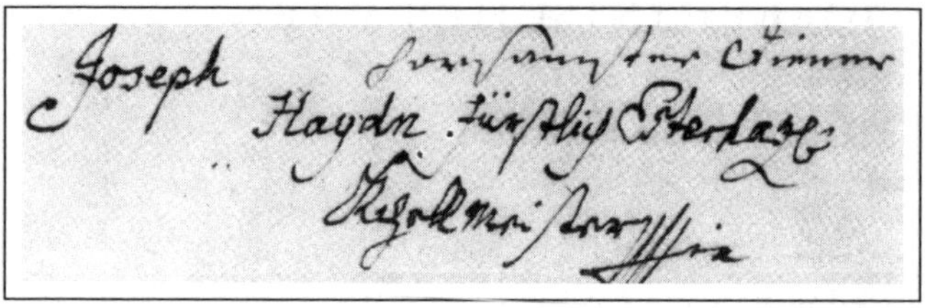

Haydns Autograph aus dem Jahre 1806

Nach dem dritten Krieg um Schlesien, dem Siebenjährigen, der mit dem Frieden im sächsischen Hubertusburg 1763 zu Ende ging, sahen sich Österreich und Preußen am Rande tödlicher Schwäche.

Fast ein Vierteljahrhundert nach der Krönung hatte Maria Theresia, zu ihrem bitteren Schmerz, Schlesien auf immer verloren. Die stärksten Verbündeten hatten sie verlassen, ein türkisches Heer fiel in Ungarn ein, die Staatskasse war ebenso erschöpft wie der patriotische Siegeswille.

Preußen gab Sachsen auf und versprach, im kommenden Jahr die Wahl des ältesten Sohnes von Maria Theresia und Franz Stephan, des nun zweiundzwanzigjährigen Joseph, in Frankfurt am Main zum Römischen König zu unterstützen – erst einmal im Besitz dieser Würde, war Joseph nach dem Tod des Vaters auch die Wahl zum Deutschen Kaiser sicher.

Schon nach dem Frieden von Aachen 1748 hatte Maria Theresia in der Monarchie mit Reformen begonnen. Nach zwei Niederlagen gegen Preußen war ihr klar, dass sie ohne eine Reorganisation des Heeres und die Sanierung der chronisch Not leidenden Staatsfinanzen gegen einen Gegner wie den Preußenkönig auf verlorenem Posten stand. Haupt und Seele der Reform war der schlesische Graf Friedrich Wilhelm von Haugwitz, Haydns früherer Dienstherr. Eine Neuordnung ließ sich bei der eingewurzelten Ehrfurcht vor dem Herkommen und gegen den gewohnten Schlendrian nur erreichen, wenn es gelang, die Landstände, die traditionell die Verwaltung besorgten, doch dabei weniger die Belange der Krone als ihre eigenen förderten, schrittweise zu entmachten – die Landstände beherrschte der Adel, denn nur wer Grund und Boden besaß, hatte auch Sitz und Stimme im Landtag. Nun wurden Adel und Kirche mit Steuern belegt, sodass nicht mehr vor allem die Bauern die Staatslast trugen. Die Aufsicht über Zensur und Erziehung wurde den Jesuiten entzogen und weltlichen Behörden unterstellt.

Mit weiteren Reformen, diesmal unter Leitung des Grafen Anton Wenzel von Kaunitz-Rietberg, führte Maria Theresia den Kurs staatlicher Zentralisierung zielstrebig fort. Nun stiegen die Staatseinnahmen, mit der noch nie erlebten Folge, dass der Haushalt der Monarchie in den Jahren 1775 und 1777 ausgeglichen war. Es gab Gewerbefreiheit, Manufakturen wurden privilegiert, Einfuhrbeschränkungen und Ausfuhrerleichterungen förderten den Handel. Fortschrittlich für die Zeit war auch die Reform des Rechtswesens, wenn auch Folter, verschärfte Todesstrafe und Hexenverfolgung überlebten.

Ein ständiges Ärgernis war für Maria Theresia der liederliche Lebenswandel ihrer Untertanen. Eine Keuschheitskommission sollte für bessere Sitten sorgen. Allein promenierende Frauen und Mädchen mussten sich vor der Sittenpolizei ausweisen, und nur solche, die einen Rosenkranz mit sich führten, blieben von Ermahnungen oder Bußen verschont. Schlafzimmer waren vor nächtlichen Razzien nicht mehr sicher. Besonders empörte Maria Theresia die lockere Moral einiger Staatsdiener. Als Kaunitz sich mit seinen Mätressen, die er häufig wechselte, ungeniert in der Öffentlichkeit zeigte und Maria Theresia ihm das am Rande einer Sitzung des Staatsrats vorhielt, erhielt sie als Antwort, was sich kein anderer hätte leisten können: »Madame, ich bin hierher gekommen, um über unsere Affären zu sprechen, nicht über die meinen.« Wenn auch eifrige Katholikin, erkannte sie schließlich, dass Macht und Einfluss der Kirche ihrem Ziel, die Krone zu stärken, im Wege standen. Nicht ohne Skrupel und gedrängt von ihrem Sohn Joseph, entschied sie sich zum Kampf mit Rom durch staatliche Mitsprache bei der Ernennung der Bischöfe und die Säkularisierung des Kirchengutes. Die Inquisition sah sich erheblich eingeschränkt.

Die Habsburger Monarchie war ein Staatenbund, bekannt als »kaiserlich-königliche«, kurz »k. k. Erblande«. Der Name »Österreich« wurde erst geläufig, als das Heilige Römische Reich Deutscher Nation zerfiel und Franz II. sich seit 1804 auch »Franz I. Erbkaiser von Österreich« nannte. Zum Staatenbund gehörten die Steiermark, Kärnten, Krain, Tirol, Böhmen, Ungarn, die Erzbistümer Köln, Trier und Mainz, Lombardei und Toscana sowie seit 1713 die Österreichischen Niederlande. Zur Monarchie zählten annähernd fünfundzwanzig Millionen Untertanen.

»Kaiserin« war Maria Theresia durch ihre Heirat mit Franz Stephan, dem sie 1745 zur Kaiserwürde verholfen hatte. Die Reichskrone war seit Jahrhunderten nahezu ständig Familiengut der Habsburger gewesen. Doch gab sie ihnen, wegen der Schwäche des Reiches, über das Renommee hinaus kaum noch politische Macht, nun weniger denn je, da ihnen nach den verlorenen schlesischen Kriegen im Hause Hohenzollern ein Rivale erwachsen war, der ihre Vorherrschaft im Reich bedrohte.

Der plötzliche Tod ihres Mannes in Innsbruck 1765 wurde für Maria Theresia zur Lebenswende. Sie schnitt das Haar ab, verteilte ihre Garderobe, verschenkte alle Diamanten, trug nur noch schwarz, ließ alle Räume grau tapezieren und besuchte nie wieder ein Theater.

Im selben Jahr wurde ihr ältester Sohn als Joseph II. zum Deutschen Kaiser gewählt und ihr Mitregent in den »k.k. Erblanden«. Noch 1764, eben Römischer König, hatte Joseph seiner Mutter geschrieben: »Wenn Sie, theuerste Mutter, fortfahren wollen, in mir nur einen Sohn und Unterthan zu sehen, so werde ich auf dem Gipfel des Glückes seyn. Keine Schonung, ich bitte Sie darum, befehlen, verbieten Sie, tadeln Sie mich wie früher, denn ich bedarf Ihrer Leitung.«

Bei dieser kindlichen Devotion blieb es jedoch nicht lange. Mutter und Sohn waren nach Einsicht, Erfahrung und Temperament zu sehr voneinander verschieden, als dass eine gedeihliche Partnerschaft auf Dauer möglich gewesen wäre. Maria Theresia war ihrer Anlage nach pragmatisch. Sie erkannte, dass Neuerungen nur glücken konnten, wenn der Bruch mit der Tradition schonend erfolgte. Sie verstand es, Widerstände zu überwinden, statt sie zu brechen, und vertraute dabei auf die Versöhnungskraft der Zeit. Ihre Reformen waren von langer Hand geplant und in ihrer Wirkung sorgfältig kalkuliert, um den Protest auf ein beherrschbares Maß zu beschränken.

Ganz anders der Sohn. Er war voller Unrast. Er liebte die großen Entwürfe, erfüllt vom Glauben, dass Ideen die Welt regieren. Die Reformen seiner Mutter waren ihm lange nicht radikal genug. Pragmatismus war ihm nichts anderes als Zaudern vor der gebotenen Konsequenz. Er war aufgeklärt, hatte die französischen Philosophen gelesen und war ihr Apostel geworden. Das vom Vater geerbte große Vermögen schenkte er dem Staat. Er bewunderte Friedrich II., den Feind aus drei Kriegen, als Philosoph unter den Königen.

Die Mutter überließ ihm Kompetenzen beim Militärwesen und in der Außenpolitik, sicherte sich aber bei Entscheidungen das letzte Wort. Wenngleich sie aus politischen Gründen die Macht der Kirche als eine mit dem Staat rivalisierende Institution zu schwächen schließlich bereit war, so war ihr religiöse Toleranz, wie Joseph sie pries, ein Gräuel. Wenn Friedrich nach der ersten Begegnung mit dem jungen Kaiser meinte, dieser sei »lernbegierig, doch hat er keine Geduld, sich selbst zu unterrichten«, so war sich die Mutter mit dem Alten in Berlin, den sie so bitter hasste, einmal einig. Aus einem Brief an den Sohn: »Du bist ein intellektueller Coquet. Du bist nur ein gedankenloser Nachahmer, wo Du glaubst, ein unabhängiger Denker zu sein.« Ähnlich kritisch war Bruder Leopold, seit 1765 Großherzog von Toscana, der ihm 1790 als Kaiser und Monarch nachfolgen sollte. Wie seiner Mutter war Joseph auch dem Bruder unbegreiflich. In Geheimschrift notierte Leopold sich nach einem Besuch in Wien 1778, Joseph verachte alles, was nicht seine eigene Idee sei. Zu sehr um seine Popularität besorgt, bezeige er niedrigen Leuten gegenüber Familiarität und Leutseligkeit. Er halte »unglaubliche, despotische und äußerst unkluge Reden über das, was er machen möchte«, und werde deshalb »sehr gehaßt, gefürchtet und kritisiert«.

Die häufigen Querelen mit dem Sohn, den sie so liebte und der ihr so fremd war, belasteten Maria Theresia schwer. Die alternde Frau wurde korpulent und litt unter Atemnot. Leopold beschrieb ihre Verfassung in den letzten Jahren: »Ihr Gedächtnis hat sehr nachgelassen, sie erinnert sich nicht mehr an viele Dinge und gegebene Befehle, und häufig wiederholt sie diese, und daraus entsteht viel Verwirrung. Sie beginnt etwas schwerhörig zu werden und hat durch den ständigen Verdruss ihren Mut und ihre Aktivität eingebüßt; sie läßt alle Angelegenheiten laufen, da sie ständig mit Gebet und Andacht beschäftigt ist. Sie freut sich nie über etwas und ist ständig allein und melancholisch.« Sie starb mit dreiundsechzig Jahren, vom Volk wenig betrauert. Großmütig, aber vergesslich meinte der Alte Fritz bei ihrem Tod: »Sie hat dem Thron Ehre gemacht und ihrem Geschlecht, ich habe Krieg gegen sie geführt und bin niemals ihr Feind gewesen.«

Für Joseph brachen mit ihrem Tod alle Dämme. Ungehindert durch mütterlichen Einspruch und die Schuldigkeit kindlicher Liebe folgte eruptiv eine Reform auf die andere. Jeder Aberglaube war ihm verhasst, kein Brauchtum war vor seinem Eingriff sicher. Er kümmerte sich um buchstäblich alles, nicht nur um die Kragenweite der Nachthemden der Patienten des Allgemeinen Krankenhauses, sondern auch um ihre Socken: Bei diesen müsse »hauptsächlich darauf gesehen werden, daß der obere Theil dort wo der Fuß hineinschliefet, geräumigt gemacht werde«.

Joseph misstraute der Erfahrung. Denn die Lehren, die sie bot, waren so vieldeutig wie ein Orakel. Dagegen konnte die Idee nicht irren. Anders als die Mutter, die Politik im Bündnis mit der Zeit getrieben hatte, nahm Joseph sich keine Zeit. Er glaubte, dass, »wenn man ernstlich will, steif darauf haltet«, alles erreichbar sei. Noch mehr als die Mutter fühlte Joseph sich dem Staat verpflichtet, er war, so sah er sich selbst, ein Staatsfanatiker.

Zu seinem radikalen Reformwerk passte der neue Regierungsstil. Der Volkskaiser, zweifacher Witwer, dem herrscherliche Schaustellung schon immer verhasst gewesen war, kürzte die Kosten für Repräsentation auf ein solches Maß, dass es den Hof als Mittelpunkt glanzvoller Geselligkeit nicht mehr gab. Der Kaiser, denkbar schlicht gekleidet in braunem Rock, Weste und Kniehose oder, wie sein Vorbild Friedrich, in Uniform, aß zumeist hastig und allein. An äußeren Ehren lag ihm wenig. Statt in förmlichen Audienzen empfing Joseph in der Hofburg Bittsteller auf dem Flur neben seinem Arbeitszimmer, dem bald legendären »Controlleur=Gang«.

Während des josephinischen Jahrzehnts wurde Wien immer mehr zur Stadt für Bürger. Sprunghaft stieg die Zahl der Kaffeehäuser, Begegnungsstätten des Bürgertums, hier traf man sich zu Gespräch, Billard, Brett- und Kartenspielen – unter Billardspielern hatte das »Café Hugelman« den besten Ruf, Schachfreunde priesen die »Krone«. Eine gern gepflegte Unterhaltung war auch das Kegeln, Kegelbahnen gab es vor allem in den Vorstädten Leopoldstadt und Wieden, einige Gaststätten hatten mehr als zwanzig. Bürgerliche Salons imitierten jene des Adels, ihr Hauptzweck war Konversation und Kartenspiel. Prater und Augarten überließ Joseph dem öffentlichen Nutzen, über dem Tor zum Augarten grüßte den Besucher die Inschrift: »Allen Menschen gewidmeter Erlustigungs-Ort von ihrem Schaetzer.« Der Park lockte, wegen »angenehmer Gänge, Hecken und lustigen Wäldlein«, viele Menschen an, erst recht, als Joseph einige hundert Bänke aufstellen und Nachtigallen aussetzen ließ. Der Kaiser, selbst eifriger Spaziergänger, verbot 1787, dass Passanten, die ihn im Augarten trotz unauffälliger Eskorte in seiner schlichten Montur erkannten, vor ihm niederknieten. Das Glacis, einst öde und gemieden, wurde mit Bäumen und Rasen bepflanzt, Laternen säumten die neuen Fuß- und Fahrwege. Ein Volksvergnügen war die Tierhetze im Amphitheater auf der Landstraße. Löwen, Bären, ungarische Stiere oder Wildschweine wurden durch Feuerwerkskörper, die »Schwiemerl«, erregt und durch Hunde aufeinander gehetzt, Zuschauer konnten ihre eigenen Hunde mitbringen. Eine sommerliche Attraktion waren die Feuerwerke auf der Jesuitenwiese des Prater. Mehr als fünfhundert Fiaker, zumeist zweispännige Pferdedroschken, besorgten den schnellen Stadtverkehr – die »Fiaker« hatten den Namen nach dem Pariser Hôtel St. Fiacre, wo es 1640 das erste Büro für Mietkutschen gab, der heilige Fiacre, ein frühchristlicher keltischer

Mönch, war Schutzpatron der Gärtner. Nach Londoner Vorbild gab es nun auch in Wien die »kleine Post«, sie verkehrte fünfmal täglich, die Beförderung eines Briefes kostete einen Kreuzer.

In jenen hektischen achtziger Jahren wurde in Wien viel gebaut, diesmal nicht zur Repräsentation großer Namen, sondern auf Befehl des Kaisers zu Nutz und Frommen der Bürgerschaft. Ein Lieblingsprojekt Josephs, für das er aus eigenem Vermögen zahlte, war das Allgemeine Krankenhaus mit zweitausend Betten in der Vorstadt Alsergrund, erbaut nach dem Vorbild des Pariser Zentralhospitals, dem Hôtel de Dieu, das er auf seiner Frankreichreise 1777 besucht hatte. Das Josephinum in der Währingerstraße sorgte für die Ausbildung von Chirurgen und Militärärzten. Die Invaliden erhielten auf der Landstraße ihr eigenes Haus, so auch die Geisteskranken – die Wiener nannten den »Narrenthurm«, einen fünfstöckigen kreisrunden Bau, dem Allgemeinen Krankenhaus angegliedert, auch »Kaiser Josephs Gugelhupf«. Zur Unterbringung der verstärkten Garnison ließ der Kaiser in den Vorstädten neue Kasernen bauen. Da es wegen des ständigen Zuzugs aus dem Umland profitabel wurde, Wohnraum zu vermieten, entstanden die »Zinshäuser«, bestimmt zur Aufnahme vieler Familien. Das größte Zinshaus war das Starhembergsche Freihaus in der Vorstadt Wieden, ein Wohnkomplex für dreitausend Menschen und ein Theater – hier gab es im September 1791 erstmals Mozarts »Zauberflöte«. Bei Musikfreunden wegen des Konzertsaals bekannt war der Trattnerhof, erbaut von dem neu geadelten Buchdrucker und Verleger Johann Thomas Edler von Trattner. Dort wohnten sechshundert Menschen. Ein Zeitgenosse nannte ihn »die Stadt in der Stadt, die steinerne Grafschaft«. Hier lebten Mozart und Constanze 1784 auf der zweiten Stiege im dritten Stock in zwei Zimmern mit Küche für einhundertfünfzig Gulden Jahreszins. Übrigens waren der Kaiser und Trattner alte Bekannte: Bei einem Besuch von Trattners Druckerei hatte der junge Joseph an dessen Handwerk Gefallen gefunden, und auf seinen Wunsch richtete ihm Trattner in der Hofburg eine Presse ein. Wie Friedrich Nikolai bei seinem Besuch in Wien 1781 bemerkte, gehörte in jedem Bürgerhaus das dritte Geschoss dem Kaiser, er könne dort einquartieren, wen er wolle. Eine solche freie Wohnung hieß »Hofquartier«. Doch hob Joseph die Hofquartierspflicht, gegen Zahlung einer geringen Ablöse, noch im selben Jahre auf.

Wien war die größte Stadt im Reich. Innerhalb des Linienwalls lebten um 1780 fast eine viertel Million Menschen, viele waren aus Provinzen und Ländern anderer Sprache zugezogen. Johann Rautenstrauch, bekannter

Literat der Zeit, aus Erlangen gebürtig und seit 1770 in Wien, konnte die Vielfalt, die sich dem Auge täglich bot, kaum fassen: »Welch ein unsägliches Gewimmel von Menschen aus allen Klassen und Ständen, vom frühesten Morgen bis in die späteste Nacht! Stutzer und Sesselträger, Schauspieler und Exjesuiten, Ärzte und Todtengräber, Advokaten und Beutelschneider, Kapuziner und Friseure, Huren und Wundärzte, Fürsten und Kutscher, Fleischhacker und Geburtshelfer, Wechsler und Barbierer, Juden und Buchhändler, Poeten und Hebammen, Juwelier und Pflasterer, Maurer und Fischer, Negozianten und Taschenspieler, Excellenzen und Thürsteher, gnädige Frauen und Fratschlerweiber, Zuchthäusler und Glücksritter, Domherren und Stubenmädchen, Bettler und Großhändler, Kanzellisten und Taglöhner, Offiziere und Putzhändlerinnen, Stallmeister und Exnonnen, Freygeister und Maulesel, all' diese kreuzen sich durcheinander, und wer diesen Mischmasch sehen will, stelle sich einen Tag auf den Graben.«

Den Alltag erhöhten Kirchenfeste und Hofzeremonien, Prozessionen, Militärparaden, Narren im Faschingstreiben, Schlittenumzüge, Feuerwerke, Tierhetzen oder öffentliche Hinrichtungen. Die Wiener liebten den Genuss. Für wenig Geld ließ sich gut und reichlich essen und trinken. Als eine gute Tafel galt, wenn sechsmal mehr aufgetragen wurde, als man essen konnte. Kaffee, Schokolade, Südfrüchte oder Speiseeis steigerten die platte Völlerei zum Hochgenuss. »Aber die Art zu speisen ist traurig. Jeder setzt sich besonders in einen Winkel, bewegt eine Zeit lang die beiden Backen und die Hände, bezahlt seine Zeche und geht fort, ohne ein Wort geredt zu haben. Man hört in der Gaststube nichts als das Scharren mit den Löffeln und das Geräusch des Kauens«, staunte Riesbeck. Werde bei Tisch aber gesprochen, so seien platter Scherz und Spott die einzige Unterhaltung. »Kein Mensch macht hier Beobachtungen über die Leute, die den Hof ausmachen. Niemand versieht das Publikum mit Anekdoten und Neuigkeiten du jour. Du findest unzählige Leute von Mittelstand, die von ihren Ministern, Generälen und Gelehrten rein nichts zu sagen wüßten.« Die meisten Wiener, so Rautenstrauch, lebten nach der Devise: »Um Geist und Seele gut zu versorgen, muß man alle Monate beichten gehen, alle Vierteljahre zum Abführen einnehmen, und jährlich wenigstens einmal zum Aderlassen.«

Die deutsche Literatur hatte in Wien keinen leichten Stand. Maria Theresia und Joseph waren Liebhaber der Musik, die aufblühende deutsche Nationalliteratur sprach sie so wenig an wie den Freigeist von Sanssouci. Von Maria Theresia hieß es, sie habe, außer religiösen Schriften und italienischer

Poesie, kein Buch gelesen. Die französische Literatur hatte, so glaubte nicht nur der Adel, für Sprache und Stil vollkommene Muster geliefert, neben ihr konnte so bald nichts Gleichwertiges aufkommen. Die Lektüre der Wiener sei, so Riesbeck, »äußerst fade«, noch nicht einmal die Schauspieler beherrschten ihre Muttersprache. Literarische Salons waren eine Rarität. Einen solchen unterhielt Fanny von Arnstein, nach dem Vorbild der Salons französischer Emigranten in Berlin. Ein anderer Salon, wo über Literatur gesprochen wurde, war der von Hofrat Franz Sales Ritter von Greiner im Haus »Zur Mehlgrube« am Neuen Markt, wo gelegentlich auch Haydn verkehrte. Die wenigen »Lekturkabinette«, ohnehin kaum frequentiert, wurden vom Staat argwöhnisch überwacht.

Von geringem literarischem Wert, aber von hohem politischem und kulturellem Interesse waren die Broschüren, die nach Josephs »Handbillet über die Pressfreyheit«, das Zensurdekret von 1781, in Wien zu Hunderten erschienen, »wie Schwämme nach einem fruchtbaren Regen«, wie es Nikolai schien. »Für 10. Kreuzer konnte man jeden Gegenstand, er mochte groß oder klein seyn, durchgebeutelt sehen«, meinte ironisch, wenn auch nicht ohne Beifall, ein Zeitgenosse. Jeder schrieb, der schreiben konnte oder es zu können meinte: Über Das Lamentabel der gnädigen Frau, Die Fräulein in Wien, Die Stutzer, Kasperl das Insekt unseres Zeitalters, Die Philosophie der Modeschnallen, Ist der Antichrist blau, oder grün?, Über die Begräbnisse in Wien, Dreizehn Zugböcke zu einer Papierkalesche, Das Grab der Bettel=Mönche oder Joseph II. – ein Traum. Stürmisch nachgefragt war Rautenstrauchs Broschüre Über die Stubenmädchen in Wien. Im ersten Jahr nach Erlass des Zensurdekrets erschienen über tausend solcher Pamphlete. Manche entstanden in geheimem kaiserlichem Auftrag, um das Volk aufzuklären oder die öffentliche Meinung zu lenken. Wer den Kaiser angriff, hatte nichts zu fürchten. Als in Wien 1782 eine Broschüre erschien, die Joseph als Lutheraner, Plünderer der Kirchenschätze, Verächter heiligster Kirchengesetze und Mann ohne Religion verlästerte, ließ der Kaiser die Schrift nachdrucken, das Stück zu sechs Kreuzer verkaufen und die Einnahme dem lutherischen Kirchenvorstand als Zuschuss zur Armenfürsorge auszahlen, nicht ohne seine Großmut auf dem Titelblatt der Schrift publik zu machen.

Das Sprachpatent von 1784 hatte zwar mit deutscher Sprache, aber nichts mit Literatur zu tun. Mit dem Patent wurde in den nicht deutschsprachigen Erbländern das bisher als Amtssprache verwendete Latein durch das Deutsche ersetzt. Die Absicht war die Stärkung des zentral regierten

Einheitsstaates – die Bürokratien sollten überall die kaiserlichen Erlasse in ein und derselben Sprache empfangen, ohne den zeitraubenden Umweg über Landesidiome. Die deutsche Sprache sollte die einheitliche Verwaltung der Krone stärken, der Gedanke, die vielsprachige Monarchie durch Patent in einen deutschen Nationalstaat umzuwandeln, lag Joseph fern. So wurden denn auch die kaiserlichen Propagandaschriften, die für das Volk bestimmt waren, nicht auf Deutsch verbreitet, sondern in die nicht deutschen Sprachen übersetzt, und zu diesem Zweck entstanden in Wien eigene Druckereien. Die unversöhnte Ambivalenz der Sprachenpolitik begleitete den Zerfall des Vielvölkerstaates bis zu seinem Ende.

Alle Jahre wieder reiste Haydn nach Wien, gewöhnlich während des Winters im Gefolge des Fürsten bei dessen ungeliebten und kurz gehaltenen Besuchen in der Residenzstadt.

Manchmal reiste er auch allein. Von einer solchen Fahrt wissen wir aus den Akten des Eisenstädter Rentamtes vom Februar 1776. Dort versicherte Haydn, er habe für »Eine Fuhr nach Wienn auf 3 Täge«, auf hochfürstlichen Befehl, über acht Gulden für Fuhrmann, Pferd und Kutsche samt Wegezöllen ausgegeben – freie Kost und Unterkunft gab es im Palais der Esterházy in der Wallnerstraße, nur wenige Schritte von der Hofburg entfernt.

Wenn sich die Gäste im Hause Greiner angeregt über deutsche Dichtung unterhielten, etwa die Dramen Lessings und Goethes »Werther«, der seit 1774 in aller Munde war und selbst in der Monarchie junge Leute zum Selbstmord verführt hatte, oder über die Poesie und Prosa von Wieland, Christian Felix Weiße und Matthias Claudius, war Haydn nur mit halbem Ohr dabei. Doch war ihm klar, dass er sich die Rolle des völlig Ahnungslosen nicht leisten konnte, wenn er schon im Greiner'schen Salon verkehrte. So bemühte er sich, über deutsche Literatur das Nötigste zu wissen, wenn sich aus dem Verzeichnis seiner hinterlassenen Bücher ein solcher Schluss ziehen lässt, wobei offen bleibt, wie viel Zeit er sich für die Lektüre nahm. Greiner war ihm bei der Auswahl geeigneter Lyrik für Liedkompositionen bald unentbehrlich.

Ganz Ohr dagegen war Haydn beim Austausch von Nachrichten über die Wiener Musikszene. Auch anderswo spielte man Musik, doch nirgends so erregend neu wie hier.

Wer vom Theater sprach, meinte im Zweifel die Oper, der Theaterbesuch war das beliebteste Abendvergnügen des Adels. Das alte Burgtheater, bisher kaiserliche Privatbühne, hatte Joseph 1776 zum »k. k. National=Hof=Theater« umgewidmet, der Zutritt stand jedermann offen. Doch galt immer noch die feudale Sitzordnung, das »noble Parterre« nächst dem Orchestergraben und die beiden unteren Logenränge waren für den Adel reserviert. Nach kaiserlichem Willen war die Sprechbühne zur Sittenschule der Nation bestimmt, Joseph liebte keine Stücke, »in welchen Leichenbegängnisse, Kirchhöfe, Todtengrüfte und solche traurige Auftritte vorkommen«. Denn nur durch angenehme Eindrücke, hieß es, könne die Wahrheit auf die Seele wirken. Überhaupt liebte der mit Staatssorgen überhäufte Kaiser das heitere Genre, die opera buffa, mehr als die seria, bei der er sich langweilte. Seit 1777 wurde im Nationaltheater das deutsche Singspiel gepflegt – eine deutsche Oper, im Anspruch mit dem italienischen Vorbild vergleichbar, gab es noch nicht. Opern wurden auch im Kärntnertortheater sowie in den Theatern der Leopoldstadt, der Josephstadt und auf der Wieden gespielt. Dieses Aufgebot ergänzten nun noch die Privatbühnen des Adels, die oft auf Einladung auch Bürgerliche besuchen konnten.

Öffentliche Konzerte gab es in wachsender Zahl. Stark besucht waren die halbjährlichen und jeweils einmal wiederholten Aufführungen der Tonkünstler-Sozietät im Burgtheater. Angeregt musiziert wurde im Redoutensaal der Hofburg. Viel Zulauf hatten die Konzerte im ersten Stock der »Mehlgrube«, ein aufwendiger Bau gegenüber der Kapuzinerkirche, eine Gaststätte im Erdgeschoss sorgte für Erfrischungen. Etwas bescheidener war die von Ignaz Jahn betriebene Restauration in der Himmelpfortgasse mit einem Saal für vierhundert Personen. Der Herr des Trattnerhofs hatte eine Kapelle im alten Teil des Hauses zu einem Kasino umbauen lassen, das auch für Konzerte genutzt wurde. Besonders beliebt waren die Konzerte im Augarten. Dazu nun noch die Freiluftmusik in Prater und Belvedere.

Viele Konzerte waren »Privatakademien«, bei denen sich Musiker, ansässige oder durchreisende, mit eigenen Werken vorstellten. Solche Akademien gab es in den Theatern an spielfreien Tagen, das waren alle Feiertage, im Advent die Zeit aber Mitte Dezember und die Fastenmonate. Für Orchestermusiker mussten die gastierenden Künstler selber sorgen, zur Auswahl standen Berufsmusiker, wie die Mitglieder von Privatkapellen des Adels und der Theaterorchester, oder Dilettanten, die sich in jeder Zahl und Güte fanden. Erster Dilettant der Monarchie war der Kaiser, er spielte, wann immer er von Kriegszügen oder Inspektionsreisen zurück in Wien war, bei Orchesterkonzerten das Cello, in kleinerer Besetzung das Klavier, auch sang er, nach Aussage eines ergebenen Zeugen, »einen reinen angenehmen Bass«.

Riesbeck meinte, »was die Orchestermusiken betrifft, so kann man schwerlich etwas Schöneres in der Welt hören. Ich habe schon gegen dreißig bis vierzig Instrumente zusammen spielen gehört, und alle geben einen so richtigen, reinen und bestimmten Ton, daß man glauben sollte, ein einziges übernatürlich starkes Instrument zu hören«. Sein Nachbar bei einem Konzert, ein Engländer, »war entzückt über die Reinheit und Richtigkeit der Harmonie, und kam doch soeben aus Italien«. Wie der Kaiser musizierten Adlige und Bürgerliche unter eigenem Dach. Große Konzerte selbst mit Chor und Orchester gab es bei den Fürsten Lobkowitz, Kaunitz oder Auersperg, aber auch in der Dienstwohnung des kaiserlichen Hofbibliothekars Gottfried van Swieten oder bei Haydns gutem Bekannten Franz Bernhard Ritter von Kees. Swieten war nicht nur überaus belesen, er komponierte auch. Von seinen Sinfonien meinte Haydn allerdings, sie seien so steif wie der Mann selbst. War Swieten Gastgeber bei einem Konzert, forderte er vom Publikum tiefstes Schweigen. Verletzte einer dieses Gebot, erhob sich der Hausherr aus seinem Sessel, wendete sich langsam dem Störer zu, fixierte ihn eine Weile scharf und setzte sich wieder. Wie Zeitgenossen wussten, verfehlte diese Pantomime niemals ihre Wirkung. Der Vorfall erinnert an Goethe, fast drei Jahrzehnte lang Direktor des Weimarer Hoftheaters, der, wenn das Publikum sich bei ernsthaften Stellen amüsierte, sich in seiner Loge erhob und streng hinunterrief: »Man lache nicht!«

In der Regel spielte man im Wien jener Jahre Hausmusik in kleinen Zirkeln, so im Salon von Haydns früher Schülerin aus dem Alten Michaelerhaus, Marianna Martínez, bei ihr traf man sich samstags. Ob auch Haydn sich dort sehen oder gar am Klavier hören ließ, ist nicht bekannt. Zu den angesehensten Musiksalons der Stadt gehörte der von Gräfin Wilhelmine von Thun, wo Mozart häufig spielte und der Kaiser sich gelegentlich zu einer Abendmusik selber einlud.

Der Musikalienhandel war in Wien bis gegen Ende der siebziger Jahre ein vernachlässigter Zweig des Buchhandels. Das Geschäft besorgten vor allem die Kopisten, die an ihren Abschriften gut verdienten. Eigentumsrechte am Werk gab es nicht, sodass ein Kopist bei Raubabschriften nichts zu fürchten hatte. Auslandsverlage wie die in Paris, London, Amsterdam oder auch

Häuser in Leipzig oder Augsburg kauften Abschriften bei Kopisten, wobei es nicht selten geschah, dass diese Werke lieferten, die nicht vom angegebenen Komponisten stammten, die sich aber unter dessen Namen besser verkauften, wie es auch mit Haydn geschah. Wenn in Wien Musikalien gedruckt wurden, dann noch im Typendruck, ein Hochdruckverfahren, wo die erhabenen Teile auf dem Papier erscheinen. Diese Kunst wurde noch lange vom Leipziger Verlag Breitkopf & Härtel verwendet. Dagegen war der Notenstich auf Kupferplatten, ein Tiefdruckverfahren, bei dem die mit dem Stichel eingekerbten und mit Druckerschwärze gefüllten Zeichen hervortreten, zwar bekannt, wurde aber wegen der Kosten und der ungewohnten Technik noch kaum genutzt. Anschluss an den im Ausland demonstrierten Fortschritt beim Notendruck fanden die Wiener Verleger durch das Beispiel der Brüder Carlo und Francesco Artaria, die sich 1776 in Wien niederließen. Die Familie Artaria stammte vom Comer See, ein Giovanni Artaria hatte in Mainz 1765 eine Kunst- und Musikalienhandlung gegründet, die Neffen Carlo und Francesco waren seine Partner. Die beiden eröffneten 1770 in Wien eine Kunsthandlung und vier Jahre danach einen Musikalienverlag, durch den Vorsprung beim Notendruck während des josephinischen Jahrzehnts das erfolgreichste Unternehmen seiner Art.

WENN HAYDN IN WIEN ERSCHIEN, dann wurde er dort nicht überall mit offenen Armen empfangen. Er hatte Feinde.

Sollte er darüber noch im Zweifel gewesen sein, so belehrte ihn die Erfahrung mit seinem Gesuch von 1778 um Aufnahme als Mitglied der Wiener Tonkünstler-Sozietät. Die von ihm selbst geleitete Aufführung des Oratoriums »Il ritorna di Tobia« hatte 1775 der Sozietät hohe Einnahmen beschert. Haydn konnte glauben, die Sozietät werde sein Aufnahmegesuch per Akklamation bewilligen, vielleicht hatte er sogar gehofft, man werde ihn zur Mitgliedschaft ohne Antrag und Gebühr einladen. Die Sozietät, vier Jahre zuvor gegründet, hatte sich wegen der Bereitschaft vieler Musiker zur honorarfreien Mitwirkung an den öffentlichen Konzerten und der stürmischen Nachfrage des Publikums zu einer solventen Pensionskasse für die Witwen und Waisen von Musikern entwickelt, und Haydn wollte als Mitglied der Sozietät seine Frau finanziell sicherstellen. In der Sitzung des Vorstands der Sozietät im November 1778 wurde sein Gesuch behandelt,

Fürst Nikolaus Esterházy, »Der Prachtliebende«
Kupferstich, 18. Jahrhundert

Haydn in der Gala des Kapellmeisters des Fürsten Esterházy
Ölgemälde von Johann Basilius Grundmann, um 1768

Haydns Geburtshaus in Rohrau. Ölgemälde von Wilhelm Kröpsch, 1829

Abbildung des Hauſes in der Vorſtadt Windmühle in Wien, in welchem HAYDN den 31. Mai 1809 starb, und in welchem am 1. Juni 1840 die Trauer- u. Erinnerungsfeier Statt fand.

Haus der Familie Haydn in Gumpendorf
Lithographie, 1840

Fertoed, Schloss Esterházy, ab 1766 Wirkungsort Joseph Haydns
Kupferstich aus dem 18. Jahrhundert

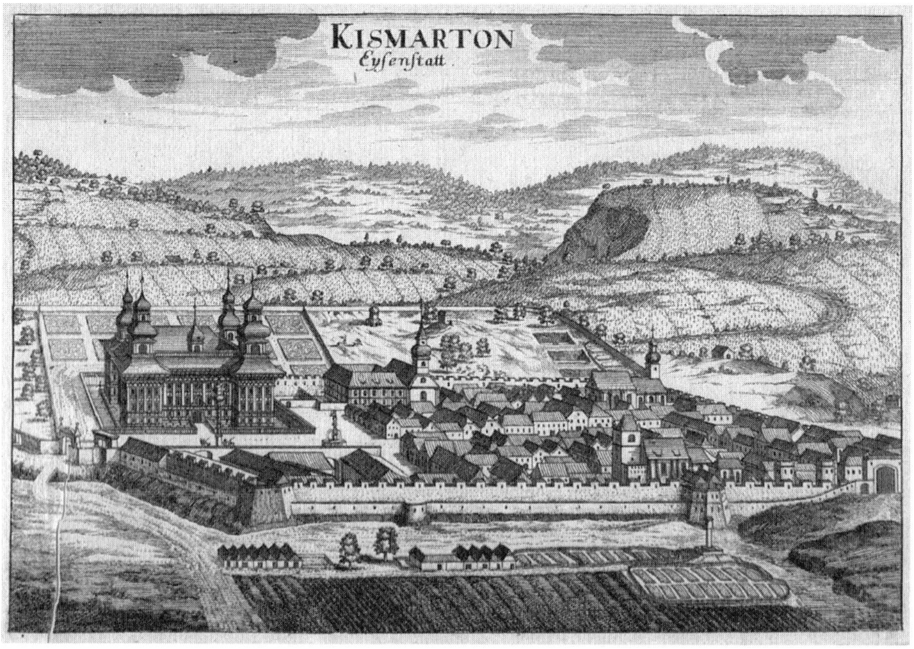

Schloss Esterházy, Eisenstadt (Burgenland, Österreich)
Kupferstich

Kaiser Franz II.

Kupferstich, 18. Jahrhundert

Bildnis Joseph Haydns
Ölgemälde von Christian Ludwig Seehas, 1785

Haydn
Bleistiftzeichnung von George Dance, 1794
(von Haydn selbst als lebensecht bezeichnet)

Haydns Autograph der Kaiserhymne

© Österreichische Nationalbibliothek, Wien

mit dem Ergebnis, dass er als Mitglied aufgenommen werden sollte, wenn er die Aufnahmegebühr von dreihundert Gulden und weitere Kosten zahle sowie versichere, dass er auf Verlangen des Vereins zur Aufführung durch die Sozietät Oratorien, Kantaten, Chöre oder Sinfonien »etc.« komponieren werde. Der bei der Sitzung anwesende Haydn lehnte diese Forderung als bindende Verpflichtung ab, weil er dadurch zwei bis drei Monate jährlich gehindert werde, seinen Dienstvertrag mit dem Fürsten Esterházy zu erfüllen, erklärte sich aber bereit, für die Sozietät zu komponieren, »wenn es die Zeit und Umstände mir erlauben werden«. Da im Vorstand niemand widersprach, schloss Haydn, er sei als Mitglied aufgenommen.

Umso stärker traf ihn zwei Monate später ein Schreiben des Vorstands, wo seine Aufnahme als Mitglied nun davon abhing, dass er einen beiliegenden »Revers«, eine Verpflichtung zur Lieferung neuer Kompositionen, unterschrieb, mit der versöhnlich gemeinten Versicherung, man werde ihn wegen dieser Zusage nicht unziemlich drängen.

Haydn war außer sich. In einem Brief an den Vorstandssekretär, der ihm, erregt wie er war, erkennbar viel Mühe gemacht hatte, wies er die Zumutung der Sozietät empört zurück. Er sei in der Novembersitzung als Mitglied aufgenommen worden, man habe ihm applaudiert, er habe auf Verlangen des Vorstands Gebühr und Kosten auf der Stelle bezahlt. Nun schiebe man Bedingungen nach. Es hänge also »bloß von der Einbildungs-Kraft, oder von der Mißgunst einiger Herrn Mitglieder ab, oder es könnte mit der Zeit, und vielleicht meistens von denen abhängen, so die allerwenigste Einsicht in die Composition haben«, was er der Sozietät und wann zu liefern habe. Sollte er dem aber nicht nachkommen, werde seine Mitgliedschaft ohne ein Recht auf Einspruch annulliert. Warum das alles? Vielleicht weil er für die in Wien Ansässigen nur ein »Auswärtiger« sei? Wenn es allein im Belieben der Sozietät stehe, ihm die Mitgliedschaft zu entziehen, so wolle er sich dieser Gefahr nicht aussetzen. Er fordere sein Geld zurück.

Es verwundert, dass man gerade mit ihm, der mit seinen Werken nicht nur in Wien und der Monarchie seit Jahren bekannt war, sondern auch in Paris und London hoch geschätzt wurde, derart strikt verfuhr. Provinzialität war fraglos mit ihm Spiel, Haydn war eben kein Wiener, sondern als Kapellmeister eines ungarischen Fürsten fast das ganze Jahr über weit draußen am Neusiedler See ein »Auswärtiger«. Das mag erklären, dass er in Wien keine besseren Verbindungen hatte, jedenfalls keine, die ihm das Debakel bei der Tonkünstler-Sozietät hätten ersparen können. Übrigens dauerte es danach fast zwanzig Jahre, bis er 1797, nach seinen triumphalen Englandreisen und nun als Einwohner Wiens, diesmal tatsächlich auf Einladung der Sozietät beitrat, zu einer Zeit, als ihm Fürst Nikolaus 1790 testamentarisch eine Pension und seiner Frau ein Witwengeld ausgesetzt hatte.

Haydns Feinde sind zumeist nicht mehr mit Namen bekannt, wohl auch, weil sie es vorzogen, anonym zu bleiben. Doch von einem der Widersacher erfahren wir von Haydn selbst. Aus Esterháza bot er Artaria im Sommer 1781 zwölf Lieder zum Druck an. Die Texte zu drei der Lieder »sind von Herrn Capellmeister Hofmann (unter uns) elendig componirt; und eben weil der Prahlhans glaubt, den Parnass aleinig gefressen zu haben, und mich bey einer gewissen große Weld in allen Fällen zu unterdrücken sucht, hab ich diese nemblichen 3 Lieder um der nemblichen groß sein wollenden Weld den Unterschied zu zeigen, in die Musik gesetzt«. Die Lieder Leopold Hofmanns, nun Kapellmeister am Stephansdom, ein beliebter Komponist, zwei Jahre älter als Haydn, waren im Vorjahr erschienen. Was Haydn gegen ihn aufgebracht haben könnte, war der Umstand, dass einige von Hofmanns Werken, wohl ohne dessen Zutun, unter Haydns Namen erschienen waren, und dass Hofmann in Johann Adam Hillers »Wöchentliche Nachrichten und Anmerkungen die Musik betreffend« vom Oktober 1768 als ein Komponist gepriesen wurde, der den Beifall der Kenner finde, während es einen Satz zuvor und eine Note tiefer von Haydn hieß, er werde stets auf die Mehrheit der Musikliebhaber zählen können.

Es ist anzunehmen, dass Haydn in Wien mit einigen guten Bekannten verkehrte, nachdem er ihnen seine Ankunft schon von Esterháza angekündigt und sich von ihnen durch Billets, von Hausdienern ausgetragen oder mit der »kleinen Post« befördert, hatte unterrichten lassen, wann ihnen sein Besuch willkommen sei. Zu diesem Kreis gehörten vor allem die Häuser Greiner, Kees und Genzinger.

Viel freie Zeit hatte Haydn nicht, Wien war kein Urlaub vom Dienst. Auch hier saß er, wie in Esterháza, über fürstlichen Aufträgen. Wann immer er Zeit und Gelegenheit hatte, besuchte er Oper und Konzerte, vermutlich auf Kosten des Fürsten, dem wichtig war, dass sein Kapellmeister à jour blieb. Die Wochen in Wien nutzte Haydn auch zu Gesprächen mit dem Verlagshaus Artaria, das seit 1780 seine Werke stach.

Begegnungen Haydns mit ihm bekannten Komponisten dürfte es sporadisch gegeben haben. Der große Gluck, zurück in Wien, hatte 1781 sein für Paris geschriebenes Meisterwerk »Iphigenie auf Tauris« im Burgtheater mit deutschem Text aufgeführt. Der andere Bekannte Haydns vom Sommer in Mannersdorf, Carl Ditters von Dittersdorf, ab und an in Wien, war Kapellmeister im Dienst des Fürstbischofs von Breslau und hatte, aus Neigung und weil das Gehalt nicht reichte, auch noch das Amt des Forstmeisters von Neisse übernommen. Favorit der Wiener wurde er mit dem Singspiel »Doktor und Apotheker«. Seinen Schüler Ignaz Pleyel dürfte Haydn in Wien dagegen kaum gesehen haben – Pleyel reiste, nachdem er Esterháza verlassen hatte, zweimal nach Italien und ließ sich 1783 als Adlatus des alternden Domkapellmeisters Franz Xaver Richter in Straßburg nieder.

Mozart war Anfang März 1781, von München kommend, in Wien eingetroffen, immer noch Junggeselle und immer noch Hoforganist des Fürsterzbischofs von Salzburg. Die Suche nach einem Dienst an einem der anderen deutschen Höfe war drei Jahre zuvor gescheitert, die Mutter, die ihn begleitet hatte, war in Paris gestorben. Aus der Hoffnung auf eine Anstellung am bayerischen Hof, nun unter dem neuen Kurfürsten, Karl Theodor von der Pfalz, den Mozart schon aus Mannheim kannte, war nichts geworden, selbst nicht nach dem Erfolg der für München geschriebenen opera seria »Idomeneo«, aufgeführt auf der Bühne des Cuvillés-Theaters im Januar des Jahres. Den Salzburger Dienst hatte er gründlich satt. Nun fühlte er sich wie neu belebt. An den Vater in Salzburg: Wien sei für sein Metier »der beste ort von der Welt«. Und ahnungsvoll: »mir ist als wenn ich hier bleiben müsste.«

Wann Haydn in Wien Mozart zum ersten Mal begegnete, ist nicht bekannt. Wahrscheinlich 1784. Leopold Mozart schrieb im Januar 1785 seiner Tochter, ihr Bruder habe die sechs Streichquartette, die er dem Verlag Artaria für hundert Dukaten verkauft habe, »seinem lieben Freund Haydn und anderen guten Freunden« vorgespielt. Ein »lieber Freund« zählt beim Umgang sicher mehr als ein Bekannter, und auch mehr als »andere gute Freunde«. Aus den »Erinnerungen« des irischen Tenors Michael Kelly, der einige Jahre in Wien gastierte und in der Premiere von Mozarts »Figaro« sang, erfahren wir von einem Quartettabend im Jahre 1784. Ein denkwürdigeres Ereignis lasse sich nicht denken. Gespielt hätten nämlich Haydn die erste Violine, Dittersdorf die zweite, der Komponist Johann Baptist Vanhal das Cello und Mozart die Bratsche.

Natürlich war Haydn den Mozarts auch vor 1784 kein Unbekannter. Haydns Bruder Michael war 1762 nach Salzburg gezogen und Leopolds Nachfolger als Orchesterdirektor der fürsterzbischöflichen Kapelle geworden, ein Jahr später Hof- und Konzertmeister, schließlich, 1781, Hoforganist, diesmal als Nachfolger des jüngeren Mozart. Michael wird den Mozarts von Joseph in Eisenstadt und Esterháza erzählt, und Haydn wird durch den Bruder manches über die Salzburger Zustände erfahren haben, über den immer rührigen und ehrgeizigen Vizekapellmeister Leopold Mozart und seinen Sohn, dessen musikalische Begabung ohne Beispiel sei.

Als die Mozarts zu Beginn ihrer großen europäischen Reise 1763 nach München kamen, traf Leopold dort einen früheren Schüler. Aus dem Brief an den Salzburger Freund und Hausherrn der Mozarts, Lorenz Hagenauer: »H. Tomasini ist schon 3. Wochen hier. Nun endlich ist er expedirt. Sagen sie dem H. Wenzl, er soll sich vorstellen: was für eine Freude wir beyde hatten, uns ohnvermuthet hier zusehen. Er kannte mich eher, als ich ihn; weil er nun groß, stark, und schön gewachsen ist. Er zeigte eine gewisse Erkänntlichkeit gegen meine alte Freundschaft, die ich ihm in Salzburg erwiesen, die mich rührte, und mir zeigte, daß er ein gutes Herz hat. Er gehet auch nach Stutgard, und nach Mannheim; dann aber wieder nach Wien zurük.« Demnach dürfte Luigi bald nach seiner Ankunft in Eisenstadt 1757 auf Weisung von Fürst Paul Anton bei Leopold, dessen Violinschule im Jahr zuvor erschienen war und der seither diesseits der Alpen als Autorität in der Unterweisung auf der Violine galt, in Salzburg Unterricht genommen haben. Er wird Haydn über das unverhoffte Wiedersehen mit seinem Lehrer und über das Wunderkind Wolfgang berichtet haben.

Wie oft sahen sich Haydn und Mozart? Wie wir von Kelly und Vater Mozart wissen, trafen beide sich dreimal zum Quartettspiel, beim dritten Mal in Mozarts Wohnung in der Schulerstraße, am 12. Februar 1785. Der am Vortag in Wien eingetroffene und bei seinem Sohn abgestiegene Leopold Mozart schrieb der Tochter: »H: Haydn sagte mir: ich sage ihnen vor gott, als ein ehrlicher Mann, ihr Sohn ist der größte Componist, den ich von Person und dem Nahmen nach kenne: er hat geschmack, und über das die größte Compositionswissenschaft.« Aus den folgenden vier Jahren fehlen Zeugnisse über weitere Treffen. Erst durch zwei Billets Mozarts an Michael Puchberg vom Silvestertag 1789 und 21. Januar 1790 wissen wir, dass er ihn und Haydn zu Proben von »Cosí fan tutte« einlud, das erste Mal in seine Wohnung am Judenplatz im Haus »Zur Mutter Gottes«, das andere Mal ins

Burgtheater zur Orchesterprobe – wahrscheinlich erlebte Haydn auch die Erstaufführung von »Cosí« ein paar Tage später.

Mozart war seit Dezember 1784 Freimaurer, Haydn wurde es zwei Monate später. Sie gehörten verschiedenen, aber kooperierenden Logen an. Doch während der passionierte Freimaurer Mozart in nur wenigen Wochen vom Lehrling in den dritten Grad des Meisters aufstieg, blieb Haydn Lehrling, und ein lauer noch dazu. Denn in den Akten der Loge »Zur wahren Eintracht«, der auch Leopold Mozart als Meister angehörte, findet sich nach Haydns Aufnahme am 11. Februar 1785 sein Name in keiner der folgenden Listen über die Teilnahme der Brüder an den Zusammenkünften der Loge. Bezeichnend für Haydns Ambivalenz ist schon sein missglückter Einstand. Zu der auf den 28. Januar terminierten Aufnahme als Lehrling erschien er nicht. Dem Grafen Anton von Apponyi schrieb er eine Woche danach, er habe erfahren, dass er in der vergangenen Sitzung mit Sehnsucht erwartet worden sei, »da ich aber durch nachlässigkeit unserer Husären das Einladungsschreiben nicht zu gehöriger zeit erhalten habe, so hat man diese unternehmung bis künfftigen freytag verschoben. O wäre heute schon dieser freytag? um das unschätzbahre glück zu geniessen unter einen Zirckel so würdiger Männer zu seyn«. In der freudigen Erwartung, Haydn werde nun vom Freund zum »Bruder« werden, war Mozart zur Januarsitzung erschienen und wie alle anderen enttäuscht worden. Als Haydn tatsächlich am 11. Februar zum Lehrling wurde, konnte Mozart an der Sitzung wegen eines Konzerts in der »Mehlgrube« nicht teilnehmen. Zu der von Mozart gewünschten maurerischen Vertiefung im Verständnis mit Haydn kam es nicht. Über die Gründe, die Haydn zum Rückzug bewogen, lässt sich nur spekulieren. Die Freimaurerei war dem Kaiser seit einiger Zeit verdächtig geworden, er fürchtete, sie könne sich seiner Kontrolle entziehen. Anfang Februar kursierten in Wien Gerüchte, Joseph wolle die Freimaurerei ganz verbieten. So viel stimmte, dass der Kaiser entschlossen war, die »unächte Maurerey« und die »Winkel Logen« auszumustern. Die Spannungen wuchsen, bis Joseph im Dezember 1785 durch ein Patent die Freimaurerei drastisch reglementierte. Gut möglich, dass Haydn glaubte, er könne der argwöhnisch recherchierenden Staatsgewalt als bekennender Freimaurer unliebsam auffallen. Das zu riskieren war ihm die Maurerei, die ihm durch nützliche Verbindungen nur Vorteile versprochen hatte, unter den veränderten Umständen wohl nicht wert. Vielleicht lag es ihm auch nicht, als »Bruder« mit dem Adel unbefangen als Gleicher zu verkehren, wie es Mozart so gut verstand.

Als er Anfang Oktober 1790 nach dem Tod von Fürst Nikolaus in Wien eintraf, lag seine Wohnung an der Wasserkunstbastei in nächster Nachbarschaft zur Rauensteingasse, wo Constanze Mozart mit Sohn Carl Thomas Ende September in die Beletage des »Kleinen Kaiserhauses« eingezogen war. Mozart hatte Wien kurz vor Constanzes Umzug mit seinem Schwager Franz de Paula Hofer im eigenen Wagen verlassen, Reiseziel war Frankfurt am Main, das Leopold, Bruder des zu Jahresanfang verstorbenen Joseph, zur Kaiserkrönung erwartete. Von dieser Reise, die »von Seiten der Ehre herrlich, aber in Betreff des Geldes mager« ausfiel, kehrte Mozart am 10. November zurück. Da Haydn schon Mitte Dezember zur ersten Reise nach England aufbrechen sollte, blieb für gegenseitige Besuche, trotz nächster Nachbarschaft, nicht viel Zeit. Haydn und Mozart sahen sich zum letzten Mal am 14. Dezember, im Beisein des Londoner Konzertagenten Johann Peter Salomon. Bei Griesinger heißt es: »Mozart sagte bey einem fröhlichen Mahle mit Salomon zu Haydn: ›Du wirst es nicht lange aushalten, und wol bald wieder zurückkommen, denn du bist nicht mehr jung.‹ ›Ich bin aber noch munter und bey guten Kräften‹, antwortete Haydn. Er war damals bald neun und funfzig Jahre alt, aber das fand er nicht nöthig, zu entdecken.«

Von einem brieflichen Austausch ist nichts bekannt – Mozarts beide Einladungsbillets sind noch keine Korrespondenz. Ein Verkehr von Haus zu Haus in den letzten Wochen vor Haydns Abreise nach London ist, schon wegen der Unordnung im Haushalt durch die jüngsten Umzüge beider, kaum anzunehmen. Es ist überhaupt fraglich, ob sich die Frauen kennen lernten – Aufwartungen Haydns bei der Witwe Constanze und ihre Besuche bei Haydn in Gumpendorf sind erst nach Maria Annas Tod belegt.

Wahre Freundschaft braucht nicht ständige Nähe. Ist sie einmal geschlossen, lebt sie trotz Trennung fort, wie die Freundschaft Händels mit Telemann. Oder die von Horace Walpole, dem Sohn des britischen Premiers, mit Horace Mann, dem britischen Geschäftsträger in Florenz – Walpole war 1739 Gast im Hause Manns gewesen, beide sahen sich danach nicht wieder, doch wechselten sie bis zum Tode Manns 1785 Briefe, die Bände füllen.

Freundschaft beruht auf Sympathie, Vertrauen und Achtung. Mozart machte seine Freundschaft zu Haydn in herzlichem Überschwang publik und erwiderte damit Haydns emphatisches Lob gegenüber Vater Leopold vom Februar. Bei Artaria erschienen als »Opus X« sechs Streichquartette, die er Haydn widmete. Die italienisch verfasste Zueignung lautet: »Meinem teueren Freunde Haydn! Ein Vater, der sich entschlossen hat, seine Kinder in die große Welt zu schicken, will sie der Obhut und Führung eines sehr berühmten Mannes anvertrauen, der zum Glück noch dazu sein bester Freund ist. Hier also sind, berühmter Mann und teuerster Freund, meine sechs Kinder. Sie sind, es ist wahr, die Frucht einer langen und mühevollen Arbeit. Allein die Hoffnung, die mir einige Freunde machten, diese Arbeit werde wenigstens zum Teil belohnt, gibt mir den Mut und schmeichelt mir, dass diese Kinder einst mir zu einigem Trost gereichen werden. Du selbst, teuerster Freund, hast mir bei deinem letzten Besuch in dieser Hauptstadt deine Zufriedenheit mit ihnen bekundet. Dein Beifall ermutigt mich über alles, sie dir zu empfehlen, und lässt mich hoffen, dass sie deiner nicht ganz unwürdig erscheinen werden. Möge es dir daher gefallen, sie gnädig aufzunehmen und ihnen Vater, Führer und Freund zu sein! Von nun an trete ich meine Rechte über sie an dich ab. Doch bitte ich dich, mit Nachsicht ihre Fehler zu betrachten, die das parteiische Auge des Erzeugers mir verborgen haben mag, und mir dessen ungeachtet deine großzügige Freundschaft zu bewahren, die ich so sehr zu schätzen weiß, während ich von ganzem Herzen bin dein aufrichtigster Freund W. A. Mozart. Dem teuersten Freunde, Wien, am 1. September 1785.«

Und wieder Haydn, in dem schon zitierten Brief an den Prager Freund Franz Roth von 1787: »Denn, könt ich jedem Musikfreunde besonders aber den Großen die unnachahmlichen Arbeiten Mozarts so tief und mit einem solchen musikalischen Verstande, mit einer so großen Empfindung in die Seele prägen, als ich sie begreife und empfinde: so würden die Nationen wetteifern ein solches Kleinod in ihren Ringmauern zu besitzen. Prag soll den theuern Mann fest halten – aber auch belohnen; denn ohne dieses ist die Geschichte großer Genies traurig, und giebt der Nachwelt wenig Aufmunterung zum fernern Bestreben; weßwegen leider! so viel hoffnungsvolle Geister darnieder liegen. Mich zürnet es, daß dieser einzige Mozart noch nicht bey einem kaiserlichen oder königlichen Hofe engagirt ist. Verzeihen Sie, wenn ich aus dem Geleise komme: ich habe den Mann zu lieb.« Und als er in London im Dezember 1791 von Mozarts Tod erfuhr, schrieb er an Marianne von Genzinger, er freue sich kindisch, wieder nach Hause zurückzukehren, um seine guten Freunde zu umarmen, »nur bedaure ich dieses an den grossen Mozart zu Entbehren, wan es anderst deme also, welches ich nicht wünsche, daß Er gestorben seyn solte. Die nachweld bekomt nicht in 100 Jahren wider ein solch Talent«.

Der Nachwelt wurde Haydns Freundschaft mit Mozart zur Apotheose, zur verklärten Erinnerung an ein goldenes Zeitalter, das nicht wiederkehrt. Pohl meinte, Haydns Verhältnis zu Mozart »war so einzig in seiner Art, dass es für alle Zeiten wie eine Leuchte der edelsten Charaktererscheinung dasteht«. Und Karl Geiringer schrieb, es sei von tiefer Bedeutung, »daß das 18. Jahrhundert zwei Freundschaftsbündnisse zwischen größten Geistern – Mozart und Haydn, Goethe und Schiller – hervorbrachte«. Dies zähle »gewiss mit zu den schönsten Blüten des Zeitalters der Humanität«. Für die deutschen Patrioten wurde die Klassik in der Rückschau nicht nur zum Olymp deutscher Musik und Dichtung, sondern auch zu einem Gipfel menschlicher Gesittung im Bild der Freundschaft.

Gemeinsam war Haydn und Mozart die Berufung zur Musik, eine Lebensmission, der jede wache Stunde gehörte, Freude und Passion, Dienst in göttlichem Auftrag.

In allem anderen waren sie verschieden. Ein Vierteljahrhundert trennte sie. Haydn war für Mozart ein väterlicher Freund, »er nannte mich auch seinen Papa«, und als Komponist ein bewunderter Anreger. Mozart war für Haydn, unfassbar bei seiner Jugend, ein Meister, der größte Komponist, den er kannte. Mozart glänzte als Virtuose, er galt weithin als der beste Pianist der Zeit. Haydn spielte Violine und Klavier, doch ohne solistischen Ehrgeiz. Er war bäuerlicher Herkunft, schon seit früher Kindheit auf sich selbst verwiesen, während Mozart, Sohn eines Musikers und Verfassers einer berühmten Violinschule, als Wunderkind von Eltern und Schwester umsorgt aufwuchs, erst mit dem Tod der Mutter endete nach zweiundzwanzig Jahren die familiäre Gemeinschaft. Was Haydn an Bildung besaß, verdankte er dem Dorfschullehrer Franck und dem laschen Unterricht im Wiener Kapellhaus, sein Deutsch blieb mühevoll in Wort und Schrift. Mozart war von einem an Literatur, Sprachen, bildenden Künsten und Naturwissenschaften lebhaft interessierten Vater unterrichtet worden, er hatte fast zehn Jahre lang Europa bereist und unzählige Schlösser, Museen und Naturalienkabinette besucht, er wusste sich nuanciert und bildhaft auszudrücken. Wenn Haydn jede Geldausgabe peinlich genau auf Kreuzer und Batzen kalkulierte und im Besitz des Geldes Sicherheit suchte, konnte Mozart, wie die Schwester wusste, »das Geld nicht regieren«, dabei verdiente er weit besser als Haydn, in manchen Jahren mehr als das Dreifache. Er war freier Künstler, Haydn Bedienter in einer Hofhierarchie. Mozart war impulsiv, frei heraus, oft voreilig vertrauensvoll, für jeden Spaß zu haben, verspielt, Haydn planvoll, zäh, vorsichtig und reserviert.

Verschieden waren auch Beifall und Kritik. Haydn verstand es, Neuerungen im Versuch durchzuspielen und dosiert einzuführen. Es war ihm wichtig, Publikum und professionelle Kritik nicht abrupt herauszufordern, sondern zu seinem Stil und Geschmack methodisch zu erziehen. Es ist eindrucksvoll, wie gut ihm das gelang. Nur gelegentlich zeigte sich die Kritik ungehalten über seine »Tändeleyen« oder »Scherze«, die in Sinfonie und Kammermusik nichts zu suchen hätten.

Anders die öffentliche Rezeption von Mozart. Als er 1781 nach Wien kam, war er nicht nur dort, sondern auch im übrigen Deutschland noch als Wunderkind bekannt, doch wussten nur wenige, was seither aus ihm geworden war. Ein Leipziger Musikalmanach von 1782 hatte ihn im »Verzeichniß jetzt lebender Componisten in Deutschland« in wenigen Zeilen mit einigen Violinsonaten und Trios erwähnt, die obendrein noch falsch datiert waren. Im folgenden Jahr hieß es im selben Almanach noch lapidarer: »Mozart (J. G. Wolfgang) in Salzburg. Nichts Neues.« Dabei lebte Mozart damals schon fast zwei Jahre in Wien, der Erfolg der »Entführung aus dem Serail« war in aller Munde. Wenn die Kritiker auch den Reichtum an neuen Gedanken priesen und in seinen Kompositionen »Spuren des großen musicalischen Genies« entdeckten, so war jedes Lob in der Regel mit Zweifeln oder Tadeln versetzt. Einige sorgten sich, dass er sich »zu sehr versteiget«, manches sei »zu stark gewürzt«, Adolph von Knigge fand 1788, in der »Entführung«, einem heiteren Singspiel, sei zu viel Ernstes, wo bleibe die Einheit des Stils! Ähnlich Johann Friedrich Reichardt, der Freund Goethes, der verstimmt meinte, dass es bei Mozarts Instrumentalmusik »erst lustig, denn mit einmahl traurig und straks wieder lustig hergeht«. Anderen wiederum war die Orchesterbegleitung in den Opern nicht recht, sie überdecke die Stimmen. Insgesamt zeige Mozart eine Vorliebe für das Ungewöhnliche und Schwere, »Empfindung und Herz« kämen zu kurz.

Dem Kaiser war bei beiden nicht wohl. Nur stand ihm Mozart näher. Als Liebhaber der italienischen komischen Oper hatte ihm Haydn wenig zu bieten, seine Opern machten auf der Bühne in Wien so wenig Figur wie in Prag. An Orchesterkonzerten lag dem Kaiser wenig, Sinfonien, Haydns Domäne, waren nicht nach seinem Gusto. Umso mehr fiel auf, als Joseph im März 1783, gegen seine Gewohnheit, wie die Presse vermerkte, eine Privatakademie Mozarts im Burgtheater besuchte, wohl nicht wegen der dabei gespielten »Haffner-Sinfonie« als wegen der beiden neuen Konzerte, mit Mozart am Klavier, und wegen der ebenso schönen wie talentierten Aloisia

Lange, Mozarts Schwägerin, die sechs Arien sang. »Wie vergnügt er war«, schrieb Mozart über den Kaiser an den Vater, »und was für lauten Beifall er mir gegeben; seine Zufriedenheit war ohne Gränzen.« Auch mit Haydns Quartetten wusste der Kaiser wenig anzufangen, der Abend in der Hofburg am Weihnachtstag 1781 mit Haydn-Quartetten wird ihn gelangweilt oder gereizt haben. Zwar spielte er selbst mit seinem Kammerdiener Johann Kilian Strack, dem Geiger Franz Kreibig und weiteren Musikern von der Hofkapelle oft im Quartett. Doch liebte Joseph vor allem getragene und kantable Partien aus italienischen Opern. Bei dem, was ihm Haydn und Mozart an Einsicht und Konzentration abverlangten, wurde ihm unbehaglich. Im Übrigen sah er sich als Dilettant mit den spieltechnischen Anforderungen beider am Klavier und Cello überfordert.

Einblick in des Kaisers musikalischen Geschmack und sein Urteil über Haydn und Mozart liefert Carl Ditters von Dittersdorfs »Lebensbeschreibung – Seinem Sohne in die Feder diktiert«, erschienen 1801 zwei Jahre nach seinem Tode. Dieser Lebensbericht gehört zu den besten Memoiren eines Musikers im 18. Jahrhundert. Dittersdorf, seit Jahren leidend und zur Niederschrift nicht mehr fähig, starb zwei Tage nach Ende des Diktats. Mit dem Kaiser führte er um das Jahr 1786 auf dem »Controlleur=Gang« der Hofburg und in Josephs Arbeitskabinett ein Gespräch, das in der »Lebensbeschreibung« als Wortprotokoll erscheint. Da heißt es: »Kaiser: ›Haben Sie den Mozart spielen gehört? Wie gefällt er Ihnen?‹ Ich: ›So wie er jedem Kenner gefallen muß.‹ Kaiser: ›Haben Sie auch den Clementi gehört? Einige ziehen ihn dem Mozart vor. Was ist Ihre Meinung hierüber? Geradeheraus!‹ Ich: ›In Clementis Spiel herrscht bloß Kunst, in Mozarts aber Kunst und Geschmack.‹ Kaiser: ›Eben das habe ich auch gesagt. Ist es doch gerade, als wenn wir beide aus einerlei Buch studiert hätten. Was sagen Sie zu Mozarts Komposition?‹ Ich: ›Er ist unstreitig eines der größten Originalgenies, und ich habe bisher noch keinen Komponisten gekannt, der so einen erstaunlichen Reichtum von Gedanken besitzt. Ich wünschte, er wäre nicht so verschwenderisch damit.‹ Kaiser: ›In seinen Theaterstücken hat er den einzigen Fehler, daß er, wie sich die Sänger beklagt haben, diesselben mit seinem vollen Akkompagnement übertäubt.‹ Ich: ›Das sollte mich wundern. Man kann ja auch Harmonie und Begleitungsspiel anbringen, ohne die Kantilena zu verderben.‹ Kaiser: ›Was sagen Sie zu Haydns Komposition?‹ Ich: ›Von seinen Theaterstücken habe ich keines gehört.‹ Kaiser: ›Sie verlieren nichts dabei; denn er macht es geradeso wie Mozart. Was halten Sie aber von seinen

Stücken für die Kammermusik?‹ Ich: ›Daß sie in der ganzen Welt Sensation machen, und das mit allem Rechte.‹ Kaiser: ›Tändelt er nicht manches Mal gar zu viel?‹ Ich: ›Er hat die Gabe zu tändeln, ohne jedoch die Kunst herabzuwürdigen.‹ Kaiser: ›Da haben Sie recht.‹«

Als Gluck, »wirklicher k. k. Hofcompositeur«, in Wien Mitte November 1787 auf einer Spazierfahrt der tödliche Schlag traf, wurde Mozart durch kaiserliches Dekret als »Kammer-Musicus«, Sparte »Compositor«, sein Nachfolger. Es war ein besoldetes Ehrenamt, erwartet wurde von Mozart nur, dass er für die jährlichen Redouten in der Hofburg einige Tänze schrieb. Die Berufung Mozarts geschah auf des Kaisers ausdrücklichen Wunsch. Zu den Gründen für Constanzes Witwenpension 1791 heißt es in den Hofakten, Mozart habe das Amt »lediglich in der Rücksicht, von Weiland Sr Majestät dem lezt verstorbenen Kaiser erhalten, damit ein in dem Musik-Fache so seltenes Genie, nicht genöthiget sey, in dem Auslande Verdienst und Brod zu suchen«.

Haydn wird dem Freund das Amt, das Mozart ohne Verpflichtung im Jahr so viel eintrug, wie er, Haydn, auf Esterháza bei ständiger Anspannung verdiente, gerne gegönnt haben. Nur dürfte ihm wieder aufgegangen sein, was ihm, fernab von Wien, an Ehren, Verdienst, Verbindungen und belebender Geselligkeit entging.

Das josephinische Jahrzehnt, mit so viel Elan und großen Erwartungen begonnen, klang aus in Überdruss und Bitterkeit.

Schon seit Jahren hatten sich Widerstände gegen Josephs Politik staatlicher Zentralisierung und kirchlicher Reform in den Österreichischen Niederlanden geregt. Es war zu bewaffneten Aufständen gekommen, schließlich war die Besatzung aus dem Lande vertrieben worden. Dazu drohte der Abfall Ungarns – Joseph hatte die schon immer heikle Loyalität der Magyaren zum Hause Habsburg mit der Weigerung brüskiert, sich zum König von Ungarn krönen zu lassen, stattdessen hatte er die Stephanskrone nach Wien geholt. Auch der Krieg gegen die Hohe Pforte, im Bündnis mit Russland begonnen, doch bald allein von Österreich geführt, endete in Morast, Seuchen und nutzlosen Siegen.

Zu Hause war die Opposition von versteckter Ablehnung zu offenem Protest gewachsen. Ein Pamphlet von 1787 fragte unverblümt: »Warum wird

Kaiser Joseph von seinem Volke nicht geliebt?« Erfolge und Fortschritte, so der anonyme Verfasser, seien zwar unverkennbar, wie die staatlich erlaubte Meinungsfreiheit oder die religiöse Toleranz, gelobt wurden auch das unprätentiöse Auftreten des Kaisers und sein nimmermüder Eifer. Doch er habe starke Feinde, nicht nur bei Klerus, Adel und Beamtenschaft, sondern auch im Volke, das sich in seinen wahren Wünschen vom Kaiser nicht verstanden sehe.

In Wien stiegen mit den Kosten des Türkenkrieges die Preise für Nahrungsmittel, das Brot wurde knapp. Viele Adlige meldeten sich beim Heer, andere zogen aus der Hauptstadt auf ihre Güter. Als Folge sank der Aufwand für kulturelle Repräsentation. Die Ränge in den Theatern blieben leer, das Kärntnertortheater musste vom Februar 1788 bis zum November 1791 geschlossen werden, der italienischen Operngesellschaft im Burgtheater drohte die Auflösung. Zu Privatakademien fanden sich nur noch wenige Subskribenten.

Der Kaiser war vom Feldzug krank heimgekehrt. Der trockene Husten war ein sicheres Zeichen der bald tödlichen Schwindsucht. Er ließ die Familiengruft in der Kapuzinerkirche ausbessern und den Altar aus der Mitte verlegen, »damit Raum für mich und die Nachkommenden verschafft werde«.

Kaiser Joseph II. starb am 20. Februar 1790, achtundvierzig Jahre alt, verzweifelt, doch rastlos bis zum Ende. In seinen letzten qualvollen Tagen reimte der Wiener Volksmund: »Der Bauern Gott, / der Bürger Not, / des Adels Spott / liegt auf dem Tod.«

KAPITEL SIEBEN

DIE ENGLISCHEN JAHRE

Schon lange erwartet
Johann Peter Salomon
Winterreise
London 1791
Konzertgesellschaften
Musiker und Gönner
Händel-Festival
»Doctor zu Oxford«
Exkursionen
John Hunter
Revolution
Zwischenspiel in Wien
Beethoven
Zweite Reise
Mainzer Republik
Mit leichter Bagage
The Royal Family
Heimfahrt

Haydns Autograph aus dem Jahre 1808

DER PLAN, HAYDN für eine Konzertsaison nach London zu holen, war nicht neu.

Schon 1781 hatte ihn Willoughby Bertie, Earl of Abingdon, eingeladen, gemeinsam mit dem Augsburger Kapellmeister Friedrich Hartmann Graf zwölf Konzerte zu geben.

Während Haydn über den weiteren Umkreis Wiens nie hinausgekommen war und seit zwei Jahrzehnten abgeschieden auf Esterháza lebte, war Graf in England bekannt. Er hatte Komposition, Flöte und Pauke studiert und war Militärmusiker in einem holländischen Regiment geworden. Im Kampf verwundet, war er in englische Gefangenschaft geraten und auf der Insel interniert worden. Nach der Entlassung hatte er in Hamburg öffentliche Konzerte geleitet. Später war er als konzertierender Flötist gereist, hatte einige Jahre in Den Haag gelebt und war schließlich Musikdirektor der evangelischen Kirchen Augsburgs geworden. Mozart war ihm dort 1777 begegnet. Was er danach dem Vater schrieb, hätte Graf nicht lesen dürfen: »Daß ist ein ganz Nobler Mann. er hatte einen schaffrock an, wo ich mich nicht schämmete, auf der gasse ihn zu tragen. er sezt alle wörter auf stölzen; und macht gemeiniglich das maul ehender auf als er nur weis was er sagen will; -- manchmahl fällt es auch zu, ohne etwas zu thun gehabt zu haben. Er Producirte nach viellen Complimenten ein Concert auf 2 fluten. ich muste die Erste violin spiellen. daß Concert ist so. gar nicht gut ins gehöre. nicht natürlich. er marschirt oft in die Töne gar zu -- Plump; und dieß alles ohne die mindeste hexerey.«

Lord Abingdon, Direktor des angesehenen Professional Concert, beschäftigte Graf für zwei Jahre als Dirigenten. Das Angebot, auf Dauer in London zu bleiben, lehnte Graf 1784 jedoch ab und kehrte nach Augsburg zurück. Wegen seiner Kenntnisse Englands und der englischen Sprache wäre der »Noble« Graf für Haydn ein passender Reisebegleiter gewesen.

Warum sich der Plan zerschlug, ist nicht überliefert. Möglich ist, dass

Haydn die weite Reise mit der oft stürmischen Überfahrt über den Kanal am Ende doch zu riskant war, oder dass ihm der zugesagte Verdienst nicht hoch genug oder nicht sicher garantiert schien, oder dass ihn Fürst Nikolaus nicht ziehen ließ.

Vergessen war Haydn damit in London aber nicht. Ein Tagesblatt schrieb im Januar 1785 mehr aufgebracht als informiert, dieser wundervolle Mann, »ein Shakespeare der Musik«, sei dazu verurteilt, am Hof eines armseligen deutschen Fürsten zu leben, der nicht im Stande sei, ihn nach Verdienst zu belohnen. Da lebe Haydn nun, eingemauert in einem Ort nicht besser als ein Verlies, dem despotischen Geist eines Duodezfürsten ausgeliefert. Wäre es nicht an der Zeit, ihn aus dieser Lage zu retten und ihn nach Großbritannien zu verpflanzen, in jenes Land, das für seine Musik wie gemacht sei? Wenn dieser launige Aufruf an die Jugend Englands zur Entführung Haydns auch ohne Folgen blieb, so zeigte er doch, mit welcher Ungeduld er in London herbeigesehnt wurde.

Die Nachricht über seine Entlassung aus dem Dienst des Hauses Esterházy verbreitete sich rasch. Kaum hatten er und Maria Anna mit leichtem Gepäck in Wien im Hause Hamburgers an der Wasserkunstbastei die in Eile gemietete Wohnung bezogen, meldete sich atemlos Johann Peter Salomon, der Haydn die Jahre zuvor schon mehrfach nach London eingeladen hatte. Salomon hatte in Köln vom Tod des Fürsten Nikolaus gehört, er war mit Sir John Gallini, Manager des King's Theatre, zur Anwerbung neuer Sängerinnen und Sänger in Italien gewesen und hatte auf der Rückreise Bonn und Köln besucht. »Gegen Abend«, schildert Griesinger die Szene, »pocht es an Haydns Zimmer; Salomon tritt herein, und sein erstes Wort war: ›Machen Sie sich reisefertig: in vierzehn Tagen gehen wir miteinander nach London.‹« Haydn sei noch eine Weile unschlüssig gewesen, er spreche kein Englisch und sei im Reisen unerfahren. Doch mit solchen Einwänden war ein Mann wie Salomon nicht abzuspeisen.

Salomon war 1745 in Bonn im Haus Bonngasse Nr. 515 geboren worden, wo auch Beethoven 1770 zur Welt kam. Der Vater, Philipp Salomon, war Oboist im kurfürstlichen Orchester gewesen. Johann Peter spielte schon mit dreizehn Jahren als Geiger in der Hofkapelle. Prinz Heinrich von Preußen, der Sieger über die Österreicher in der Schlacht von Freiberg 1762, nun Hausherr von Schloss Rheinsberg, das ihm sein Bruder Friedrich, der König, überlassen hatte, engagierte den neunzehnjährigen Salomon als Konzertmeister. Als der Prinz die Musikkapelle 1780 auflöste, ging Salomon über

Paris nach London und gab 1781 in Covent Garden sein applaudiertes Debut.

Salomon war nicht nur ein brillanter Geiger, sondern entwickelte bald ungewöhnliche Talente als Konzertunternehmer und Impresario. Seine Vorbilder waren Johann Christian Bach und Carl Friedrich Abel, Schüler des alten Bach. Abel hatte 1758 im Hause Goethe am Frankfurter Hirschgraben, zum Gefallen der kaiserlich-ratsherrlichen Familie und ihrer Gäste, das Cello gespielt. Bach und Abel hatten seit 1765 viel besuchte Subskriptionskonzerte arrangiert und 1774, gemeinsam mit Gallini, ein Haus am Hanover Square gekauft und im Garten eine Halle bauen lassen, wo die Gesellschaft bis zum Tode Bachs 1780 Konzerte gab. Salomon konkurrierte nun in den Hanover Square Rooms mit dem Professional Concert, für das er früher gespielt hatte.

Haydn und der im Umgang gewinnende, dabei honorige Salomon, zu dem er bald Vertrauen fasste, nutzten die vierzehn Tage bis zur Abreise, um sich auf einen Vertrag zu einigen. Geschäftstüchtig waren beide. Es muss zähe Verhandlungen gegeben haben. Doch Salomon war sich sicher, dass Haydn ein Risiko wert sei. Sie verständigten sich, dass Haydn für die Komposition von sechs Sinfonien dreihundert Pfund Sterling erhalten solle, weitere zweihundert für das Copyright, dazu wurden ihm die Einnahmen aus einem Benefizkonzert zugesagt, Salomon garantierte ihm einen Mindestgewinn von zweihundertfünfzig Pfund – wie sich zeigen sollte, verdiente Haydn bei diesem Konzert dreihundertfünfzig Pfund, und als er sich weigerte, die Musiker des Orchesters zu bezahlen, übernahm Salomon auch diese Kosten. Wenn ein Pfund Sterling im Wert zehn Gulden gleich war, dann zog Haydn allein aus dem Vertrag mit Salomon für eine einzige Konzertsaison kapitale Einnahmen. Vorgesehen war auch, dass er für Gallini eine Oper schreiben solle, großzügig dotiert. Weitere Kompositionen sollten gesondert honoriert werden. Doch war Haydn nicht bereit, auf bloße Versprechungen hin zu reisen. »Salomon mußte sich gefallenlassen, in der Bank Fries und Comp. 5000 Gulden, als Entschädigung für jeden widrigen Fall, anzulegen«, wusste Dies. Der Vertrag ist verschollen.

Dass Haydn mit solchem Nachdruck seinen Vorteil suchte, war sein gutes Recht. Nennenswerte Ersparnisse hatte er nicht, der Verkauf des Hauses in Eisenstadt brachte fünfzehnhundert Gulden. Die Reise nach England war für ihn, nun achtundfünfzig Jahre alt, zur Alterssicherung die letzte Chance. Dafür war er bereit, unter Anspannung aller Kräfte sein Bestes zu geben.

Die Reise ging über München, Mannheim, Bonn und Brüssel nach Calais, sicher mit einem schnelleren und bequemeren, weil besser gefederten Reisewagen als der »Ordinaire«, der gewöhnlichen Postkutsche. In Bonn hörte Haydn in der Hofkapelle eine seiner Messen. Vielleicht wurde ihm bei dem Abendessen mit den Orchestermusikern, das der Kurfürst spendierte, auch Beethoven vorgestellt.

Die ungewohnt lange Winterreise über Land war für ihn beschwerlich. »Die eingefallene schlechte witterung, der beständig anhaltende Regen verursachet, daß ich erst abends nach Calais angeckomen«, schrieb er am Silvestertag, gleich nach der Ankunft dort, an Frau von Genzinger. Er sei wegen »der unordnung des schlafes, verschiedenen speisen und geträncks wegen etwas magerer geworden«. Doch blieben ihm Unfälle erspart.

Am Neujahrstag 1791 bestieg er gegen halb acht Uhr, nachdem er die Messe gehört hatte, das Schiff, neun Stunden später war er in Dover. Er war von der Seefahrt fasziniert: »wehrend der ganzen überfahrt bliebe ich oben auf den schif um das ungeheure Thier das Meer satsam zu betrachten.« Anfangs sei das Schiff einige Stunden lang in einer Windflaute kaum vorangekommen, der Kapitän habe schon übelster Laune verkündet, wenn es so weitergehe, werde man die Nacht auf See bleiben müssen. Doch dann habe der Wind sich gegen Mittag kräftig erhoben, und man habe gute Fahrt gemacht. Als nun der Wind auffrischte und hohe Wellen an das Schiff schlugen, »überfiel mich eine kleine angst, und mit dieser eine kleine üblichkeit. Doch überwündete ich alles, und kam S: v: zu brechen glücklich an das gestadt«.

Die Begegnung mit dem »ungeheuren Thier« zwischen Calais und Dover war wohl Haydns gefährlichstes Erlebnis auf der Reise über das Festland auf die Insel. Schließlich herrschte Frieden. Frankreich war mit sich selbst beschäftigt. In Paris war es im Sommer 1789 nach langer Gärung zum Ausbruch blutiger Gewalt gekommen, das königliche Gefängnis, die Bastille, war von einem Volkshaufen gestürmt, Kommandant und Besatzung massakriert worden. Wie es zu dieser Revolte hatte kommen können, was das alles bedeutete und wohin die Unrast führen würde, wusste so recht noch keiner. Erkennbar war nur, dass der ebenso unfähige wie leichtfertige Umgang des willensschwachen Königs und des privilegierten Ersten Standes mit dem Staatswohl viele Menschen, schon erwartungsvoll erregt durch die Verheißungen der Philosophen von einer neuen Gesellschaft der Freiheit, Gleichheit und Gerechtigkeit, mit wachsender Erbitterung erfüllte. Doch kaum einer forderte den Sturz des Königs, keiner wollte eine Republik. Nur sollten und mussten sich die Verhältnisse ändern, nicht irgendwann, sondern bald. Das ging nur, so schien es, durch eine umfassende Reform der Staatsmacht, etwa nach dem Beispiel Englands, mit dem seit der »Glorious Revolution« von 1688 geschwächten König und einem gestärkten Parlament. Noch 1790 glaubten die meisten Franzosen, dass der überfällige Staatsumbau durch Einsicht und Vernunft, also friedlich, gelingen könne.

Dem an das Wiener Temperament gewöhnten Haydn werden die fiebrigen Vorgänge in Paris exotisch erschienen sein. Österreich hatte unter Joseph II. genug »Revolutionäres« erlebt, nach mehr verlangten die Wenigsten. Was anderen Ländern an Umwälzungen noch bevorstand, hatte Österreich schon absolviert. Natürlich gab es auch in Wien, wie anderswo im Reich, noch manche Geister, die sich, berauscht von den Maximen der Aufklärungsprosa, für eine Verfassung erklärten, um die Macht der Herrscher einzuschränken. Doch blieben solche Projekte ohne nennenswerte Resonanz. Süffisant meinte Johann Pezzl: »Der weiche Charakter der Wiener erzeugt keine heroischen Tugenden. Aber wozu taugt auch Heldengefühl in unseren Tagen, bei unserer Verfassung? Unsere Staatsmaschinen sind so mechanisch aufgezogen, selbst unser bürgerliches und häusliches Leben ist so methodisch eingeleitet, daß große, außerordentliche Explosionen des Kopfes und Herzens mehr Verwirrung und Unheil als Nutzen und Segen stiften.«

Gegen Ende des Jahrhunderts war London, mit knapp einer Million Menschen, die größte Stadt der Christenheit, eine Metropole voller Pracht und Wohlstand, Armut und Verbrechen, ein Aggregat wirtschaftlicher Macht, Bühne glänzender Parlamentsreden, Schauplatz politischer Skandale und enthemmter Volksaufläufe, Hauptstadt von England, Wales, Schottland, Irland und eines weltumspannenden Imperiums.

Bald nach der Ankunft bezog Haydn eine Wohnung in der Great Pulteney Street, wo seit einem Jahr schon Salomon lebte, schräg gegenüber dem Musikladen des Klavierbauers John Broadwood, eines mit Haydn gleichaltrigen Schotten, der ihm ein Zimmer mit Klavier zum Komponieren überließ. Das Haus lag nahe beim Golden Square, parallel zur Regent Street und zu Fuß kaum zehn Minuten vom Konzertsaal am Hanover Square entfernt. Haydn nannte seine Wohnung »ein niedliches bequemes aber auch theueres logement«, was hieß, dass er nicht Hausgast Salomons war, sondern seine Miete selber zahlte. Täglich trafen sie sich um vier Uhr zum Mittagessen, der Hausherr kochte, ein Italiener, »welcher mich mit 4 speisen recht gut bedient, wür bezahlen ein jeder ohne wein und bier täglich 1 fl. 30 kr.«. Es scheint, dass die »4 speisen« nicht Gänge beim Mittagstisch, sondern Mahlzeiten waren, eine selbst nach Wiener Maß preiswerte Tageskost. Nur sei sonst alles »erschröcklich theuer«. Wie Reisende wussten, kostete das Leben in London doppelt so viel wie in Paris. Teuer waren vor allem Kleidung und Möbel, aber auch, als Kolonialware und wegen starker Nachfrage, der Tee, und der Wert der Dienerschaft wurde nicht selten auch danach bemessen, ob die Jungfer oder das Faktotum im Stande war, die im Haushalt verwendeten Teeblätter wieder zu verkaufen. Dagegen war eine Mietwohnung eher erschwinglich, der junge Karl Philipp Moritz zahlte 1782 für zwei gut möblierte Zimmer auf George Street, also in Haydns Nähe, sechzehn Schillinge die Woche. Ein Gentleman wie James Boswell, der Biograph Samuel Johnsons, rechnete in den frühen sechziger Jahren für ein standesgemäßes Leben in London mit jährlichen Ausgaben von zweihundert Pfund.

Was Haydn auf Fahrten durch die »unendlich grosse stadt london«, begleitet von Salomon, an »verschiedenen schönheiten und wunder dingen« sah, überwältigte ihn. Die Stadtpaläste des hohen Adels waren Schaustellungen von Stolz und Macht, der König hatte einen, Buckingham House, für die Königin Charlotte gekauft. London besaß gegen Ende des Jahrhunderts über dreihundert Kirchen und religiöse Kultstätten, darunter zwanzig katholische Kapellen und drei Synagogen, die Hälfte der protestantischen Kirchen gehörte den Anglikanern. London hatte den größten Hafen der Welt, die Themse war bis an den Horizont bedeckt mit einem Wald von Masten und Segeln. Neben London Bridge und Westminster Bridge gab es seit 1769 noch Black Friar's Bridge, Spaziergänge auf den Brücken gehörten zum Alltagspläsier des Volkes. Die weiten Parks wie Hyde, Green's oder St. James's, waren reich mit Wild besetzt. Wie die Vergnügungsgärten Ranelagh in Chelsea oder Vauxhall, den man am bequemsten auf dem Fluss erreichte, waren Messen und Märkte belebte Attraktionen, und wenn die Themse zufror, wie zuletzt zwei Jahre zuvor, gab es »Frostmärkte« auf dem Eis. Das British Museum zeigte seine Sammlungen an Kunstschätzen und Raritäten, im Tower of London gab es, neben Juwelen und Waffen, eine Menagerie mit exotischen Bestien. Zu den städtischen Unterhaltungen zählten nicht nur öffentliche Hinrichtungen, sondern auch der Besuch des Bedlam Hospitals, wo die Geisteskranken hausten, das Hospital zog aus dem Zulauf der Gaffer jährlich vierhundert Pfund. Im Kampf gegen den Unrat hatte der Magistrat 1762 in den »Westminster Paving Acts« die Verpflichtung zur Reinhaltung der Straßen übernommen und damit die Hausbesitzer entlastet. Haydn notierte: »die Stad London unterhält zur reinigung der strassen 4000 karn, von welchen täglich 2000 arbeithen.« Es gab nun auch ein unterirdisches Abwassernetz, Bürgersteige schützten die Fußgänger vor dem rollenden Verkehr. Die Straßen wurden nicht mehr von Talgkerzen, sondern von Öllampen erleuchtet, ab 1807 sollte es Gaslaternen geben. Wer als Fußgänger in dunklen Straßen seinen Weg suchte, konnte sich von gemieteten »link boys« mit Fackeln vorausleuchten lassen. Eine zur Jahrhundertmitte noch unbekannte Klasse war das Heer der Fabrikarbeiter, unter ihnen scharenweise Frauen und Kinder an von Dampfkraft betriebenen Maschinen, Opfer von Willkür und Ausbeutung und ohne den Schutz des Gesetzes. Es gab bewaffnete Aufstände gegen die Maschinen, und manche Fabrik ging in Flammen auf. Eine Londoner Spezialität, an die sich Haydn gewöhnen musste, aber wohl nicht gewöhnen konnte, war der Nebel, vor allem im Winter, von schwefligem Rauch und Ruß aus zahllosen Feuern gesättigt. Oft herrschte noch um zehn Uhr morgens Dämmerung, Melancholie bis hin zum Selbstmord galt als Folge des lastenden Zwielichts.

Bald nach seiner Ankunft machte Haydn mit Empfehlungsschreiben Visiten bei dem kaiserlichen und dem neapolitanischen Gesandten, die den Besuch zwei Tage später in Haydns Quartier erwiderten. Eine der wichtigsten Bekanntschaften war die mit dem einige Jahre älteren Dr. Charles Burney, einem sehr angesehenen Musikhistoriker. Burney hatte in Chester 1741 Händel getroffen, der sich von dort nach Dublin einschiffte, war in Bologna 1772 dem sechzehnjährigen Mozart begegnet und hatte in seinem viel gelesenen Reisebericht dessen »stets übernatürlichen Talente« gepriesen. Übrigens endete seine musikalische Reise auf das Festland und retour in jenem Jahr auf die seltsamste Art. Als er nämlich im Dezember in Calais eintraf, musste er wegen der Stürme neun Tage auf die Abfahrt warten, und als das Schiff endlich in Dover eintraf, war Burney, erschöpft in einem verlassenen Winkel eingeschlafen, nicht auffindbar, und als er benommen erwachte und an Land wollte, war das Schiff schon auf halbem Wege zurück nach Calais. Burney war nun Organist am Londoner Chelsea College, dort besuchten ihn Haydn und Salomon. Er schrieb an einer Biographie Metastasios, und Haydns Erinnerungen an den Librettofürsten waren ihm hoch willkommen.

Berühmt wurde Burney durch seine vierbändige Musikgeschichte »A General History of Music from the Earliest Ages to the Present Period«, deren letzter Band 1789 erschienen war. Entzückt von Haydns Gastspiel auf der Insel, sandte ihm Burney alle vier Bände und verfasste, als Poet bis dato unbekannt, eine wortreiche Eloge auf den »großen Souverän der Tonkunst«.

Wer in London Konzerte besuchen wollte, hatte die Qual der Wahl. So gab es 1792 nicht weniger als sechzehn öffentliche Konzerte auf Subskription, wo also ausgewählte Musikfreunde im Voraus für die Billets zahlten. Die Academy of Ancient Music, eine Mitgründung des preußischen Wahlbriten Johann Christoph Pepusch zu Beginn des Jahrhunderts, bot alte Musik auf hohem Niveau. Als viel besprochene Novität waren zu den Konzerten seit 1788 auch Damen zugelassen. Ein Kuriosum war der Noblemen and Gentlemen Catch Club, zu dessen Mitgliedern der Prince of Wales und einige Herzöge der königlichen Familie zählten. Der catch, von italienisch »caccia« (Jagd), war ein geselliges Chorlied. Solche Gesänge gab es in vielen Sammlungen, die bekannteste war »Catch than catch can« aus der Mitte des siebzehnten Jahrhunderts. Daneben gab es den glee, ein mehrstimmiges Lied, im Anspruch schlichter als der catch. Für catch und glee gab es Spezialisten, der Wettbewerb war lebhaft, denn es winkten gut dotierte Preise. Eine jüngere Gründung seit 1776 waren die Concerts of Ancient Music, gespielt wurde mit Vorliebe Händel, erst recht, als George III. sich 1785 zum Schirmherrn der Konzerte machte. Des Königs Verehrung für Händel war allbekannt. Die Konzerte leitete seit 1790 Salomon. Weil die Gesellschaft nach den Statuten nur alte Musik spielte, blieben Werke, die noch keine zwanzig Jahre alt waren, ungespielt, zum Leidwesen Haydns. Und dann gab es die Professional Concerts, mit denen nun Salomon und Haydn konkurrierten, und das, wo doch die Professionals ihr Debütkonzert 1783 mit einer Haydn-Sinfonie begonnen hatten.

Die Musiker Europas wussten, was sich in London mit Talent und Glück verdienen ließ, als Vorbild galt der große Händel. Auf seinen Spuren wandelte nun Haydn. Unter den Musikern, die in London lebten oder dort gastierten, waren einige Haydn schon bekannt. Jung und frühbegabt waren die Geiger George Polgreen Bridgetower und Franz Clement. Der Vater Bridgetowers, John Frederik, galt oder gab sich als »afrikanischer Prinz«, er war wohl ein Kreole aus der Karibik. Aus dem Tagebuch Rosenbaums, des Sekretärs auf Esterháza, lässt sich schließen, dass der ältere Bridgetower der »Mohr August« des Fürsten gewesen war, Haydn also Vater und Sohn gut kannte. Der junge Bridgetower nannte sich Haydns Schüler. Er ging nach Wien, und Beethoven schrieb für ihn 1803 seine größte Violinsonate, die in A-Dur op. 47, die sie zum ersten Mal gemeinsam öffentlich spielten und die Beethoven später Rodolphe Kreutzer widmete. Die Sonate trägt im Autograph die bedenkliche Widmung: »Sonata mulattica. Composta par il mulatto Brischtauer gran pazzo e compositore mulattico.« Beethoven und Bridgetower sollen sich wegen eines Mädchens zerstritten haben. Der wie Bridgetower 1780 geborene Clement kam in Wien zu hohen Ehren, und das in solchem Maße, dass Beethoven für ihn 1806 sein Violinkonzert schrieb, das Clement im Dezember jenes Jahres aus der Taufe hob.

Ein Musiker von Rang und Ruf, der in London lebte und den Haydn wohl schon aus Wien kannte, war Muzio Clementi, dessen Klavierspiel zehn Jahre zuvor in der Hofburg im Wettstreit mit Mozart dem Kaiser so sehr gefallen hatte. Clementi war 1752 in Rom als ältester Sohn aus der Ehe eines italienischen Silberschmieds mit der wohl deutschstämmigen Magdalena Kaiser geboren worden. Durch Protektion war er mit dreizehn Jahren zur musikalischen Ausbildung nach England gekommen. Er spielte als Harfenist und Pianist in London, seine Klaviersonaten wurden rasch beliebt. Eine Reise auf das Festland hatte ihn über Paris, wo er vor Königin Marie Antoinette spielte, nach Wien geführt und von dort über Bern nach Lyon, wo er im Frühling 1782 Klavierstunden gegeben hatte, mit wachsender Leidenschaft auch einem Mädchen, der Tochter eines reichen Kaufmanns. Die von beiden geplante Entführung misslang, und Clementi war untröstlich nach London zurückgekehrt. Hier avancierte er zum gesuchten Komponisten und Klavierspieler in Konzerten der Professionals. Seine Einnahmen investierte er in Notendruck und Klavierbau, eine Unternehmung, die nach ersten Rückschlägen prosperierte. Auf Reisen durch Europa heiratete er 1804 die neunzehnjährige Caroline Lehmann aus Berlin, die nach einem Jahr im Kindbett starb. Mit Beethoven unterschrieb Clementi in Wien 1807 einen Vertrag über den Druck neuer Werke. Mit sechzig Jahren kam Clementi endlich doch noch zu Ehe und Familie – er heiratete eine Engländerin, das Paar hatte vier Kinder. Er starb mit achtzig Jahren, als Komponist, Virtuose, Klavierlehrer und Geschäftsmann hoch geachtet. Seine Klavierschule »Gradus ad Parnassum« von 1817 blieb für hundert Jahre das mit Vorzug benutzte Lehrwerk für Pianisten.

Clementi und die anderen in London lebenden Musiker waren von Haydns Ankunft wenig erbaut, wussten sie doch, dass sie sich mit ihm nicht messen konnten, gegen seine Musik wirkten ihre Werke oft blass und ziellos. Doch trat Clementi mit eigenen Kompositionen in Haydns Salomon-Konzerten auf, womit er zeigte, dass er von falscher Bescheidenheit nichts hielt. Wenn es zwischen beiden auch nicht zur Freundschaft kam, so verständigten sie sich doch auf einen achtungsvollen Modus Vivendi. Haydn besuchte ihn, als Geste kollegialen Respekts, zum Jahresende 1791 in seinem Landhaus in Evesham, einer Ortschaft nahe der Shakespeare-Stadt Stratford-upon-Avon.

Die Londoner Konzertgesellschaften spielten vorzugsweise für den Adel und das besser verdienende Bürgertum, die sich den Kauf der Tickets leisten konnten – der Besuch eines Konzerts kostete zehn Schillinge, also so viel, wie sich der stets an Geld und Preisen interessierte Haydn in seinem Notizbuch übersetzte, wie man für einen Truthahn oder zwei gerupfte Enten zahlte. Nur durfte sich das Publikum nicht verlaufen, wenn sich der Neuheitswert einer Sinfonie oder eines Quartetts von Haydn oder das respektvoll genossene Vergnügen am Anblick des soignierten, sorgfältig in Seitenbuckeln frisierten Herrn mit der großen Nase verbrauchen sollte. Der Londoner Konzertgänger war für Haydn eine neue Spezies, wohl weniger kennerhaft als das Wiener Publikum, doch dafür, einmal gewonnen, mit Applaus und barer Münze generöser.

Während Haydns erstem Londoner Aufenthalt gab es italienische Opern, mit königlichem Privileg, im Pantheon, nachdem das King's Theatre im Juni 1789 abgebrannt war. Das gleiche Schicksal widerfuhr nun auch dem Pantheon, und die Gesellschaft zog in das Little Theatre am Haymarket. Theaterbrände waren häufig, weil nicht nur während der stundenlangen Vorführungen von Kronleuchtern und an den Wänden hunderte von Kerzen brannten und das Volk auf den Galerien für jede Disziplinlosigkeit gut war, sondern weil viele Besucher selbst auch noch Kerzen mitbrachten, um während der Vorstellung den Text des Stückes mitzulesen. Nach dem Neubau des King's Theatre, dessen Manager Sir John Gallini war, sollten nun auch hier italienische Opern gespielt werden, in Konkurrenz mit der Truppe am Haymarket. Eifriger Förderer des neuen Unternehmens war der Kronprinz, der keine Gelegenheit ausließ, seinen Vater herauszufordern. Diese Konstellation zwischen König und Kronprinz war bei den Hannoveranern nicht neu. Schon der Vater des Königs, Frederick Louis Prince of Wales, hatte seinen Vater, König George II., auf ähnliche Weise gereizt, als er gegen die von Händel geleitete und vom König unterstützte Oper eine Neugründung des

Adels förderte. Damals hatten sich beide Unternehmen erbittert bekämpft, bis zuerst die Adelsoper, dann auch Händel erschöpft aufgaben. Diesmal ließ es George III. so weit nicht kommen: Er verbot kurzerhand, im King's Theatre italienische Opern zu spielen, zwei italienische Gesellschaften seien für London zu viel. Ein Opfer dieses Machtworts war auch Haydn. Denn die mit Gallini vereinbarte Oper »Orfeo ed Euridice«, an der er noch in London schrieb, konnte nun nicht gegeben werden. Nur gut, dass er sich das Honorar schon in Wien hatte zahlen lassen. Neben der italienischen gab es die englische Oper, wie in Händels Tagen noch im Covent Garden und mit wachsendem Erfolg nun auch im Drury Lane Theater, das der größte englische Schauspieler der Zeit, David Garrick, über zwanzig Jahre lang geleitet hatte. In diesen Häusern gab es während der Fastenzeit auch stark besuchte Aufführungen von Oratorien, so gut wie exklusiv von Händel.

Unter den Gesangsvirtuosen jener Jahre glänzte in London die Mara, eigentlich Gertrud Elisabeth Schmehling, als Tochter eines Geigenbauers 1749 in Kassel geboren. Sie war zehnjährig mit dem Vater nach London gekommen und durch ihr Violinspiel derart aufgefallen, dass Königin Charlotte sie hatte hören wollen. Doch weit mehr Erfolg hatte sie mit ihrer Stimme. Sie wurde Schülerin von Johann Adam Hiller in Leipzig, der auch Corona Schröter unterrichtete, die Schwester jenes Schröter, dessen Witwe Rebecca war. Gertrud heiratete den Berliner Cellisten Johann Baptist Mara. Beide waren am preußischen Hoftheater engagiert, mussten jedoch 1779, wegen ständiger Misshelligkeiten mit dem König, aus Berlin fliehen. Vier Jahre später konzertierten sie in London, die Mara mit triumphalem Erfolg in Opern und Oratorien Händels, so auch im »Messias« beim Händel-Jubiläum in der Westminster Abbey 1784. Johann Mara war als arrogant und streitsüchtig bekannt, doch stand ihm Gertrud dabei wenig nach. Bei der Jahresfeier der Universität Oxford 1785 weigerte sie sich, selbst auf nachdrückliches Drängen des Publikums, eine Arie da capo zu singen, und blieb bei Händels Halleluja-Chor im »Messias«, wo sich das Publikum nach schon lange befolgtem Ritus wie ein Mann von den Plätzen erhob, ungerührt sitzen. Nach diesen Affronts empfahl ihr der Kanzler der Universität, Oxford künftig zu meiden.

Haydn war das Tagesgespräch der Gesellschaft: »meine anckunft verursachte grosses aufsehen durch die ganze stadt durch 3 Tag wurd ich in allen zeitungen herumgetragen: jederman ist begierig mich zu kennen. ich muste 6 mahl ausspeisen, und könte wenn ich wolte täglich eingeladen seyn.« Das war ein anderer Empfang als in Wien. Doch so sehr ihn das Aufsehen zunächst auch freute, so wurde es ihm bald zur Last, denn »ich mus erstens auf meine Gesundheit, und 2tens auf meine arbeith sehen«.

Für Haydns spektakulären Erfolg in London sorgten auch einflussreiche Freunde und hochmögende Gönner. Zu seinem höchsten Protektor wurde George Prince of Wales, Prinzregent 1811, ab 1820 und für zehn Jahre König George IV. Wie die meisten, die ihm begegneten, war auch Haydn von diesem notorischen Charmeur bezaubert, umso mehr, als der Prinz auch deutsch sprach. An Marianne von Genzinger: »Printz von Wallis ist das schönste Mannsbild auf gottes Erd boden, liebt die Music ausserordentlich, hat sehr viel gefühl, aber wenig geld: NB unter uns, mich vergnügt aber mehr seine güte als das Interesse.« Der Kronprinz spielte Cello. Öfter lud er nach Carlton House ein, wo er aufwendig residierte. Er lebte heiter über seine Mittel. Ohne Wissen der Eltern hatte er 1785 Maria Anne Fitzherbert geheiratet. Sie war sechs Jahre älter als er, zweifache Witwe und obendrein noch katholisch. Die Ehe war nach Staatsrecht nichtig, weil seit dem Royal Marriage Act von 1772 die Heirat von Königskindern unter fünfundzwanzig Jahren nur mit väterlichem Konsens gültig war. Der in diese Eskapade nicht eingeweihte König hatte die Schulden des Prinzen bezahlt, doch hatte der, statt seine Eide ernst zu nehmen, er werde künftig besser haushalten, schon bald wieder sein eigenes Geld und das von anderen mit vollen Händen ausgegeben. Weil er wusste, dass ihn der König aus den ihm vom Parlament nur knapp und widerstrebend bewilligten Mitteln, der Zivilliste, nicht wieder freikaufen würde, entschloss er sich, wegen der Mitgift und in Erwartung einer höheren Apanage, widerwillig zur Heirat. Seine Wahl fiel auf eine deutsche Kusine, Caroline von Braunschweig, eine Nichte seiner Mutter. Die Wahl hätte verheerender für beide nicht sein können, kaum je gab es Eheleute, die weniger zueinander passten. Bald nach der Hochzeitsnacht, in der das Paar das einzige Kind, Charlotte, zeugte, erklärte der Prinz, er sei wegen unüberwindlichen Abscheus außer Stande, mit seiner Frau in ehelicher Gemeinschaft zu leben, und vollzog entschlossen die Trennung. Was den König gegen seinen Sohn noch mehr aufbrachte. Der König war im Oktober 1788 schwer erkrankt und dem Tode nahe. Zu den Merkmalen der Krankheit gehörte eine, von lichten Momenten unterbrochene Verwirrung, sodass es hieß, der König sei geisteskrank geworden. Da sich ähnliche Erkrankungsschübe, wenn auch milder und von kürzerer Dauer, 1800 und 1804 wiederholten und der König schließlich 1811 senil wurde, figurierte

George III. in der britischen Geschichte seither als »mad king«. Doch weiß man heute, dass die von seinen Ärzten aufgezeichneten Symptome, unter ihnen Halluzinationen bis hin zu Delirien, zur Stoffwechselkrankheit Porphyria gehörten. Nach vier Monaten hatte er sich erholt und regierte wieder, als sei nichts gewesen. In den Wochen der Krise hatte der Kronprinz, ermutigt und gedrängt von seiner Gefolgschaft, die in Opposition zum König stand, Vorbereitungen zur Übernahme der Regentschaft getroffen. Was den Vater, dem dies berichtet wurde, tief verletzt hatte. Haydns Bewunderung für den Kronprinzen und seine häufigen Besuche in Carlton House waren daher wenig geeignet, ihn dem König zu empfehlen.

Durch den Besuch von Konzerten verschaffte Haydn sich ein Urteil über die Qualität der Sänger, Virtuosen, Ensembles und Orchester. Der Vorstand des Professional Concert erlaubte ihm freien Eintritt zu allen Aufführungen, »eine Artigkeit, die ihm in Wien nie bewiesen wurde«, meditierte er im Gespräch mit Griesinger betroffen. Dabei konnte er Freundlichkeiten dieser Art von den Professionals am wenigsten erwarten. Der Morning Mirror hatte abfällig geschrieben, man habe ja gleich erkannt, dass Haydn nicht mehr seine früheren Kräfte besitze, und als Initiant dieser Malice war der Vorstand der Professionals vermutet worden. Es kann nun sein, dass die Professionals mit ihrer Freigebigkeit gegenüber Haydn die offenbar ungehaltene Reaktion der Musikfreunde auf die Grobheit des Morning Mirror beschwichtigen wollten.

Für die erste Konzertsaison 1791 war Haydn mit schon Komponiertem, doch in London noch Unbekanntem, gut versorgt. Für das erste der Salomon-Konzerte im Hanover Square Room, einem Saal für achthundert Personen mit ausgezeichneter Akustik, das zweimal verschoben werden musste und erst am 11. März 1791 gegeben werden konnte, wählte Haydn die Sinfonie Nr. 92 in G-Dur von 1789, die in allen Sätzen inspirierte »Oxford«-Sinfonie, so genannt, weil sie im Sommer des Jahres auch in Oxford gespielt wurde – sie gehörte also nicht zu den zwölf für London geschriebenen Werken. Es gab rauschenden Beifall, die Zuhörer wussten, dass seit Händel kein Musiker von gleichem Rang London wieder besucht hatte. Wie üblich kontrollierte Haydn das Spiel des Orchesters am Klavier. Wie wir von Burney wissen, erlaubte Haydn sich, dem Orchester vor jedem Satz das Tempo anzugeben, was eigentlich Sache Salomons als »leader« gewesen wäre. Schon beim zweiten Konzertabend, wieder mit der Oxford-Sinfonie und einem der Johann Tost gewidmeten Streichquartette, erschien der Prince of Wales.

Die erste »Londoner« Sinfonie gab es wohl im siebten Konzert, womöglich die Sinfonie Nr. 95 in C-Dur oder Nr. 96 in D-Dur. Wir wüssten Genaueres, wenn uns die gedruckten Konzertprogramme mehr verrieten.

Zwölf Wochen lang, an jedem Freitag, gab es Salomon-Konzerte, aber auch anderswo wurden Haydns Werke gespielt, mit ihm selbst am Klavier, wie im King's Theatre, wo John Gallini nach dem Verbot des Königs, dort italienische Opern zu geben, ein Programm mit »Songs and Dancing« improvisiert hatte. Für diese Abende schrieb Haydn catches auf italienische Texte und erntete damit viel Applaus beim Publikum, das diese Konzerte rege besuchte. Sodann begleitete er eigene Werke am Klavier in Akademien anderer Künstler, wie im Benefizkonzert für Franz Clement. Und schließlich gab er Klavierunterricht für die Jugend der höheren Stände, für jede Lektion forderte und erhielt er eine Guinea, das waren einundzwanzig Schillinge. »Da machte ich große Augen!« Die Herrschaften zahlten gern, wenn sie von ihren Töchtern nur sagen konnten, Haydn sei ihr Lehrer gewesen.

In ähnlich drangvollen Umständen hatte Haydn noch nicht gelebt. Bald wünschte er, er könne nach Wien fliehen, um Ruhe zu haben, »dan der lärm auf denen gassen von dem allgemeinen verschiedenen Verkaufs Volck ist unausstehlich«. Fliegende Händler, Bettler, Kaminfeger, Messerschleifer, Straßenmusikanten und die mit Schellen ausgerüsteten Läufer der Penny Post schrien und lärmten den Tag lang um die Wette. Um dem zu entgehen, zog er nach Lisson Grove im Stadtteil Marylebone, nördlich vom Hanover Square am Regent's Park, dort war noch freies Feld und kaum Verkehr.

In der letzten Maiwoche gab es, unter der Schirmherrschaft Ihrer Majestäten, ein grandioses Händel-Festival in Westminster Abbey, wo der »Fürst der Harmonie«, wie ihn Zeitgenossen genannt hatten, bestattet war. Über tausend Mitwirkende boten Musik auf höchstem Niveau. Zur Ehre Händels war das Königspaar erschienen, die Damen waren, um Platz zu schaffen, gebeten worden, keine Hüte und Federn und nur »sehr kleine Reifröcke, wenn solche überhaupt«, zu tragen. Joah Bates an der Orgel dirigierte das Heer der Musikanten, in scharlachrotem Gewand assistiert von Bridgetower und Clement, die nach Weisung des überbeschäftigten Bates die Register der Orgel zogen. Mit einer Guinea war der Eintritt zu den Konzerten mehr als doppelt so teuer wie sonst. Der Erlös ging an wohltätige Einrichtungen. Der Aufwand war gewaltig. Gespielt wurden die Oratorien »Israel in Egypt« und »Messiah«, Ouvertüren, Duette und Chöre aus weiteren Oratorien, der Trauermarsch aus »Saul«, die Krönungshymne für George II. »Zadok the

Priest«, dazu je zwei Orgel- und Oboenkonzerte. Der neben der Königsloge platzierte Haydn soll wie ein Kind geweint und erschüttert ausgerufen haben: »Er ist der Meister von uns allen.« Der Eindruck dieser Tage blieb ihm nahe, und er mag sich schon damals vorgenommen haben, selbst ein Oratorium zu schreiben, wo ihm zur Oper das Talent zu fehlen schien.

Ähnlich nachhaltig wie das Händel-Festival, vielleicht sogar noch stärker, wirkte auf Haydn die Ehrung von Oxford. Die Universität ist malerisch am Cherwell River gelegen, der gleich südlich des Ortes in den Oberlauf der Themse mündet, die hier noch Isis heißt. Charles I. hatte, 1642, im Laufe des Bürgerkrieges Oxford auf drei Jahre zum Sitz seiner Herrschaft bestimmt.

Charles Burney, selbst Doktor der Musik von Oxford, hatte mit der Universität über Haydns Ehrung diskret verhandelt. Die Feierlichkeiten begannen am 6. Juli und endeten zwei Tage später mit dem Festakt, bei dem Haydn, gemeinsam mit anderen, in erhebendem Zeremoniell die Würde eines Doktors der Musik honoris causa verliehen wurde. An jedem der drei Tage gab es ein Konzert, mit einer Sinfonie Haydns, am Eröffnungstag die Oxford-Sinfonie, im letzten Konzert als Zugabe die Kantate für Sopran »Ariadne auf Naxos«, mit Haydn am Klavier. Ort der Aufführungen war das Sheldonian Theatre in der Broad Street, ein Bau aus dem 17. Jahrhundert, entworfen von Englands größtem Architekten, Christopher Wren. Zum Festakt erschien Haydn im traditionellen Doktorhabit, dem »gown«, einem schwarzseidenen weiten Talar, auf dem Kopf einen ebenso schwarzen flachen Hut mit vier Ecken, der mit einer bei Wind und hastiger Bewegung oft störenden Quaste verziert war. Fraglos erlebte Haydn an jenem 8. Juli 1791 einen seiner glücklichsten Tage. Am Abend zeigte er sich beim Konzert in der neuen Gala, dankte tief gerührt für den Beifall der zweitausend Zuhörer, deutete auf den Talar und sagte in das ehrfürchtige Schweigen vernehmlich: »I thank you.« Zu Dies meinte Haydn 1806: »Ich kam mir in diesem Mantel recht possierlich vor; und was das schlimmste war, ich mußte mich drei Tage lang auf den Gassen so maskiert sehen lassen. Jedoch habe ich dieser Doktorwürde in England viel, ja, ich möchte sagen, alles zu verdanken; durch sie trat ich in die Bekanntschaft der ersten Männer und hatte Zutritt zu den größten Häusern.« Er unterschrieb nun gerne mit »Dr. Joseph Haydn« oder fügte seinem Namen bei: »Doctor zu Oxford.« Im Notizbuch vermerkte er post festum: »ich muste für das ausläuten zu Oxfortt wegen der Doctorswürde 1 ½ guinee und für den Mantel ½ guinee bezahlen. die Reise kostet 6 guinees.« Wohl nicht nur von Burney wusste Haydn, dass Händel, als er 1733 nach Oxford kam und hier Konzerte gab, entgegen allgemeinem Erwarten ohne den Ehrendoktortitel zurück nach London reiste. Er habe, wie er viele Jahre später meinte, »diese Ceremonie niemals mit sich wollen machen lassen«. Wieweit Haydn darüber im Bilde war, ist nicht bekannt. Doch könnte er geglaubt haben, oder man hat ihn glauben lassen, dass die Universität Händel die Ehrung vorenthalten habe. Wodurch sich für ihn der Wert der Würde noch erhöhte. Als Dank für die Ehrung sandte er der Universität den dreistimmigen Kanon »Thy voice O Harmony is divine«, der so kunstvoll komponiert war, dass er sich vor- und rückwärts singen lässt.

Im Sommer 1791 verbrachte Haydn einige Wochen auf dem Landsitz des Bankiers Nathaniel Brassey in Roxford in Hertfordshire, einer Grafschaft nördlich von London, »allwo ich wie in einer Clausur lebe, ich bin dabey Gott sey ewig gedanckt bis auf die gewöhnliche Rheomatische zu stände gesund, arbeithe fleissig, und gedencke jeden früch morgen, wenn ich alleine mit meiner Englischen Grammer in den wald spaziere, an meinen schöpfer, an meine Familie, und an alle meine hinterlassene freunde«, berichtete er Frau von Genzinger. Er hatte nun Zeit, abseits aller Hektik in der von Hügeln, Wiesen und Waldinseln durchzogenen Landschaft die Salomon geschuldeten Sinfonien zu schreiben. Mit dem hatte er sich geeinigt, seinen Aufenthalt bis in das nächste Jahr hinein zu verlängern.

Nun aber meldete sich sehr ungelegen Fürst Anton Esterházy, der sich über Haydns langes Ausbleiben beklagte. Was der Fürst sich bei Haydns Entlassung gedacht hatte und wie Haydn mit ihm verblieben war, sollte der Fürst sich ohne Haydn nicht zu helfen wissen, ist nicht bekannt. Jedenfalls wünschte er nun die Rückkehr seines Kapellmeisters, weil der eine Oper schreiben und einstudieren sollte – der Fürst war mit einem Amt in der Staatsverwaltung betraut worden und wollte das Ereignis feiern. Statt nun den Vertrag mit Salomon zu lösen, riskierte Haydn den Bruch mit dem Fürsten: »ich erwarte nun leyder meine entlassung.« Wohl war ihm also nicht. So sehr ihm die Freiheit in England auch gefalle, so wolle er doch nach seiner Heimkehr wieder in das alte Amt zurück, wenn auch »bloß meiner armen Familie wegen«. Vermutlich fürchtete er, der Fürst werde ihm und seiner Frau die testamentarisch hinterlassene Pension entziehen. Zur Entlassung kam es aber nicht. Nur meinte der Fürst vorwurfsvoll zu Haydn, als er ihn im folgenden Jahr bei den Feierlichkeiten zur Krönung des neuen Kaisers Franz II. in Frankfurt traf, er habe seinetwegen vierzigtausend Gulden ausgeben müssen, weil er aus Wien einen Komponisten samt Ensemble habe engagieren müssen.

Nach Ende der Saison versuchten die Professionals mit verdoppeltem Eifer, Haydn für ihre Konzertserie als Komponisten zu gewinnen. Sie waren wegen der früheren Schlappe immer noch verstimmt. Als sie hörten, Haydn wolle länger bleiben, boten sie alles auf, ihn von Salomon abzuwerben. Wie Haydn sich erinnerte, schickten die Professionals eine Delegation, um »ihm vorteilhafte Bedingungen anzubieten und ihn durch Bitten zu einer Verbindung geneigt zu machen«. Als das nichts nützte, erschien die Abordnung ein zweites Mal und bot Haydn einhundertfünfzig Guineen über das hinaus, was ihm Salomon zahlen wollte. Doch Haydn blieb standhaft – da Gallini und Salomon »seinetwegen so viel unternommen und so große Ausgaben bestritten hatten, glaubte er, sei es billig, ihnen auch den Gewinn zu vergönnen«. Danach erklärten die Professionals, sekundiert von der ihnen geneigten Presse, Haydn und Salomon den Krieg. Der Einfall, Haydns Schüler Ignaz Pleyel, der in Straßburg ahnungslos auf der Orgel präludierte, nach London zu holen und gegen seinen Meister auszuspielen, war infam, doch wohl durchdacht. Denn das Turnier zwischen Meister und Meisterschüler versprach eine Sensation, von der die Professionals zu profitieren hofften. Haydn ahnte: »es wird also einen blutig Harmonischen Krieg absezen.« Wir wissen nicht, was Pleyel bewog, sich auf diese Kabale einzulassen. Er mag den Professionals geglaubt haben, Haydn freue sich auf ein Wiedersehen, das üppige Honorar beseitigte letzte Zweifel. Als Pleyel kurz vor Weihnachten 1791 nach London kam, lud er am Tag darauf Haydn zum Essen ein. Dabei dürfte er über die boshaften Absichten der Professionals mehr erfahren haben. Der Wettstreit sorgte anfangs für viel Wirbel; doch konnte sich Pleyels gefälliges Geschick gegen Haydns elementare Ausdruckskraft und souveräne Formbeherrschung nicht lange behaupten. Der Wettstreit sah Haydn als überlegenen Sieger, Pleyel als Düpierten, und die Professionals, ohne den kalkulierten Gewinn, gaben bald ihr letztes Konzert.

Im Spätherbst 1791 heiratete Frederick Augustus, Herzog von York, der um ein Jahr jüngere Bruder des Kronprinzen, die Prinzessin Friederike Charlotte Ulricke, älteste Tochter des Preußenkönigs Friedrich Wilhelm II. Die siebzehnjährige Prinzessin wurde Haydns Patronin. Er war von ihr entzückt: »Sie ist die liebenswürdigste Dame von der Weld, besizt sehr viel Verstand, spielt das Clavier und singt sehr artig.« Gelegenheit zu dieser Betrachtung bot ihm die Einladung zu einem zweitägigen Besuch auf Oatlands, dem Lustschloss des jungen Paares bei Weybridge in der Grafschaft Surrey nahe London. Unter einem Zelt im Park speisten hundertachtzig Gäste. Frederick, der Lieblingssohn des Königs, war ähnlich spendabel wie der Kronprinz, mit dem er sich übrigens gut verstand, doch konnte er sich, weil er weniger gesellschaftliche Verpflichtungen hatte, privat höhere Ausgaben leisten. Zu seinem Taschengeld gehörten auch die Einkünfte des Bistums Osnabrück. Frederick hatte in Hannover das Soldatenhandwerk gelernt und sollte bald das Kommando über die britischen Streitkräfte in Holland im Krieg gegen das revolutionäre Frankreich übernehmen.

In Haydns zweitem Londoner Notizbuch findet sich der knappe Eintrag: »Mozard starb den 5ten 10^{bri} 1791«, gemeint war der fünfte Dezember. Der Vermerk trägt kein Datum. Doch muss ihn die Nachricht schon bald nach Mozarts Tod erreicht haben. In einem Brief an Johann Michael Puchberg vom Januar 1792, der nur in redigierter Abschrift erhalten ist, heißt es: »Ich war über seinen Todt eine geraume Zeit ganz ausser mir und konnte es nicht glauben, daß die Vorsicht so schnell einen unersetzlichen Mann in die andere Welt fordern sollte.«

Für Haydn und Salomon begann die zweite Konzertsaison Mitte Februar 1792. Hauptereignis am ersten der insgesamt zwölf Abende war auch diesmal eine Sinfonie, gespielt wurde Nr. 93 in D-Dur, wie gewohnt zur Eröffnung des zweiten Teils nach der Pause, damit Zuhörer nicht schon vorzeitig aufbrachen, war einmal die Haydn-Sinfonie gespielt. Trotz der von den Professionals erklärten Feindseligkeiten brachten diese im ersten Konzert zum Auftakt ein Werk Haydns, was Salomon mit gleich sportlicher Geste erwiderte, indem er den ersten Abend mit einer Ouvertüre Pleyels begann. Solche Artigkeiten waren jedoch nichts weiter als eine Reverenz vor dem englischen Publikum, das wie bei jedem Wettkampf von den Kontrahenten »fair play« verlangte, also kein Angebot zur Beilegung der Fehde. Im folgenden Salomon-Konzert gab es als Rarität ein neu komponiertes Vokalwerk Haydns, »The storm«, ein Stück für Chor, Quartettsolo und Orchester, auf einen Text von Peter Pindar, eigentlich John Wolcot – er beschwört in sieben Versen das Bild des Mondes auf einem vom Sturm gepeitschten Gewitterhimmel. Das sechste Konzert Ende März brachte Haydns Sinfonie Nr. 94 in G-Dur, die »mit dem Paukenschlag«, in England umgehend als »The surprise« bekannt, wo im zweiten Satz, einem Andante mit Thema und Variationen, aus heiterem Himmel ein von der Pauke markierter Fortissimo-Akkord für Herzklopfen sorgt. Haydn widersprach, er habe das Publikum mit diesem Effekt aus seinen Träumen holen wollen, seine Absicht sei allein gewesen, die Leute mit etwas Neuem zu überraschen. Was ihm denn auch wie noch nie gelang.

Wie schon im vergangenen Jahr nutzte Haydn den Sommer zu Exkursionen. Er besuchte Schloss Windsor südwestlich von London, der Lieblingsaufenthalt des Königs, der Terrasse und Gärten zur öffentlichen Besichtigung freigegeben hatte. Seit dem Tod von Königin Anne 1714 hatte keiner ihrer Nachfolger mehr hier gewohnt, die beiden ersten Georges residierten, wenn sie Abstand von London suchten, auf Hampton Court. Seit George III., der das renovierte Schloss 1786 bezog, ist Windsor wieder Sommerresidenz der britischen Könige, das es seit Wilhelm dem Eroberer Ende des 11. Jahrhunderts schon die meiste Zeit gewesen war.

Von Windsor war es nicht weit zur Rennbahn von Ascot-Heath. Was Haydn dort sah, beschrieb er in seinem Notizbuch so detailliert, dass es scheint, als habe ihn das Pferderennen ebenso beeindruckt wie die Seefahrt.

Schließlich folgte ein Besuch bei William Herschel in Slough nördlich von Windsor. Friedrich Wilhelm Herschel, 1738 geboren, war der Sohn eines Hannoveraner Armeemusikers, hatte das Handwerk des Vaters erlernt und blies die Oboe bei der Hannoveraner Garde. Als die Franzosen im Siebenjährigen Krieg Hannover besetzten, floh er nach England. Dort lebte er eine Weile als Kopist, wurde Musiklehrer, komponierte und spielte Oboe, Viola und Orgel, bis er Organist in Bath wurde. Als Hobby betrieb er Astronomie, baute ein Fernrohr, weil er sich keines kaufen konnte, und begann mit der Erforschung des Himmels. Die Entdeckung seines Lebens gelang ihm 1781. Seit Menschengedenken glaubte man, das Solarsystem bestehe aus Sonne und sechs Planeten. Nun fand Herschel den siebten, Uranus. Er begann 1785 mit dem Bau eines Riesenteleskops, zwölf Meter lang, das nach vier Jahren fertig wurde. George III., ein Hobbyastronom, hatte in seinem Palast in Kew ein Observatorium einrichten lassen, auf das er sehr stolz war. Als Georg Christoph Lichtenberg, Hannoveraner wie Herschel, 1775 nach England kam, lud ihn der König ein und unterhielt sich mit ihm zwei Stunden lang im Observatorium über die Wunder am Firmament. Als der König von Herschels spektakulärer Entdeckung hörte, empfing er ihn in Privataudienz. Darauf zog Herschel zuerst in das Dorf Windsor, später nach Slough, um dem König nahe zu sein. Ob Haydn nur das Riesenteleskop in Slough bewunderte oder auch mit dem Hausherrn sprach, lässt sich aus dem Vermerk im Notizbuch nicht erkennen.

Eine Woche nach dem zwölften und letzten Salomon-Konzert der Saison besuchte Haydn womöglich eine Sitzung im Prozess gegen Warren Hastings. Im Notizbuch lesen wir: »Hastings Process war vorige Woche den 25t May 1792, die zwey und neunzigste Versamlung in Westminster Hall. Hasting hat für seine eigene Person 3 Advocaten … jeder von diesen hat an den Tag der Versamlung 10 guinees. Dieser Proceß nahme seinen Anfang vor 4 Jahren: man sagt, daß Hasting eine Million Pfund Sterling reich seye.« Das Parlamentsverfahren gegen Hastings, Generalgouverneur von Indien, war der größte politische Prozess des Jahrhunderts, ein Impeachment, und endete 1795 mit Freispruch in allen Punkten der Anklage. Was Haydns Interesse weckte, war wohl weniger die englische Politik, von der er nichts verstand, als das viele Geld. Hastings war mit siebzehn Jahren nach Indien gesegelt und hatte im britischen Heer gedient. Er kehrte 1764 für vier Jahre nach England zurück und arrangierte sich mit der Ostindien-Kompagnie, die ihn mit einem Vertrag nach Madras schickte. Auf der Reise machte er die Bekanntschaft des deutschen Barons Imhof und seiner schönen Frau Marion, die erst seine Geliebte, dann seine Frau wurde. Als Gouverneur von Bengalen spielte er mit Geschick zum Vorteil Englands Maharadschas und Nabobs gegeneinander aus, nicht selten im Widerspruch zu erteilten Instruktionen, was aber in London vorerst keinen störte, da Hastings an die Kompagnie hohe Summen transferierte. Doch hatte er Feinde im Parlament, und im Februar 1788 kam es zur Anklage wegen »schwerster Verbrechen und Vergehen«. Als ihn das Oberhaus nach sieben zermürbenden Jahren freisprach, war Hastings Gesundheit zerrüttet, und er war finanziell ruiniert. Doch die Ostindien-Kompagnie erinnerte sich nun seiner dankbar und schenkte ihm neunzigtausend Pfund, was Hastings erlaubte, sein Familiengut zurückzukaufen. Dort lebte er in kultiviertem Wohlstand, von einer Generation, die von seinen Sünden nichts mehr wusste oder sie ihm verzieh, als nationaler Held verehrt.

An eine weitere Konzert-Saison in London war nicht zu denken. Haydn war erschöpft. Der »blutig Harmonische Krieg« mit Pleyel hatte ihn belastet, wenn beide auch die Formen wahrten und sogar Freunde blieben. Marianne von Genzinger klagte er über »viele schlaflose Nächte«. Die Augen schmerzten ihn. Ernstlich krank wurde er nicht. Er ließ sich im März 1792 zur Ader, was nicht heißen muss, dass er krank war, der Aderlass, besonders zu Beginn des Frühlings, galt als erprobtes Mittel zur Vorbeugung gegen Krankheiten. Für den »Englischen Rheomatisme«, der im Dezember 1791 so stark war,

»daß ich bisweilen hell laut schreyen muß«, wickelte er sich nach Landesbrauch von Kopf bis Fuß in Flanell ein. Natürlich quälte ihn der Nasenpolyp, vielleicht wegen der oft feuchtkalten Witterung mehr als sonst. Operationen hatten nichts genützt, selbst der Eingriff durch den kaiserlichen Hofarzt Giovanni Alessandro Brambilla, der ein Stück aus der Nasenwand entfernt hatte, war ein Fehlschlag gewesen. Nun erbot sich Englands berühmtester Chirurg, John Hunter, Haydn zu operieren, und der schien auch bereit. Doch musste der vereinbarte Termin verschoben werden, und Haydn vergaß die Sache. »Kurz vor meiner Abreise ließ mich Herr. H. ersuchen, dringender Ursachen wegen zu ihm zu kommen«, erzählte Haydn. »Ich ging hin. Nach den ersten Komplimenten traten einige baumstarke Kerle ins Zimmer, packten mich an und wollten mich auf einen Stuhl setzen. Ich schrie, schlug blaue Flecken, trat so lange mit den Füßen, bis ich mich befreite und Herrn H., der schon mit seinen Instrumenten zur Operation in Bereitschaft stand, begreiflich machte, ich wolle mich nicht operieren lassen.« Der über Haydns Eigensinn verwunderte Hunter ließ ihn laufen. Hunters »baumstarke Kerle« lauerten in jeder Praxis, schon um den Patienten an der Flucht zu hindern, weil oft mit ihm auch das Honorar entschwand. Narkose war unbekannt, in England trank der Patient ein volles Glas Brandy und wurde, falls dann noch nötig, mit Gewalt niedergerungen. Wegen der Schmerzen operierten die Ärzte schnell, es gab solche, die einen Blasenstein in einer halben Minute entfernen und ein Bein in vier Minuten amputieren konnten. Viele Patienten starben danach an Infektionen. John Hunter machte Studien an sich selbst, indem er sich die Erreger von Geschlechtskrankheiten injizierte. Doch war er als Vertreter der wissenschaftlichen Medizin eine rare Ausnahme. Lieber vertraute die Menschheit wie gewohnt Heilmitteln aus der Hexenküche: Der Sud aus gekochten Schaben half bei Nierenkrankheiten, Taubenblut war gut bei Schlagfluss, das Pulver getrockneter Hechtaugen kurierte Zahnschmerzen, der Brei aus verfaulten Äpfeln heilte entzündete Augen. Verglichen damit war Haydns Flanelltherapie ein epochaler Fortschritt.

Haydn verliess England Ende Juni 1792. Die bei seiner Herreise noch friedliche Lage auf dem Festland hatte sich unterdessen bedrohlich verändert.

Mit dem Tod des Grafen Mirabeau im April 1791, der in einem gewagten

Spiel zwischen Krone und Revolution vermittelt hatte, war die Aussicht auf eine Mäßigung der Radikalen so gut wie dahin. Die Nationalversammlung hatte 1790 eine Verfassung verabschiedet, die zwar die Erbmonarchie beibehielt; doch war der König in seinen Prärogativen erheblich eingeschränkt. Zudem wurde seine Amtsführung von der Nationalversammlung überwacht. Sollte er ohne deren Zustimmung das Land verlassen, konnte er die Krone verlieren.

Der König hatte die Flucht wohl schon seit Juni 1790 geplant. Ein Jahr später war es für die Flucht nun höchste Zeit. König und Königin hatten in geheimen Botschaften auswärtige Mächte zur Intervention in Frankreich gedrängt, Marie Antoinette hatte ihren kaiserlichen Bruder, Leopold II., inständig beschworen, im Bündnis mit befreundeten Monarchien gegen die Revolution ohne weiteres Zögern entschlossen Front zu machen. Die ins nahe Ausland geflohenen Royalisten sahen sich schon als Vorhut und Vollstrecker einer gnadenlosen Restauration.

Bei Varennes, nahe der Grenze zu den Österreichischen Niederlanden, dem heutigen Belgien, werden König und Königin, trotz falscher Papiere und in der Verkleidung als Kammerdiener und Gouvernante, am Abend des 21. Juni 1791 erkannt, verhaftet und unter starker Bewachung nach Paris geführt. »Der Volksauflauf war ungeheuer«, schreibt ein Zeitgenosse, »alle behielten sie ihren Hut auf dem Kopf, und es herrschte ein geradezu majestätisches Schweigen.« Die Nationalversammlung beschließt die Suspendierung des Königs und die Einsetzung eines Ausschusses zur Untersuchung der Flucht. Auf dem Marsfeld feuert die Nationalgarde unter dem Befehl des Marquis de Lafayette in eine aufgeputschte Menge, die eine Nation ohne König fordert.

In Pillnitz bei Dresden erklären Ihre Majestäten Kaiser Leopold II. und Friedrich Wilhelm II., König von Preußen, Ende August 1791, die Lage des Königs von Frankreichs, ihres Bruders, sei »ein Gegenstand des gemeinsamen Interesses aller Herrscher Europas«. Sollten sich in dieser Einschätzung alle einig sein, würden die beiden Majestäten, im Bündnis mit Gleichgesinnten, die wirksamsten Mittel ergreifen, um den französischen König wieder in seine früheren Rechte einzusetzen. Diese vage Erklärung feiern die um Koblenz vereinten Royalisten, als stehe der Marsch verbündeter Armeen auf Paris unmittelbar bevor.

Dort wächst die Empörung über die auswärtige Einmischung. Der Konvent erklärt im April 1792 Österreich den Krieg. Ende Juli wird bekannt, der Herzog von Braunschweig habe gefordert, Paris solle sich auf der Stelle dem König unterwerfen. Darauf stürmt ein Mob die Tuilerien, der König und seine Familie werden in den Temple, ein ehemaliges Kloster, überführt. Die Revolutionsarmee behauptet sich am 20. September 1792 gegen die Preußen in der Kanonade von Valmy in der Champagne. Der König wird wegen Hochverrats angeklagt, zum Tode verurteilt und am 21. Januar 1793 auf der Place de la Révolution, heute Place de la Concorde, mit der Guillotine hingerichtet.

Während Haydn in England war, wurden die Turbulenzen in Frankreich, die mit dem Versuch zur Reform begonnen hatten und über eine Revolte in die Revolution gemündet waren, in Salons, Pubs und Clubs, auf Soireen, Konzerten und in Theatern leidenschaftlich debattiert. Mit Staunen, dann mit Entsetzen erlebte England, was sich der fremde Nachbar an Unverstand, Selbstsucht, Realitätsferne, doktrinärer Rechthaberei und schließlich wilder Mordlust leistete. Dennoch gab es in England, wie überall in Europa, zunächst Beifall. James Fox, ein führender Liberaler, nannte den Fall der Bastille das größte Ereignis, das je in der Welt geschah, und das beste noch dazu. Die »Gesellschaft zur Erinnerung an die Revolution von 1688«, die auch Mitglieder aus dem hohen Adel hatte, sandte Glückwünsche an die Nationalversammlung, wo es hieß, das von Frankreich gegebene glorreiche Beispiel möge nun auch andere Nationen ermutigen, die unveräußerlichen Rechte der Menschheit zu proklamieren.

Zum wortstarken Gegner der Französischen Revolution und ihrer Ideen wurde Edmund Burke. In »Reflections on the Revolution in France«, erschienen im November 1790, wandelte Burke sich, der wie der liberale James Fox, dessen Freund und Mentor er war, sein Leben lang den Machtanspruch der Krone bekämpft hatte, zum Wortführer des Konservatismus. Wegen des Streits über die Französische Revolution zerbrach die Freundschaft mit Fox. Burke plädierte für den Erhalt des Gewachsenen. Die Politik solle nutzen, was existiere. Die Idee der politischen Gleichheit sei eine phantastische Marotte, die Natur kenne keine Gleichheit. Erst die Tradition schaffe Stabilität und Sicherheit, ohne diese gebe es keine Freiheit. Die Volksmehrheit, predigte Burke, sei ein schlimmerer Tyrann als der König. Thomas Paine widersprach mit »The Rights of Man«: Die Gleichheit sei ein Gebot der Gerechtigkeit, die Reichen sollten für die Wohlfahrt der Armen zahlen. Die Monarchie sei als Staatsform passé.

Sieger des Meinungsstreits in England blieb Burke. Die Exzesse der

Revolution hatten den Glauben an ihre geschichtliche Sendung diskreditiert. England wurde zum Antipoden des revolutionären, dann des napoleonischen Frankreich. Die britische Monarchie ging aus dem Kampf gegen die Revolution gestärkt hervor.

Aus den politischen Unterhaltungen wird Haydn nicht viel gelernt haben, schon weil er das Englische kaum verstand. Doch dürften ihn Salomon und andere, die deutsch oder, wie Burney, italienisch sprachen, über die Stadien des Aufruhrs in Paris in großen Zügen unterrichtet haben. Die Hoffnung, eine nun in ihrer Allmacht gestutzte Monarchie werde die öffentliche Ordnung bald wiederherstellen, war spätestens mit der Verhaftung des Königs verflogen. Der Ernst der Lage spiegelte sich auch im Zustrom von Flüchtlingen nach England. Einige dieser Emigranten waren namhafte Musiker und gastierten in Salomons Konzerten.

Die Kriegserklärung der Nationalversammlung an Österreich hatte die nationale Revolution zum internationalen Konflikt erweitert. Haydns Heimreise war gefährdet. Es zog ihn nach Hause, weil, wie er Dies sagte, »seine Frau seine Zurückkunft betrieb und er auch Wien und überhaupt die vaterländische Luft zu genießen wünschte«. Wir wissen nicht, ob er für die Rückkehr wieder die Fähre zwischen Dover und Calais nahm, oder ob er dieses Mal, um die Reise durch Frankreich und die Österreichischen Niederlande zu vermeiden, die längere Seereise von Harwich, einem Hafen nördlich von London, nach Rotterdam vorzog. Die Überlandfahrt durch Holland und rheinaufwärts nach Bonn wäre nicht nur sicherer, sondern auch um die Hälfte kürzer gewesen.

Nach dem außerordentlichen Erfolg ihrer gemeinsamen Konzerte hatte Salomon wenig Mühe, Haydn zu überreden, bald nach London zurückzukehren. Schriftliches ist nicht überliefert. Doch werden die Bedingungen dieselben oder ähnliche gewesen sein wie die beim ersten Kontrakt. Jedenfalls sollte Haydn wieder Sinfonien und Quartette schreiben.

Auf der Hinreise nach London hatte Salomon für den Grund gesorgt, in seiner Heimatstadt Bonn Station zu machen und Haydn dem Kurfürsten vorzustellen. Einen zwingenden Anlass, nun ohne Salomon ein weiteres Mal Bonn zu besuchen, gab es für Haydn nicht, zumal der Kurfürst zur Kaiserkrönung seines Neffen schon nach Frankfurt abgereist war.

Der wesentliche, wenn vielleicht auch nicht der einzige Grund für Haydns zweiten Aufenthalt in Bonn war offenbar Beethoven. Ein näherer Kontakt zu dem Musikverleger Nikolaus Simrock, dem älteren Freund Beethovens, bot sich bei dieser Gelegenheit an. Haydn konnte der Versuchung, mit Verlegern zu verhandeln, selten widerstehen. Wir wissen nicht, was dem Besuch in Bonn und dem Treffen mit Beethoven an Korrespondenz vorausging. Briefpartner in London war wohl Salomon. Wahrscheinlich war Ferdinand Graf Waldstein, der 1788 dem neuen Kurfürsten, dem Habsburger Maximilian Franz, als Freund und Berater von Wien nach Bonn gefolgt war, an dem Vorhaben beteiligt. Er war Beethovens bewundernder Gönner.

Die Mitglieder des kurkölnischen Orchesters baten Haydn zum Frühstück nach Bad Godesberg. Beethoven war seit 1788 Violinist im Hoforchester und bei der Oper, gab Klavierunterricht und glänzte als Klaviervirtuose. Er war Schüler von Christian Gottlob Neefe, einem protestantischen Sachsen, der den elfjährigen Beethoven als seinen Adjunkt an der Hoforgel beschäftigt hatte. Neefe hatte 1783 in einem Beitrag über die kurfürstliche Bonner Hofmusik das Talent seines Schülers gerühmt – dieses junge Genie verdiene es, sich auf Reisen zu schulen, er werde gewiss ein zweiter Mozart werden, wenn es mit ihm so fortgehe, wie es begonnen habe. Der Kurfürst sandte Beethoven vier Jahre später zum Studium bei Mozart nach Wien. Wie es scheint, stellte er sich bei Mozart im April 1787 im Haus in der Schulergasse vor, vielleicht spielte er auch eine eigene Komposition. Doch keine zwei Wochen nach Ankunft reiste er überstürzt nach Bonn zurück, weil ihm der Vater geschrieben hatte, der Zustand der Mutter, die schon länger krank war, habe sich ernstlich verschlimmert. Maria Magdalena starb Mitte Juli 1787 an der Schwindsucht. Der Vater, Johann, suchte nun, mehr denn je, haltlos Trost im Wein, und Ludwig übernahm als ältester Sohn die Sorge für Vater und beide Brüder.

Seit Mozarts Tod im Dezember 1791 war gerade ein halbes Jahr vergangen. Bestürzung und Trauer waren allgemein. Gluck war 1787 gestorben. Der größte nun noch lebende Wiener Meister war Haydn, der Freund Mozarts, der nach eigenem Bekenntnis von ihm gelernt hatte, Quartette zu schreiben. Nach dem in London und Bonn entworfenen Plan sollte Beethoven bei Haydn Komposition studieren und den Meister Anfang 1793 nach London begleiten. Beethoven hatte ihm als Probe eine Kantate vorgelegt. Sollte Haydn an dem jungen Talent noch gezweifelt haben, so war er nun überzeugt. Beethoven sollte sein größter Schüler werden.

Mit dem Segen des Kurfürsten reiste Beethoven Anfang November 1792 nach Wien. Sein Dienstherr hatte ihm hundert Dukaten geschenkt und bezahlten Urlaub bewilligt. Graf Waldstein schrieb seinem Schützling, ebenso gläubig wie fordernd, zum Abschied ins Stammbuch: »Mozarts Genius trauert noch und beweint den Tod seines Zöglings; bei dem unerschöpflichen Haydn fand er Zuflucht, aber keine Beschäftigung; durch ihn wünscht er noch einmal mit jemandem vereinigt zu werden. Durch ununterbrochenen Fleiß erhalten Sie: Mozarts Geist aus Haydns Händen.« Nach dieser Reise sollte Beethoven Bonn nicht wiedersehen.

Bei der Kaiserkrönung in Frankfurt am 14. Juli gab es für Haydn nichts zu tun. Hofkapellmeister Antonio Salieri, der im Tross des neuen Herrschers angereist war, dirigierte bei den Festlichkeiten, was es zu dirigieren gab, von Haydn war nichts dabei. Nach dem förmlichen Gespräch mit Fürst Anton traf Haydn sich in Biebrich am Rhein, heute Stadtteil von Wiesbaden, mit dem Musikverleger Bernhard Schott, seit 1780 Hofmusikstecher des Kurfürsten von Mainz, und ventilierte mit ihm, wie schon mit Simrock in Bonn, Projekte einer künftigen Zusammenarbeit.

Ende Juli bezog Haydn in Wien wieder das Quartier im Hause Hamburgers an der Wasserkunstbastei, das Maria Anna seit seiner Abreise bewohnt hatte. Seine Rückkehr blieb in der Presse längere Zeit unbemerkt oder unbeachtet, für den in London Gefeierten ein herber Wechsel. Es dauerte Monate, bis der Name Haydn in der Öffentlichkeit erschien – für den Maskenball der Gesellschaft bildender Künstler im Redoutensaal der Hofburg Ende November komponierte er, ohne Bezahlung, zwei Dutzend Menuette, der hohe Gewinn diente wohltätigen Zwecken. Madame de Staël, von Napoleon verbannt, besuchte 1808 einen solchen Ball: »Betritt der Fremde einen der Redoutensäle, wo an Feiertagen Bälle für die Bürger veranstaltet werden, so sieht er Männer und Frauen, einander zugewandt, gravitätisch die Schritte eines Menuetts ausführen, das sie sich als Vergnügen auferlegt haben. Hin- und Hergehende durchkreuzen das tanzende Paar; dieses läßt sich nicht mehr stören, als wenn es ein Gelübde zu erfüllen hätte; jedes von ihnen dreht sich allein rechts, links, vor- und rückwärts, ohne sich um den anderen zu bekümmern, der es grade eben so macht; nur bisweilen stoßen sie einen kleinen Freudenruf aus, ziehen sich aber sogleich wieder in die ernsthaften Gesichtsfalten zurück.«

Im Kleinen Redoutensaal gab er im März 1793 vor sechshundert Zuhörern ein Konzert mit drei Londoner Sinfonien. Von dem Ereignis wissen wir nur aus privaten Aufzeichnungen, die Presse hatte auch diesmal nichts zu melden. Zwei weitere Konzerte für die Tonkünstler-Sozietät, erneut ohne ein Benefiz für Haydn, folgten im Burgtheater an beiden Tagen vor Heiligabend, mit Londoner Sinfonien und Chören. Immerhin war dieses Mal der »Wiener Zeitung« das Ereignis ein paar Zeilen wert.

Bald nach seiner Rückkehr erfuhr Haydn, der Herr von Rohrau habe im Schlosspark am Ufer der Leitha für ihn ein Denkmal setzen lassen. Der als Pyramide aufgeführte Stein trug die Inschrift: »Dem Andenken / Joseph Haydns / des unsterblichen Meisters / der Tonkunst, / dem Ohr und Herz / wetteifernd huldigen, / gewidmet / von / Karl Leonhard Graf von Harrach / im Jahr 1793.« Der Denkstein in Rohrau, wo alles begonnen und das er so früh verlassen hatte, freute und rührte ihn.

Die Eheleute kauften im August 1793 das Haus, das Maria Anna ihrem Mann, damals noch in London, empfohlen hatte. Es war ein einstöckiges Gebäude in Gumpendorf in der Vorstadt Obere Windsmühle, dort Kleine Steingasse Nr. 73 – »Gumpen« sind im Wiener Sprachgebrauch Tümpel. »Mir gefiel die einsam stille Lage.« Besonders gefiel beiden das Gärtchen. Um mehr Platz zu schaffen, was sich schon wegen der Dienstboten empfahl, ließ Haydn das Haus aufstocken. Dazu bedurfte es eines Baugesuchs an den Magistrat, das umgehend bewilligt wurde. Drei Jahre später zogen sie ein.

Beethovens Unterricht bei Haydn hatte im November 1792 begonnen, er dauerte bis Ende 1793. Jahre später vermerkte Griesinger nach einer Unterhaltung mit Haydn: »Als seine besten und dankbarsten Schüler pflegte er die Herren Pleyel, Neukomm und Lessel zu rühmen.« Beethoven war nicht dabei.

Als Lehrbuch benutzte Haydn die von ihm kritisch überarbeitete und gekürzte Fassung des Gradus ad Parnassum von Fux. Beethoven schrieb, von Haydn geführt, Übungen im Kontrapunkt. Einhundertfünfundvierzig dieser Studien sind erhalten.

Beethoven meinte, er habe bei Haydn nichts gelernt, der sei immer mit anderem beschäftigt gewesen.

Aus den Übungen sollte sich schließen lassen, wie gewissenhaft Haydn als Lehrer war. Nur zweiundvierzig hat Haydn eigenhändig verbessert. Was aber nicht heißt, die restlichen zweihundert seien fehlerfrei gewesen. Selbst die zweiundvierzig sind bisweilen schludrig korrigiert, Haydn übersah selbst gröbste Fehler, wie Quintenparallelen, die schon seit vier Jahrhunderten aus dem strengen Satz kategorisch verbannt waren. Auch ein neuerer Versuch,

Haydns Korrekturen günstiger zu bewerten, kann nicht erklären, warum er die Fehler in vier Fünfteln von Beethovens Studien unverbessert ließ.

Derart vernachlässigt, nahm Beethoven, hinter Haydns Rücken, einen zweiten Lehrer. Es war Johann Schenk, Komponist von Kirchenmusik und Singspielen, kein großes Licht, der aber die Regeln des strengen Satzes kannte und bereit war, Beethovens Übungen für Haydn mit der bisher vermissten Sorgfalt auf Fehler durchzusehen. Doch verlangte Schenk, Beethoven solle die überarbeiteten Übungen erst abschreiben, bevor er sie Haydn zeigte, damit dieser die Einträge von fremder Hand nicht sehe.

Sicher ist, dass Haydn beschäftigt war. Nun reiste er zwar nicht, wie zunächst geplant, schon Anfang 1793 wieder nach London. Der Aufschub erlaubte ihm, sich auf die zweite Tournee gründlich vorzubereiten. Der Vorrat an Kompositionen, aus dem er 1792 die ersten Konzerte bestritten hatte, wodurch ihm mehr Muße geblieben war, sich in die ihm fremde Umwelt einzuleben, war lange aufgebraucht, er musste für London Neues komponieren. Für einen Schüler, der ihn dazu noch in Kreuzern bezahlte, wo er in London schon für eine Klavierstunde eine Guinee bekommen hatte, blieb da nicht viel Zeit.

Doch das erklärt nicht alles. Die beiden harmonierten nicht. Haydn war fast vierzig Jahre älter, was allein schon für Abstand sorgte. Er war konservativ und durch den Aufenthalt in England noch konservativer geworden. Beethoven rebellierte gegen die herrschende Ordnung. Bei seiner Jugend noch ohne Erfahrung berauschte er sich an Ideen. Der Mensch war zur Freiheit geboren, wer sich gegen dieses Naturgesetz auflehnte, forderte Widerstand heraus, ja selbst Gewalt war legitim. Für Beethoven war die Französische Revolution ein weltgeschichtliches Ereignis, dessen Zeit gekommen war, und er bewunderte Napoleon, bis der sich 1804 zum Kaiser krönte, womit er, zu Beethovens maßloser Enttäuschung, die Idee verriet.

Doch das fortschrittliche Verständnis der Zeitgeschichte sanktionierte nur, was in Beethovens Charakter angelegt war. Jede Autorität war ihm zuwider, Autorität war Fremdbestimmung. Unterricht hieß für Haydn, dass der Schüler vom Meister lernte. Schon dagegen opponierte Beethoven. Er war zwar nicht der Meister, aber ein Schüler, dem Meister unterlegen, wollte er auch nicht sein. Wenn nicht schon jetzt, so wollte er bald Meister sein, und dazu ein größerer als Haydn. Dass der ihm Fehler vorhalten konnte, fand Beethoven unerträglich. Es mag also sein, dass er Schenks Hilfe suchte, um sich vor Haydns Belehrungen zu schützen, und es mag auch sein, dass

Haydn mit der Zeit das Korrigieren aufgab, um seinen reizbaren Schüler zu schonen. Übrigens waren die Erfahrungen von Albrechtsberger, Haydns Jugendfreund, der Beethoven auf Haydns Empfehlung 1794 weiter im Kontrapunkt unterwies, und die von Salieri, der Beethoven in die italienische Oper einführen sollte, ganz ähnlich wie die Haydns. Wenn Beethoven Haydns Nachlässigkeit monierte, so war ihm Albrechtsbergers methodischer Unterricht zu pedantisch. Nach einem Jahr zog Beethoven sich zurück, ohne den Kurs zu beenden. Ähnlich bei Salieri.

Was Haydns Umgang mit seinem Schüler, den er später den »Großmogul« nannte, noch weiter belastete, war das Geld. Es war schon ärgerlich, dass Beethoven ihm so wenig zahlte. Doch bald zahlte ihm dieser Schüler gar nichts mehr, wobei er behauptete, mit der kurfürstlichen Zuwendung könne er in Wien nicht leben. Haydn lieh ihm fünfhundert Gulden, damit er sich das Nötigste an Kleidung leisten konnte, um in Gesellschaft zu erscheinen.

Was Haydn nicht wusste, erfuhr er vom Kurfürsten. Ende November 1793 berichtete er nach Bonn über die Fortschritte seines Zöglings, der »mit der Zeit die Stelle eines der größten Tonkünstler in Europa« einnehmen werde, und er, Haydn werde »stolz seyn, mich seinen Meister nennen zu können«. Dem Schreiben legte er fünf Kompositionen Beethovens bei.

Haydn fuhr fort: Der Kurfürst habe, wie er, Haydn, von Beethoven wisse, diesem für das Jahr einhundert Dukaten angewiesen. Das sei für das Leben in Wien jedoch zu wenig. Er habe Beethoven daher fünfhundert Gulden geliehen. Er bitte nun, Beethoven in den Stand zu setzen, diese Summe an ihn, Haydn, zurückzuzahlen. Er erlaube sich vorzuschlagen, Beethoven im kommenden Jahr tausend Gulden anzuweisen, ein Betrag, der eben ausreichen werde, die Kosten für Unterhalt und Unterricht zu decken.

Die Antwort des Kurfürsten war ungehalten. Die eingesandten Stücke Beethovens, bis auf die Fuge, seien schon »hier in Bonn komponirt und produzirt worden«, den Fortschrittsbeweis bleibe Haydn also noch schuldig. Es stimme, dass er Beethoven fünfhundert Gulden zum Lebensunterhalt gewährt habe. Dazu laufe aber sein Gehalt als Hofmusiker von vierhundert Gulden jährlich fort, er verfüge also über neunhundert Gulden. Er frage sich nun, ob es nicht besser sei, dass Beethoven nach Bonn zurückkehre, »denn ich zweifle sehr, daß er bey seinem itzigen Aufenthalte wichtigere Fortschritte in der Composition und Geschmack gemacht haben werde und ich fürchte, daß Er eben so wie bei seiner ersten Wienner Reise bloß Schulden von seiner Reise mitbringen werde«.

Beethoven hatte also zweimal gemogelt. Was hatte Haydn sich bei den eingesandten Stücken gedacht? Es ging ja nicht um Bagatellen – unter ihnen waren ein Quintett, »eine achtstimmige Parthie« und ein Oboenkonzert. Konnte er wirklich glauben, Beethoven habe das alles nach der Abreise aus Bonn geschrieben, unter seiner Nase, und ohne ihm ein Wort zu sagen? Es ist möglich, dass er Beethovens Versicherung gutgläubig aufsaß. Wahrscheinlich ist es nicht. Wahrscheinlich ist, dass beide im Einverständnis miteinander gegen den Kurfürsten konspirierten, wobei weniger Beethoven als Haydn die treibende Kraft war. Denn er wollte sein Geld zurück. Das Fortschrittstestat war ein Mittel zum Zweck.

Nur hatten sie die Rechnung ohne den Wirt gemacht – als Habsburger verstand der Kurfürst etwas von Musik, die versuchte Täuschung empörte ihn. Für Haydn kam die Reue zu spät. Er hätte besser auf die Rückforderung des Kredits verzichtet, als sich derart bloßzustellen.

Nach dieser Erfahrung und ähnlich unerfreulichen zuvor war für ihn klar, dass er allein nach London reisen würde. Einen solch exzentrischen Menschen wie Beethoven dem Londoner Publikum als Schüler vorzustellen, der nicht sein Schüler sein wollte, und sich mit ihm, der Pleyel an Talent um Längen überragte, noch einen Konkurrenten aufzuhalsen, war ihm zu riskant.

Auch diesmal im Winter und wieder kurz vor Beginn der Londoner Konzertsaison reiste Haydn nach England, jetzt in Begleitung seines Faktotums Johann Elssler, im Gepäck die Bratsche.

Sie verließen Wien am 19. Januar 1794 in einer bequemen, von Baron van Swieten besorgten Kutsche. Die Reise ging über Linz, Passau und das rechtsrheinisch gegenüber Mainz gelegene Wiesbaden. Wieder hatte es Anstände mit Fürst Anton gegeben. Er hatte versucht, Haydn die zweite Reise nach England auszureden. »Der Fürst verlangte zwar keine Dienste von Haydn, fand aber Wohlgefallen an dessen Person und war der Meinung, Haydn hätte sich Ruhm genug erworben«, formuliert gewunden Dies. Anton reizte es, dass Haydn dem Hause Esterházy, dem er doch alles verdankte, so wenig Loyalität erwies. Er hatte Haydn noch nicht verziehen, dass der seinen Rückruf aus London 1791 ignoriert hatte. Ähnliches geschah nun wieder. Doch Haydn war nicht umzustimmen. Hatte er sich das bisschen

Freiheit nach dreißig Dienstjahren nicht redlich verdient? Diesem Fürsten, der 1790 ohne alles Federlesen die Kapelle entlassen hatte, schuldete er kein solches Opfer. »Dazu kam noch der Umstand, dass Haydn bei seinem ersten Aufenthalt in London bare 12 000 Gulden gewonnen hatte und dabei wußte, daß das englische Publikum seiner Muse noch immer sehr geneigt sei.« Es hätte schon bessere Gründe geben müssen, ihn in Eisenstadt und Wien zu halten.

In Wiesbaden hörte Haydn in dem Gasthof, in dem er abgestiegen war, wie im Zimmer nebenan das Thema des Andante aus der »Sinfonie mit dem Paukenschlag« gespielt wurde. Er klopfte an, trat ein und fand sich im Kreis preußischer Offiziere, die lange nicht glauben wollten, er selbst sei es, Haydn, bis er sich ihnen mit Brief und Siegel auswies. »Und er mußte bis spät nach Mitternacht in ihrer Gesellschaft bleiben.«

Was hatten preußische Offiziere im Januar 1793 in Wiesbaden zu schaffen? Nach der Kanonade von Valmy und dem Rückzug der verbündeten Truppen im Vorjahr war das französische Revolutionsheer unter General Adam-Philippe de Custine in das Rheinland eingefallen und hatte im vergangenen Oktober Festung und Kurfürstentum Mainz erobert. Schon vor dem Einzug der Franzosen hatte es in Stadt und Staat Proteste gegen die Feudalordnung gegeben, Arbeiter hatten mit Fahnen in den Farben der Französischen Revolution demonstriert. Während der Zeit der Besatzung bekannten sich immer mehr Bürger zu den neuen Idealen, zumal es die Eroberer verstanden, für ihr Programm zu werben, statt die Bevölkerung, mit der Macht des Siegers, zu ihrem Glück zu zwingen. Absicht von Besatzungsmacht und Mainzer Revolutionären war es, den kurfürstlichen Feudalstaat in eine Republik umzuwandeln und mit Frankreich zu vereinigen. Mainzer Jakobiner hatten eine »Gesellschaft der Freunde der Freiheit und Gleichheit« gegründet, ein führender Kopf des neuen Staates war Georg Forster, Forscher und Weltumsegler. Weil sich die Mehrheit der Bevölkerung, trotz des Eifers der Demokraten, öffentlich nur zögernd zur Revolution bekannte, verfügte der Pariser Nationalkonvent Ende 1792 die zwangsweise Etablierung der neuen Ordnung in den besetzten Gebieten. Im folgenden Februar kam es zu Wahlen für einen »Rheinisch-Deutschen Nationalkonvent«. Wer wählen wollte, musste den Eid auf die Revolution leisten, wer diesen verweigerte, es waren einige Tausend, wurde ausgewiesen. Der Mainzer Konvent erklärte sodann das Kurfürstentum zum »Rheinisch-Deutschen Freistaat«, und hochgestimmt billigte der Pariser Nationalkonvent am 30. März die

Aufnahme des neuen deutschen Staates in die Französische Republik. Bald würde sich ganz Deutschland, unter den zündenden Klängen der Marseillaise, der Revolution anschließen.

Als das geschah, waren die Tage des Freistaates freilich schon gezählt. Unterdessen hatte nämlich eine vereinte Armee aus preußischen, österreichischen, sächsischen, hessischen und pfalzbayerischen Truppen unter dem Befehl des preußischen Generals Friedrich Adolph Graf von Kalckreuth die Stadt weiträumig eingeschlossen und Mitte Juni begonnen, sie sturmreif zu schießen. Vor der sicheren Niederlage kapitulierte das französische Aufgebot und verließ die Stadt am 23. Juni, gegen Zusicherung freien Abzugs. Das war zugleich das Ende der Mainzer Republik.

Salomon empfing Haydn in London mit offenen Armen. In Zeitungen hatte er die Anzeige einrücken lassen, »Dr. Haydn« werde für die Konzerte neue Werke komponieren und ihre Aufführung vom Klavier aus leiten. Der Beifall der Londoner für den Rückkehrer war überaus herzlich.

Wenn sich auch manches wiederholte, so gab es doch zwei bedeutende Veränderungen. Die Professional Concerts hatten 1793 die Segel gestrichen. Und in den Salomon-Konzerten spielte nun häufig, nach der Haydn-Sinfonie im zweiten Teil, der Geiger Giovanni Battista Viotti. Er war einer der bedeutendsten Geiger der europäischen Musikgeschichte, mit Nachwirkung bis weit in das 19. Jahrhundert, noch hoch geschätzt von Brahms. Das Violinkonzert in a-Moll, geschrieben in London 1792, eines der letzten von neunundzwanzig insgesamt, gilt als ein Höhepunkt der klassischen Violinkultur. Viotti spielte auf einer Geige des Cremoner Meisters Antonio Stradivari, durch ihn wurden Stradivaris nördlich der Alpen erst berühmt – Paganini bevorzugte Geigen von Giuseppe Guarneri del Gesù. Haydn respektierte Viotti, und dieser bewunderte Haydn, was dazu führte, dass er beim Orchestersatz in seinen Violinkonzerten dem Vorbild Haydns folgte, mit dessen Sinfonien er in den Pariser Jahren bekannt geworden war.

Unterdessen hatte Haydn eine bequeme Wohnung auf Bury Street gefunden, nicht weit von Carlton House, der Residenz seines Wohltäters, des Prince of Wales, und von Rebecca. Wieweit beide zu der früheren Vertrautheit zurückfanden und ob Rebecca wieder Klavierstunden nahm, wissen wir nicht. Auch fehlen dieses Mal Zeugnisse ihrer zärtlichen Besorgnis.

Mit Haydn und Viotti, dazu mit der Mara und dem Bass Ludwig Fischer, der bei der Premiere von Mozarts Singspiel »Die Entführung aus dem Serail« in Wien 1782 den Osmin gesungen hatte, wurden die Professionals kaum vermisst. Als Madame Mara auch im dritten Konzert absagte, nachdem sie schon im zweiten wegen starker Erkältung und Heiserkeit nicht aufgetreten war, schrieb The Times zwei Tage danach erbost und unmanierlich, die Abwesenheit der Mara habe niemand bedauert, weil ihre unerträgliche Impertinenz und ihre unausstehlichen Allüren, wann immer sie vor dem Orchester erscheine, selbst Überdruss bei jenen errege, die ihr Talent bewunderten. Im fünften Konzert gastierte die zweiundzwanzigjährige blinde Marianne Kirchgässner als Virtuosin auf der Glasharmonika – für sie hatte Mozart 1791 ein Adagio und Rondo für Harmonika, Flöte, Oboe, Bratsche und Cello geschrieben. Im achten Konzert gab es erstmals Haydns Sinfonie Nr. 100 in G-Dur, die wegen des martialischen Aufruhrs mit Pauken, großer Trommel, Becken, Triangel und zwei Clarini, den »Engelstrompeten«, im zweiten Satz, einem Allegretto, spontan »Militärsinfonie« getauft wurde – sie war zu Haydns Lebzeiten seine populärste. Der Beifall der Londoner war ekstatisch. England führte seit einem Jahr Krieg gegen Frankreich, und Haydns Allegretto war wie ein patriotischer Ruf zu den Fahnen.

Ende Mai gab es für Haydn das übliche Benefizkonzert, die Karten kosteten eine halbe Guinea, eine der Verkaufsstellen war Haydns Wohnung in Bury Street, wo Johann Elssler für den Meister Kasse machte. Mit weiteren Benefizabenden zugunsten anderer Künstler, wie jener für Viotti, mit Haydn-Werken und mit ihm selber als Leiter am Klavier, endete die Konzertsaison 1794.

Wie beim ersten Besuch hatte Haydn auch jetzt mit Salomon seine Mitwirkung bei der kommenden Spielzeit fest abgemacht. Die allgemeine Verehrung und die vielen Aufmerksamkeiten taten ihm wohl. Der neuerliche Erfolg beim Publikum hatte seine schon hohen Erwartungen noch übertroffen. Nach der Fron der letzten Monate fühlte er sich zwar abgespannt. Aber erschöpft war er nicht. Er wollte mehr von England sehen.

Erstes Urlaubsziel war der Südküstenhafen Portsmouth. Unter Lord Richard Howe hatte ein britisches Geschwader bei Kap Hague, dem nördlichen Ausläufer der Normandie, einen französischen Verband angegriffen, zwei Schiffe versenkt, eines verbrannt sowie sechs geentert und als Prise heimgeführt. Die beiden größten, La juste und Sans pareil, jedes mit achtzig Kanonen, lagen nun im Hafen von Portsmouth. Der König, die Königin und fünf Königskinder waren zur Besichtigung der Beute Ende Juni nach Portsmouth gereist. Lord Howe, der Held der Stunde, empfing aus des Königs Hand ein Schwert und den Hosenbandorden.

Für Haydn war Portsmouth, bei seiner jungenhaften Schwärmerei für Schiffe und Seefahrt und seit dem königlichen Staatsakt, ein verlockendes Reiseziel. Er fand sich am 19. Juli um fünf Uhr früh mit leichter Bagage bei der Poststation am Hotel The Belle Savage bei Ludgate Hill ein. Wer ihn begleitete, ist unbekannt, Elssler hätte ihm nichts genützt, weil er noch weniger Englisch sprach als er selber. Es war ein schöner Morgen: »die helfte Juny und den ganzen Monath July war sehr heiß, und ohne Regen«, lesen wir im dritten Londoner Notizbuch, »es giengen der grossen hitze wegen sehr viele Menschen in der Tamse zu grund, weil sich so viele allda baaden. Manche sind im stande 2 stunden weit zu schwimmen, wenn sie aber die fluth ertapt, sind Sie verlohren.« Den Stopp bei Hampton Court nutzte er zur Besichtigung von Schloss und Gärten. Nach fünfzehn Stunden und zweiundsiebzig Meilen rollte der Wagen in Portsmouth ein. Am folgenden Tag bestieg Haydn die La juste und ließ sich erzählen, wie eine Kanonenkugel, die durch die Kajüte des Kapitäns geflogen sei, auf ihrer Bahn vierzehn Seeleute getötet habe. Der Besuch der Werft wurde ihm nicht erlaubt, weil England im Krieg und er Ausländer sei. Wie es scheint, segelte Haydn am dritten Tag von Portsmouth nach Ryde auf der Insel Wight und fuhr von dort nach Newport, der Hauptstadt der Insel, wo die Leute, wie er fand, wie Deutsche aussähen. Weiter ging es nach Fernhill, dem idyllisch in Meeresnähe gelegenen, im gotischen Stil erbauten Sitz des Gouverneurs. Möglich, dass Burney die Einladung vermittelt hatte, er war mit der musikalisch gebildeten Dame des Hauses bekannt. Von Cowes nahm Haydn die Fähre nach Southampton, in jenen Jahren ein beliebtes Seebad. Tage später war er wieder in London.

Um diese Zeit erreichte ihn ein Brief aus Neapel. Fürst Nikolaus II. Esterházy, auf Reisen in Italien, ließ ihm melden, er habe beschlossen, die fürstliche Kapelle wieder einzurichten, und wünsche ihn, Haydn, als Kapellmeister. Nikolaus war seinem Vater, Anton, der wenige Tage nach Haydns Abreise von Wien im Januar 1794 plötzlich gestorben war, in Amt und Würden gefolgt. Bei Dies heißt es: »Zwar sah Haydn, daß sein Erwerb in England groß war und den in seinem Vaterlande bei weitem überstieg. Auch wäre es ihm leicht gewesen, daselbst in irgendeine ansehnliche Besoldung zu treten.« Nichts habe ihn an das fürstliche Haus gefesselt als seine Liebe und Dankbarkeit. »Diese waren es, die jedem Einwurfe begegneten und ihn bewogen, das Anerbieten des Fürsten Nikolaus mit Freuden anzunehmen und, sobald seine Verbindung in London beendigt sein würde, in sein Vaterland zurückzukehren.«

Die nächsten Wochen sah er sich in London um. Er besuchte die Bestien im Tower und die Bank von England. Er schrieb sich auf, was er bei der Führung hörte, über Tonnen von Goldbarren, Stapel von Banknoten, den Schatz an spanischen Talern, die unterirdischen Gewölbe und die verborgenen Tresore, die nützlich seien, sollte bei einem Aufruhr die Bank gestürmt werden.

Der Ausflug an die Küste hatte Haydns Lebensgeister stimuliert. Es gab noch so viel zu sehen. Anfang August reiste er, diesmal in Begleitung eines englischen Flötisten und eines venezianischen Gesanglehrers, nach Bath, noch immer Englands mondänstes Bad. Er war drei Tage lang Gast von Veneziano Rauzzini, von dessen elegantem Sommerhaus man einen schönen Blick auf Bath hatte. Haydn schrieb für ihn den vierstimmigen Kanon »Turk was a faithful dog and not a man«, ein Epilog auf Rauzzinis Hund, dem er im Garten einen Grabstein gesetzt hatte. Rauzzini war ein berühmter Kastrat. In Mailand hatte er Ende 1772 in Mozarts »Lucio Silla« gesungen, und Mozart hatte für ihn einen Monat später die Solomotette »Exultate, jubilate« geschrieben. Was ihn von anderen Kastraten unterschied, war sein Talent als Komponist. Er schrieb Opern, die mit wechselndem Erfolg in London gegeben wurden. In Bath verdiente er sein Geld als Konzertmanager und Gesanglehrer, eine Schülerin war die Mara, ein Schüler Michael Kelly.

Besonders beeindruckt war Haydn vom Royal Crescent. Es sei dies, wie er sich eifrig notierte, »ein gebäu in form eines halben Mondes, so Prächtig, was ich nie in london gesehen. diese Runde belauft sich auf 100 klafter, und nach jeder klafter ist eine Corintische Säule. das gebäud hat 3 Stockwerk.« Der imposante Bau mit den vielen Zimmern, vollendet 1775, war für illustre Gäste bestimmt. Von Bath aus besuchte Haydn die Bischofsstadt Winchester und weiter die Hafenstadt Bristol, Umschlagplatz für den britischen Sklavenhandel auf der Route von Westafrika nach Westindien, die Kathedrale von Canterbury und die Ruinen der ältesten englischen Zisterzienserabtei Waverley bei Farnham in Surrey. In dem nahen Landsitz Moor Park war Jonathan Swift einige Jahre Sekretär des Ratgebers von Königen, Sir William Temple, gewesen, hier hatte er Esther Johnson getroffen, seine ewige Braut »Stella«.

Während des Sommers waren die Londoner Zeitungen voll von Nachrichten und Kommentaren über Frankreich. Der »Große Terror« hatte tausende unschuldiger Menschen das Leben gekostet. Viele, die noch an die Segnungen der Revolution geglaubt hatten, waren nun bekehrt. Endlich, am

28. Juli 1794, mit der Hinrichtung von Maximilien Robespierre und seines Anhangs durch das Fallbeil, endete die Schreckensherrschaft. Doch die Revolution ging fort. Das französische Heer überrannte die Österreichischen Niederlande, nahm Brüssel und besetzte Köln.

Auch die britische Monarchie war vor Gewalt nicht sicher. Im September wurden Pläne für einen Anschlag auf das Leben von George III. entdeckt. Die Täter, ein französischer Uhrmacher und ein englischer Chemiker, wurden gefasst. Der Uhrmacher hatte ein Blasrohr konstruiert, der König sollte im Theater mit einem im Labor des Chemikers vergifteten Pfeil getötet werden.

Selbst während der Exkursionen wird Haydn sich Einfälle für neue Werke skizziert haben. Die Saison 1795 rückte rasch näher. Nun arbeitete er in London mit gewohnter Konzentration und beendete die Sinfonie Nr. 102 in B-Dur für die, wie er noch glaubte, kommende Reihe der Salomon-Konzerte.

Doch was so selbstverständlich schien, trat nicht ein. In einem offenen Brief an die Presse schrieb Salomon, »wegen der gegenwärtigen Umstände auf dem Festland« sehe er sich außer Stande, erstrangige Sängerinnen und Sänger nach London zu holen. Statt aber aufs Mittelmaß herabzusteigen und die Erwartungen des Publikums zu enttäuschen, verzichte er lieber auf die Konzerte.

Zum Glück fand sich Ersatz. Es waren die »Opera Concerts« im King's Theatre, eine Neugründung Viottis. Das Aufgebot konnte sich hören lassen, mit Abstrichen bei den Sängern, was nun nicht zu ändern war. Haydn und Clementi waren als Komponisten verpflichtet, zu den mitwirkenden Virtuosen zählte auch, neben Viotti, der unglückliche, doch wegen seiner Skrupel um die Ansprüche des Publikums allseits gelobte Salomon.

Am Abend vor Beginn der neuen Konzertreihe, es war der 1. Februar 1795, folgte Haydn einer Einladung des Prince of Wales zu seinem Bruder, dem Herzog von York, nach York House am Piccadilly. Es war kein Tag wie jeder andere. Haydn widerfuhr die größte Ehrung seiner Jahre in England, die noch die Doktorwürde von Oxford übertraf. Gäste des Herzogs waren nämlich an jenem Abend die Eltern, also George III. und Königin Charlotte, mit dem Kronprinzen ein weiterer Bruder, William Herzog von Clarence, ferner seine sämtlichen Schwestern, Charlotte Princess Royal sowie die Prinzessinnen Augusta, Elisabeth, Mary, Sophia und Amelia. Vier Brüder des Hausherrn konnten nicht kommen, weil sie außer Landes waren – die Herzöge von Cambridge, Adolphus, der von Sussex, Augustus, und Ernest von Cumberland studierten in Göttingen, Edward Herzog von Kent diente in Kanada. Schließlich war auch noch William Henry Herzog von Gloucester erschienen, des Königs liebster Bruder. Gespielt wurden an jenem denkwürdigen Abend fast nur Werke Haydns, Salomon dirigierte. In der Pause wurde Haydn vom Prince of Wales förmlich dem König und der Königin vorgestellt. Ein Zeuge hörte, wie der König auf Englisch zu Haydn bemerkte: »Dr. Haydn, Sie haben sehr viel komponiert.« Worauf Haydn, in welcher Sprache und mit welcher Hilfe auch immer, bescheiden erwidert haben soll: »Ja, Majestät, viel mehr als gut ist.« Darauf der König: »O nein, die Welt widerspricht Ihnen hier.« Auf Wunsch der Königin spielte Haydn auf dem Klavier und sang, auf Bitte des Königs, sein Lied »Ich bin der Verliebteste«. Einen Abend mit gleicher Besetzung bei Musikern und Gästen gab es einige Wochen später in Carlton House, mit dem Kronprinzen als Hausherrn. Die Königin bat ihn zum Musizieren nach Buckingham House. Wie Haydn erzählte, wollte ihn das Königspaar in England halten. »Ich räume Ihnen des Sommers eine Wohnung in Windsor ein, sagte die Königin.« Auf ihr weiteres Drängen, in England zu bleiben, wandte Haydn ein, »daß er aus Dankbarkeit an das Haus seines Fürsten gebunden sey, und daß er sich auch nicht auf immer von seinem Vaterlande, noch von seiner Frau trennen könne«. Vom König selbst gab es am Ende nicht mehr als höflichen Applaus, ihm ging immer noch nichts über Händel.

Der Wechsel von Salomon zu den Opera concerts hatte für Haydn keine nachteiligen Folgen. Im Gegenteil. Es gab nur neun statt zwölf Konzerte, was ihn, bei gleich hohen Einnahmen wie zu Salomons Zeiten, weniger belastete. Und das Orchester war auf sechzig Spieler angewachsen, was den Klang im Great Room des King's Theatre verstärkte und damit die Wirkung erhöhte. Im vierten Konzert gab es Haydns Sinfonie in Es-Dur Nr. 103, die »mit dem Paukenwirbel«. Unter stürmischem Beifall endete das als »Dr. Haydn's Night« angekündigte Benefizkonzert am 4. Mai 1795: »Die ganze Gesellschaft war äußerst vergnügt und auch ich. Ich machte diesen Abend viertausend Gulden. So etwas kann man nur in England machen.«

Das neunte und letzte Opera-Konzert gab es am 18. Mai. Doch Haydn fühlte sich krank und erschien nicht, die Sinfonie wurde ohne ihn gespielt. In der Sommerstille Londons addierte er die Seiten der Werke, die er in England komponiert hatte. Er kam auf siebenhundertachtundsechzig Blätter.

Es war ein langer Abschied gewesen. Nun war er allein. Elssler besorgte das Packen. Mitte August reisten sie ab. Die Route, die sie nahmen, kennen wir auch diesmal nicht. Vielleicht brachte sie ein Schiff auf dem kürzesten Weg nach Hamburg. Denn Holland war seit Januar als »Batavische Republik« ein von Frankreich beherrschtes Protektorat und blieb es zehn Jahre lang. Haydn wollte in Hamburg Carl Philipp Emanuel Bach besuchen. Doch der lebte seit 1788 nicht mehr, seine Frau, Johanna Maria, war wenige Wochen vor Haydns Ankunft gestorben, im Elternhaus traf er nur noch die Tochter. Schon am nächsten Tag fuhr er weiter, über Dresden, Passau und Linz. Anfang September erreichte er Wien.

KAPITEL ACHT

KAISERHYMNE

Wieder im Dienst
Fürst und Fürstin
Gumpendorf
Tonkünstler-Sozietät, zweiter Akt
»Die Schöpfung«
Zuspruch und Widerspruch
Haydn-Gemeinde
»Die Jahreszeiten«
Textschelte
Kaiser Franz
Krieg und Verschwörung
»Volcks Lied«
Ehrungen
Tod
Entweihung

Erst durch England, bemerkte Haydn oft, sei er in Deutschland berühmt geworden.

Doch ließen sich die Wiener Zeit. Haydns Rückkehr blieb wieder eine Weile unbeachtet. Um die Londoner Sinfonien vorzustellen, gab er eine Woche vor Weihnachten 1795 ein Konzert im Kleinen Redoutensaal der Hofburg. Gegeben wurden drei Sinfonien, Beethoven spielte sein Klavierkonzert in B-Dur. Der Beifall für Haydn war freundlich, aber gemessen. Zum Jubel waren die Wiener, anders als die sonst kühlen Briten, seltener aufgelegt. Die Londoner Sinfonien, die Haydn mit allen Rechten Salomon überlassen hatte, erschienen auf dem Festland im Druck über mehrere Jahre, als habe es damit keine Eile.

Unterdessen hatte Haydn den Dienst bei Fürst Nikolaus II. aufgenommen. Dieser zweite Nikolaus war Haydns vierter Diensthherr Esterházy. Er war mit dem Dreißigjährigen kaum mehr als flüchtig bekannt gewesen. Haydn-Forscher Pohl hat uns vom Charakter des Mannes ein wenig einnehmendes Porträt hinterlassen: Als Autokrat verliebt in Pracht und Prunk, hochfahrend, eitel, leicht verstimmt, jähzornig, nach einem Streit kaum zu versöhnen. Er war, wie sein Großvater, »der Prächtige«, Sammler von Büchern, Gemälden, Kupferstichen, Mineralien, Münzen und Altertümern aller Art, er liebte Kirchenmusik mehr als Instrumentalkonzerte. Das Verhältnis zwischen dem Fürsten und dem mehr als doppelt älteren Kapellmeister war kühl. Viel zu sagen hatten sie sich nicht, zumal der Fürst Haydns Musik nicht sonderlich schätzte. Er hatte ihn verpflichtet, weil Haydn über Jahrzehnte zum Inventar der Herrschaft Esterházy gehört hatte, der er, wie der Fürst meinte, seinen europäischen Ruhm verdankte. Es war vor allem diese Familientradition, die Nikolaus bewog, Haydn das Kapellmeisteramt anzubieten, wobei nicht zählte, ob ihm dessen Musik auch gefiel. Wäre der Fürst von dieser Rücksicht frei gewesen, hätte er eher Haydns Bruder Michael berufen, der wegen seiner Kirchenkompositionen hoch angesehen war und der immer noch, dürftig besoldet, in Salzburg saß. Zu einem solchen Versuch kam es tatsächlich im September 1801, als Michael auf Einladung des Fürsten Eisenstadt besuchte. Doch Michael entschied sich, trotz der ihm angebotenen besseren Bezahlung, in Salzburg auszuhalten.

Was Haydn für den spröden, oder auch gespannten Umgang mit dem Fürsten oft entschädigte, war die Freundlichkeit der Fürstin, Marie Hermenegild, aus dem Hause Liechtenstein. Als Dank an sie und Tribut an die Vorliebe des Fürsten für die Kirchenmusik komponierte er seit 1796 sechs Jahre lang zum Namenstag der Fürstin im September eine Messe. Sie war es, die erreichte, dass Haydn nicht mehr mit dem herablassenden »Er« abgefertigt, sondern wie von Gleich zu Gleich mit »Sie« angeredet wurde – in manchen ihrer Briefe figuriert er als »Wohledelgeborener, Lieber Kapellmeister v. Haydn«. Auf ihr Betreiben wurde Haydn nun oft vom Offizierstisch an die Familientafel gebeten, vor allem wohl, wenn der Fürst auf Reisen war. Die Fürstin war in ihrer Ehe nicht glücklich, Nikolaus hatte Liebschaften. Haydns Musik gab ihr Trost. Sie schrieb rührende Gedichte. In einem, »Die Träne«, heißt es: »Ich kann die blühende Natur / Durch Tränen nur erblicken. / Ich dachte, was ich all' gestrebt / und was mir alles mißlungen, / und wie ich – ewig glutbelebt – / doch nie ein Ziel errungen! / Ich fühlte, wie es schmerzt und brennt, / Dies ewig leere Streben – / Mein Denken war ein Monument / auf ein verfehltes Leben.«

Haydn hätte den Fürsten durch Beflissenheit und Devotion für sich gewinnen können. Doch dazu war er nicht bereit. England hatte ihm die Augen geöffnet. Dort gab es im Umgang eines Bürgerlichen mit dem Adel keine Servilität. Der Beitrag eines Jeden zum öffentlichen Wohl bestimmte seinen sozialen Wert. Der Fürst sollte glücklich sein, den größten lebenden Komponisten als Kapellmeister in seinem Dienst zu haben. Für dieses Glück bot er ihm Sicherheit. Doch der Fürst schuldete ihm mehr. Als Albert Dies die »Biographischen Nachrichten von Joseph Haydn« 1810 Nikolaus widmete, zitierte er Haydn mit den Worten: »Wenn mein Nahme einer rühmlichen Auszeichnung werth ist, so trat die Epoche in jenem Augenblick ein, in welchem der regierende Fürst Nikolaus, unter mehreren Beweisen der Großmuth, auch meiner Freyheit einen größeren Spielraum anwies.« Wenn sich auch die Mehrheit, wegen der Barbarei der Französischen Revolution, der Botschaft der Philosophen des Jahrhunderts von der naturrechtlichen Mündigkeit des Menschen nicht mehr erinnerte, war »Freiheit« die Losung der Epoche. Wenn der Fürst geglaubt hatte, Haydn werde sich wieder, wie eine Wetterfahne im Wind, nach jeder seiner Launen richten, sah er sich bald enttäuscht.

Haydn war nun, über die jährliche Messe hinaus, von Kompositionsaufträgen weithin frei. Er konnte also schreiben, was und für wen er wollte. Den Sommer verlebte er in Eisenstadt, wo er in einem für die Beamtenschaft reservierten Hause nahe beim Schloss wohnte, da er sein Haus verkauft hatte. Er führte die Aufsicht über das kleine Orchester und das Gesangspersonal. Die Hektik vergangener Zeiten war vorbei, Gäste, die musikalisch zu unterhalten waren, kamen nicht mehr oft.

Für das maßvolle Pensum war die Besoldung nicht schlecht. Gleich nach Dienstbeginn erhielt er täglich ein Maß Offizierswein, wohl auf seine Eingabe hin, vermutlich ließ er sich die Naturalie in Geld auszahlen. Zwei Jahre später erhöhte Nikolaus das Gehalt um dreihundert Gulden, sodass Haydn über siebzehnhundert Gulden jährlich verfügte. Dazu gab es eine Uniform »nach herrschaftlichem Belieben« – zur Uniform, die dem Fürsten an seinem Kapellmeister 1797 beliebte, gehörte ein grüner Frack mit roten Borten.

Eine letzte Gehaltserhöhung gab es nach einem Besuch der Fürstin in seinem Haus in Gumpendorf, Ende November 1806. Schon am folgenden Tag schrieb der Fürst, der den Winter in Wien verbrachte, Haydn werde von nun an sechshundert Gulden jährlich mehr Gehalt bekommen. Haydns Schilderung des Besuchs ist durch Dies überliefert: »Ich fand Haydn in einer muntern Stimmung; sein ganzes Wesen war erhöht.« Bei der Unterredung habe es die Fürstin verstanden, »mir das Geständnis abzulocken, daß ich wegen meines hohen Alters und der damit verbundenen häufigen Unpäßlichkeiten mehrerer Pflege bedarf. Ich konnte dabei die zunehmende Teuerung nicht mit Stillschweigen übergehen und bemerkte, daß ich eine zahlreiche Verwandtschaft nach meinem Tode zu bedenken hätte, woran ich aber, wenn ich noch lange leben sollte, verhindert werden dürfte, weil ich seit einigen Jahren schon mehr als 2000 fl. von meinem Vermögen hätte zusetzen müssen«. Auf die Frage der Dame, was er zusätzlich brauche, habe er die Summe genannt. Dabei war Haydn nicht arm. Er hatte erhebliche und zinstragend deponierte Rücklagen aus den englischen Jahren und bezog hohe Honorare aus der Aufführung sowie dem Druck seiner Werke – der Selbstverlag der Partitur der »Schöpfung« allein trug ihm angeblich zwölftausend Gulden ein. Er lebte seit sechs Jahren als Witwer im eigenen Haus und trieb keinen Aufwand. Haydns »muntre Stimmung« nach dem Gespräch mit der Fürstin erinnert an das Händereiben nach einem gelungenen Coup.

Haydn und Maria Anna bezogen im Frühsommer 1797 das um ein Stockwerk erhöhte, nun stattliche Haus mit dem freundlichen Gärtchen. Wegen der vielen Geschäfte in der Stadt war es ihm im Winter angenehmer, ein »Absteigquartier« zu mieten, was sich auch besser rechnete – die Fahrten mit dem Fiaker bei jeder Besorgung nach Wien hinein und zurück wären zu teuer gekommen. Eines dieser, durchweg frugalen, Quartiere lag in der Krugerstraße Nr. 1046, im Haus »Der blaue Säbel«. Hier hatte auch Constanze mit beiden Kindern, nach Mozarts Tod in der Rauensteingasse, kurze Zeit gelebt. Doch Haydn glaubte, Mozart sei im »Blauen Säbel« gestorben, und hielt es für eine schicksalhafte Fügung, dass nun er, Haydn, im selben Hause wohnte.

Gleichfalls 1797 meldete sich, achtzehn Jahre nach dem Debakel um Haydns Beitritt, die Tonkünstler-Sozietät mit einem von Antonio Salieri und dem Sekretär der Gesellschaft gezeichneten Schreiben. »Schätzbarster Herr Capellmeister!« begann der Brief. Er, Haydn, habe der Sozietät schon manches Mal durch seine »vortreffliche Compositionen die ergiebigste Einnahme verschafft«. Man danke für diese Wohltaten und versichere ihn der »unbegränzten Hochschätzung«. Als Zeichen der Dankbarkeit verehre ihm die Sozietät ein freies Eintrittsbillet zu allen künftigen Akademien. Nach dieser verschlüsselten Abbitte für einen schon verjährten, wenn auch nicht vergessenen Fauxpas und der Freikarte als Zugabe war Haydn bereit, sich weiteren Angeboten der Sozietät nicht zu verschließen. Nach Ablauf einer gehörigen Frist beschloss die Gesellschaft unter lebhaftem Beifall Haydns Aufnahme, ohne die sonst übliche Zahlung der hohen Gebühr, wegen seiner außerordentlichen Verdienste als Vater und Reformer der edlen Kunst der Komposition. Seine Frau hätte nun Anspruch auf ein Witwengeld aus der Tonkünstler-Kasse gehabt. Mit den fünfhundert Gulden aus dem fürstlichen Vermächtnis von 1790, dem Haus in Gumpendorf und als Universalerbin ihres Mannes wäre sie eine reiche Frau gewesen. Doch sie überlebte Haydns Aufnahme in die Sozietät nur um wenig mehr als zwei Jahre.

Der Tageslauf Haydns während der Jahre in Gumpendorf ist von Johann Elssler überliefert: Er stand im Sommer um halb sieben Uhr auf und rasierte sich, was er bis zum dreiundsiebzigsten Lebensjahr selber tat. Wartete während des Ankleidens schon ein Schüler, so musste dieser seine Lektion auf dem Klavier spielen. Fehler wurden sogleich verbessert und erklärt, dann wurde die nächste Übung aufgegeben. Dem Unterricht folgte Schlag acht das Frühstück. Gleich darauf setzte er sich ans Klavier und »fantasirte«, wobei er zugleich die Komposition skizzierte. Das dauerte bis halb zwölf. Danach empfing er Besucher, machte selbst Besuche oder ging spazieren. Das Mittagessen beanspruchte eine Stunde, von zwei bis drei. Nach Tisch nahm er sich oft einige häusliche Angelegenheiten vor oder setzte sich mit einem Buch in die kleine Bibliothek. Um vier Uhr kehrte er zur Musik zurück, indem er die Skizze vom Vormittag in den folgenden drei bis vier Stunden zur Partitur ergänzte. Um acht ging er gewöhnlich aus, doch schon eine Stunde später saß er wieder über der begonnenen Komposition, oder er las. Beim Nachtmahl um zehn nahm er nichts weiter zu sich als etwas Brot und Wein. Um halb elf ging er zu Bett, im hohen Alter auch später. Änderungen in diesem Tageslauf gab es im Winter nicht, nur dass er morgens eine halbe Stunde länger schlief.

»Haydn komponirte die Schöpfung im Jahr 1797, also im fünf und sechzigsten Jahre seines Alters, mit einem Feuer, welches sonst nur die Brust des Jünglings zu beleben pflegt«, begeisterte sich Griesinger.

Die Idee zum Oratorium »Die Schöpfung« stammte aus England. Salomon hatte Haydn beim zweiten Besuch einen schon lange bekannten Text über die Erschaffung der Welt zugesteckt, mit Anleihen bei John Miltons vielbändigem Versepos »Paradise Lost«. Wie es scheint, war geplant, dass Haydn mit dem fertigen Opus nach London zurückkehren werde, wo beide es, mit ähnlich triumphalem Erfolg wie die Sinfonien und noch höherem Gewinn, gemeinsam aufführen würden. Als Haydn sich aber entschloss, das Oratorium auf Deutsch für Wien zu komponieren, soll der geprellte Salomon gedroht haben, ihn zu verklagen.

Der Legende nach wurde der Text auch Händel angeboten, doch der habe sich für das Projekt nicht erwärmen können. Tatsächlich führt eine Spur zu ihm. Mary Delaney, aus Händels Londoner Nachbarschaft, die ihn und seine Musik schwärmerisch verehrte, hatte ihrer Schwester 1744 geschrieben, sie habe aus Miltons »Paradise Lost« ein Drama zu einem Oratorium verfasst und werde Händel bitten, das Ganze in Musik zu setzen. Marys Beschreibung nach handelte ihr Drama vom Sündenfall und der Vertreibung aus dem Paradies. In Haydns »Schöpfung« dagegen erschafft Gott die Welt, und Adam und Eva durchwandeln, Hand in Hand, die Auen des Paradieses und loben mit dem Erdkreis den Schöpfer. Nur Erzengel Uriel kann sich im Rezitativ vor dem Schlusschor trüber Ahnungen nicht erwehren: »O glücklich Paar, und glücklich immerfort, wenn falscher Wahn euch nicht verführt, noch mehr zu wünschen, als ihr habt, und mehr zu wissen, als ihr sollt.«

Haydn arbeitete an der »Schöpfung« mit aller Kraft und ganzer Seele, oft von Zweifeln gequält, Gott um Hilfe bittend und erst, als die Hälfte geschrieben war, seiner Sache sicher. Die Vorlage hatte Gottfried van Swieten schöpferisch ins Deutsche übertragen und durch eigene Poesie ergänzt. Wie Händels Oratorien, so ist auch die »Schöpfung« in drei Teile gegliedert, die Teile in Szenen. Jede Szene umfasst Rezitativ, Arie oder Ensemble und Chor. Das Rezitativ erzählt die Schöpfungsgeschichte der Bibel, Arie oder Ensemble deuten das fromme Geschehen, und der Chor schließt die Szene mit Preis und Dank an Gott. Dem Ganzen voran geht ein Largo als Einleitung, ein Tonbild, betitelt »Die Vorstellung des Chaos«. Es singen Eva und Gabriel, Sopran, Uriel, Tenor sowie Adam und Raphael, Bass.

Erstmals aufgeführt wurde die »Schöpfung« im Palais Schwarzenberg auf dem Mehlmarkt im April 1798. Griesinger war dabei: »Ich hatte das Glück, ein Zeuge der tiefen Rührung und des lebhaftesten Enthusiasmus zu seyn.« Die erste öffentliche Aufführung folgte im März 1799 im Burgtheater. Die Loge kostete sechs Dukaten, ein Sperrsitz zwei Gulden – beim Sperrsitz bekam der Käufer des Billets einen Schlüssel, mit dem er den arretierten Sitz entsperren konnte.

Der Jubel über die »Schöpfung« war nicht nur in Wien und Deutschland, sondern auch im übrigen Europa schon bald die Regel. Das Preislied auf die »Schöpfung« wurde zu einem oft und seelenvoll geübten Ritual. Der liebenswürdige Wieland meldete sich aus Weimar mit einer Eloge, die mit den Worten begann: »Wie strömt dein wogender / Gesang / In unsere Herzen ein!« Der Berliner Carl Friedrich Zelter, Komponist, Leiter der »Singakademie« und Gründer der »Liedertafel« zur Pflege des geselligen Gesangs, dazu noch Freund und musikalischer Berater Goethes, schrieb überschwängliche Rezensionen. Übrigens ist von Goethe über Haydn nichts überliefert. Das ihm zugeschriebene Lob auf Haydns Streichquartette, diese seien »vielleicht zu überbieten, aber nicht zu übertreffen«, stammt nicht von ihm, sondern von Zelter, der ihn 1826 gebeten hatte, einen Artikel über Haydn stilistisch zu überarbeiten und in die von ihm betreute Zeitschrift »Über Kunst und Altertum« einzurücken, was Goethe auch tat. Um klarzustellen, dass er nicht der Autor sei, setzte er an das Ende des Beitrags ein »Z.«.

Die Ekstase über die »Schöpfung« kulminierte, wie es scheint, in Karl Geiringers Haydn-Studie von 1932. In jedem Takt erkennt er Treffsicherheit und außerordentliche Sparsamkeit der Mittel, lapidare Einfachheit und eine kaum zu überbietende Vielfalt der Formen. »Stürme, Regen, Schnee, Hagel, ein ganzes zoologisches Kabinett, in dem Vierfüßler, Vögel und Fische bis hinab zu den Insekten und Würmern vertreten sind, Meer und Berge, Strom und Bach: All dies zeichnet Haydn mit einem wunderbar belebten und ausdrucksvollen Orchesterapparat.« Das Werk sei in wunderbarster Weise wahrhaft groß, das zeige sich an der Fülle fein abgestimmter Übergänge, am Reichtum des Ausdrucks, der ungezwungenen Prinzipienlosigkeit, der Meisterschaft in der Behandlung des Chores. »Kindliche Naivität, Freude an der Sinnenwelt, liebenswürdiger Humor vereinen sich hier mit inniger Gläubigkeit, edlem, kraftvollem Pathos und hymnischem Schwung.« Kurzum: Das Werk erweise »die prachtvolle Weite der inneren Welt des Meisters« und sei ein »erschütterndes Zeugnis für das gewaltige Ringen um letzte Endgültigkeit des Ausdruckes«.

Doch gab es auch Widerspruch. Der unkritische Überschwang passte nicht jedem. Schiller schrieb seinem Freund Christian Gottfried Körner aus Weimar Anfang Januar 1801: »Am Neujahrsabend wurde die Schöpfung von Heidn aufgeführt, an der ich aber wenig Freude hatte, weil sie ein charakterloser Mischmasch ist.« Schiller missfiel also nicht nur der Text, sondern das Gesamtwerk. Wie sehr ihn die »Schöpfung« enttäuscht hatte, zeigt der folgende Satz: »Dagegen hat mir Glucks Iphigenia auf Tauris einen unendlichen Genuß verschafft, noch nie hat eine Musik mich so rein und schön bewegt als diese, es ist eine Welt der Harmonie, die gerade zur Seele dringt.« Darauf Körner: »Daß Glucks Iphigenia bei weitem genialischer ist als Haydns Schöpfung bin ich ganz überzeugt. Haydn ist ein geschickter Künstler, dem es aber an Begeisterung fehlt. Für den Musiker ist viel in diesem Werk zu studieren, aber das Ganze ist kalt.« Goethe dürfte die Aufführung wegen einer aufziehenden schweren Krise nicht miterlebt haben – am 2. Januar erkrankte er an einer Gesichtsrose, begleitet von Erstickungsanfällen und Fieberphantasien. In Wien hieß es schon, er sei gestorben.

Ähnlich enttäuscht, dazu aber noch konsterniert und gereizt äußerte sich Friedrich Ludwig Aemilius Kuntzen 1801 mit einem Beitrag in der »Zeitung für die elegante Welt«. Kuntzen, als Komponist von Opern und Oratorien geschätzt, war Königlicher Kapellmeister in Kopenhagen. Er hatte in einer der größten Kirchen der Stadt die »Schöpfung« aufgeführt. Noch frisch unter dem Eindruck schrieb er, über den Text viele Worte zu verlieren lohne nicht. »Hätte man es darauf angelegt einem Komponisten eine Fallbrücke zu legen, ihn so ganz in seiner Blöße darzustellen, so wüßte ich mir keinen zu erdenken der dieser Absicht besser entspräche.« Biblische Sprüche seien ohne Auswahl zusammengestoppelt, die Schöpfungsgeschichte planlos erzählt, die geschaffenen Wesen detailliert abgezählt, »und am Ende Adam und Eva, die sehr altklug auf die Welt kommen und viel schaales Gewäsch über ihre Empfindungen auskramen«. Was habe der Komponist aus diesem Text gemacht? »Ein ästhetisches Kunstwerk konnte Haydn's Schöpfung nicht werden und wird daher längst vergessen seyn, wenn man sich noch immer an seinen unübertrefflichen Instrumentalwerken erfreuen wird.« Tatsache sei, daß »die Musik nicht zu den Worten und die Worte nicht zur Musik passen«. Die Personen seien nicht charakterisiert, da »die Engel oft schlechter singen als Adam und Eva«. Die Singstimmen würden wie Instrumente behandelt und vom Orchester erdrückt. Die Tongemälde, diese »ewigen Pinseleien«, sei man schon seit Telemanns Zeiten leid. Insgesamt sei der Stil ungleich, »bald modisch, bald altfränkisch, bald geistlich, bald gar zu theatermäßig«. Schon preise man Haydns neues Oratorium »Die Jahreszeiten« in einem Ton, »den man, wenn er nicht sehr ernsthaft gemeint wäre, für Persiflage halten mögte«.

Wer zwischen Verzückung und Verriss nach einem Urteil sucht, beginnt am besten mit der Genesis. Ohne Händels Oratorien gäbe es keine »Schöpfung«. Vor allem bewunderte Haydn an Händel, in welchem Maße es ihm gelungen war, sich durch das Oratorium in der britischen Nation eine Gemeinde zu schaffen, die sein Werk und Andenken ehrte. Wie dieser Mann es verstanden hatte, sich die Gunst von drei Königen zu sichern – der dritte George, das hatte er, Haydn, zu seiner Enttäuschung selbst erfahren, wollte nichts als Händel hören.

Es Händel gleich zu tun, wurde Haydns letztes Lebensziel. Sollte er zunächst geplant haben, die »Schöpfung« für London zu schreiben, so erkannte er bald seinen Irrtum. Händel ließ sich in England nicht verdrängen. Daher meinte Geiringer: »Auf der Höhe seiner Meisterschaft stehend, empfand der aus England ruhmbedeckt heimkehrende Haydn das Bedürfnis, ein Werk zu schaffen, das als Bekrönung und Zusammenfassung seines bisherigen Werkes ein Gemeingut des ganzen Volkes werden konnte.« Voran des deutschen Volkes, aber von dort in andere Völker weiterwirkend.

Fraglos hat die »Schöpfung« musikalische Qualitäten. Manche Chöre sind eindrucksvoll. Von großer Wirkung ist das Terzett »Zu dir, o Herr, blickt alles auf« mit dem folgenden Chor »Vollendet ist das große Werk«, der den zweiten Teil beschließt. Ähnlich eindringlich sind einige der vom Orchester begleiteten Rezitative. »Nun beut die Flur das frische Grün«, die Arie des Gabriel, ist bezaubernd.

Ob allerdings die Musik zum »Chaos« zu Haydns glücklichen Einfällen zählt, ist fraglich. Nicht jeder stellt sich das Chaos als Largo vor. Überhaupt entzieht sich das Chaos, als Zustand ohne Ordnung, jeder Vorstellung und lässt sich in einem Regelsystem, wie es die Musik ist, nicht schildern. Nach dem anschließenden Rezitativ des Raphael schafft Gott das »Licht«, jene berühmte Stelle, wo der pianissimo gehauchte Chor in den vom vollen Orchester fortissimo gespielten C-Dur-Akkord mündet, eine der wirkungsvollsten und fast unisono gepriesenen Überraschungen Haydns. Die Musik zu Chaos und Licht gehört zu den bekanntesten Tonmalereien der »Schöpfung«. Doch nicht einmal Dies fühlte sich wohl dabei. Nur meinte er, Haydn sei durch den Text zu sehr genötigt worden, »aus der Sphäre der Musik herauszutreten und in dem Gebiete der Malerei herumzuschweifen«. Schuldig war der Dichter.

Der spektakuläre Erfolg der »Schöpfung« ist durch das Werk allein nicht zu erklären. Der ruhmbedeckt heimgekehrte Haydn würde, das war die allgemeine Erwartung, mit der »Schöpfung« das schlechthin Unerhörte leisten. Ein Werk dieses Umfangs, mit Solostimmen, Ensembles, Chören und einem bisher noch selten gehörten »Orchesterapparat«, musste zu Haydns Gipfelwerk, zu seinem opus summum werden. Selbst zaghafte Einwände galten als Sakrileg. Kritik störte den Konsens. Denn das mit der »Schöpfung« kalkulierte Wunder geschah: Die Erschaffung der Haydn-Gemeinde. Ein geeigneteres Sujet als die biblische Schöpfungsgeschichte hätte sich für den Stiftungszweck kaum finden lassen. Die jedem seit Kindheit vertraute Erzählung von der Umschaffung des Chaos in die göttliche Ordnung und der Seligkeit der Ureltern vor dem Sündenfall beglückten und stärkten das Gemüt. Dazu nun die von frommer Innigkeit und gläubiger Zuversicht inspirierte, in den Chören machtvoll gesteigerte Musik.

Nach dem Erfolg der »Schöpfung« kamen Swieten und Haydn überein, ein weiteres Oratorium zu schreiben. Wieder stammten Stoff und Vorlage aus England. Der Verfasser des epischen Gedichts »Die Jahreszeiten« hieß James Thomson. Er war 1748 gestorben. Doch sein Werk lebte – illustrierte Ausgaben von »The Seasons« waren zuletzt in London 1793 und 1794 erschienen. War bei der »Schöpfung« der Text vor Kritik, jedenfalls zunächst, noch ziemlich sicher gewesen, so änderte sich das bei den »Jahreszeiten«. Haydn seien die Tonmalereien allerdings nicht vorzuwerfen, er habe alles getan, um durch die Musik »die gemeine Prosa« auf eine höhere poetische Ebene zu heben. Nur für Swieten gab es kein Pardon. Griesinger erkannte: »Die Regeln, nach welchen Werke des Geschmacks zu beurtheilen sind, waren ihm nicht fremd; aber bey seinen eigenen Produkten verfiel er in alle Mängel und Fehler, die er an Andern strenge getadelt haben würde.« Haydn soll über den »unpoetischen Text« bitterlich geklagt haben.

Was an dem Text vor allem verwundert, ist die alberne Geschwätzigkeit. Um die Hälfte gekürzt, hätte aus Swietens Bemühung vielleicht eine brauchbare Vorlage für Haydns Musik werden können. Und wenn die Poesie, das gilt für Swietens Übersetzung ebenso wie für sein eigenes Beiwerk, eine andere gewesen wäre. Hier einige Proben. Mit Beginn des Frühlings eilt der Landmann aufs Feld: »In langen Furchen schreitet er / Dem Pfluge flötend nach.« Wer Ohren hat, der höre: »Dem Gatten ruft die Wachtel schon.« Ein Bericht von der Hasenjagd: »Schon fallen sie und liegen bald / In Reihen freudig hingezählt.« Froh begrüßen Winzer und Bauer den Herbst: »Es lebe der Wein! / Es lebe das Land, wo er uns reift! / Es lebe das Faß, das ihn verwahrt! / Es lebe der Krug, woraus er fließt!« Dazu jauchzt der Chor: »Juhhe! Juhhe! Der Wein ist da / Die Tonnen sind gefüllt. / Nun laßt uns fröhlich sein / Und juhhe, juhhe, juch! / Aus vollem Halse schrei'n!« Ein paar Schoppen später: »Heißa, hoppsa, laßt uns hüpfen!« Und dann dieses denkwürdige Motto: »Außen blank und innen rein, / Muß des Mädchens Busen sein.« Nüchtern schrieb Griesinger seinem Verleger, es scheine, »Haydn sey zu schlechten Texten prädestiniert; eigentlich trägt er die Schuld seiner unwissenschaftlichen Bildung«.

Die ersten drei Aufführungen vor geladenen Gästen gab es, unter Haydns Leitung, im Frühjahr 1801, erneut im Palais Schwarzenberg. Die erste öffentliche Darbietung folgte im Redoutensaal, doch blieben die Plätze zur Hälfte leer. Als Dies ihn fünf Jahre später besuchte und bat, zu seiner eigenen Aufheiterung etwas auf dem Klavier zu spielen, gab Haydn den Versuch bald auf. »Sie hören selbst, daß es nicht mehr geht! Noch vor acht Jahren war es anders, aber die ›Jahreszeiten‹ haben mir dieses Übel zugezogen; ich hätte sie nie schreiben sollen! Ich habe mich dabei übernommen!«

Und doch plante Haydn ein drittes Oratorium. Griesinger berichtete im April 1802: »Haydn erzählte mir gestern, daß er von allen Seiten her über seine ›Jahreszeiten‹ viele Lobsprüche erhalte, die Kaiserinn und viele andre Personen drängen in ihn, er möchte doch noch ein großes Werk unternehmen und er wäre auch sehr geneigt dazu, wenn er nur einen brauchbaren Text wüßte.« Aber Haydn hatte schon ein Thema gewählt, es war das »Jüngste Gericht«. Wer sollte den Stoff bearbeiten? Beileibe nicht Swieten. Haydn dachte an Wieland, der die Musik zur »Schöpfung« so schön gepriesen hatte. Johann Friedrich Kranz, ein Schüler Haydns, nun Kapellmeister in Weimar, sollte Wieland und Goethe auf den Plan ansprechen. Bei Wieland war Haydn sicher, dass der es verstehe, »musicalisch zu dichten«. Der Text solle weder dramatisch noch lang sein, aber wieder »reich an Bildern«. Und das nach den Erfahrungen mit Swieten.

Doch es blieb bei der Absicht. Wieland winkte ab. Seine Frau war nach sechsunddreißig Ehejahren Ende 1801 gestorben. An Sohn Ludwig schrieb er im folgenden Sommer nach Bern, dass er nun »alt und seit dem Tode Deiner Mutter, mit welcher alle meine Lebensfreude begraben wurde, lebenssatt genug bin, um ihr bald zu folgen«.

WÄHREND EINER AUFFÜHRUNG des Hoftheaters im Februar 1768 wurde Maria Theresia eine Nachricht überbracht. Außer sich vor Freude sprang sie auf und rief in den Saal: »Der Leopold hat an Buam!«

Der so stürmisch Begrüßte war der erste Sohn von Leopold, Großherzog von Toscana, und Maria Luisa von Bourbon, Tochter Karls III. von Spanien. Die Kindheit verlebte Prinz Franz in Florenz, liebevoll und zwangfrei von den Eltern erzogen. Weil Franz eines Tages König und Kaiser werden konnte, verständigten sich die Brüder Joseph und Leopold, dass er am Wiener Hof die Kunst und das Handwerk des Herrschens erlernen solle. Der »Kaiserlehrling« kam 1784 nach Wien und damit unter die strenge Aufsicht seines Onkels, der kinderlos war und sich schon wegen seiner pathologischen Unrast zum Erzieher kaum eignete. Was Joseph über die Entwicklung seines Neffen nach Florenz berichtete, empörte die Eltern: Franz zeige eine empfindliche Scheu vor der Wahrheit, er sei unentschlossen, schlaff und gleichgültig in Tun und Lassen, überhaupt unfähig zu »großen Sachen«. Auf Drängen des Onkels heiratete Franz mit zwanzig Jahren Elisabeth von Württemberg, die 1790 im Kindbett starb, das Kind, Luisa, lebte nur ein Jahr. Wenige Tage nach Elisabeth starb nun auch der gefürchtete und bewunderte Onkel, Leopold wurde Nachfolger und einigte sich mit König Ferdinand IV. von Neapel, dass Franz seine Tochter Maria Theresa heiraten solle, eine Cousine.

Kaiser Leopold II. starb, noch keine fünfundvierzig Jahre alt, binnen weniger Tage am 1. März 1792 durch »rheumatisches Fieber, begleitet von Schmerzen in der Brust«, und nach erschöpfenden Aderlässen, seine Frau überlebte ihn nur um wenige Monate. Der vierundzwanzigjährige Franz sah sich, nun Herr über die Erblande, König von Böhmen und Ungarn und, nach der Frankfurter Krönung, als Kaiser des Römischen Reiches Deutscher Nation, dazu belastet mit der Sorge um Frau und Tochter sowie neun unmündige Geschwister, vor einer fast unlösbaren Aufgabe.

Frankreichs Krieg gegen Österreich dauerte bis 1815. In diesen gut zwei Jahrzehnten verlor Österreich die Niederlande, Venetien, Dalmatien, Tirol, Vorarlberg, Westgalizien und Teile von Kärnten, Krain und Kroatien. Rückzüge und Niederlagen folgten einander in Serie. Napoleon besetzte Wien 1805 und 1809. Gipfel der nationalen Erniedrigung und Ohnmacht war Napoleons Heirat mit Marie Louise, der ältesten Tochter des Kaisers. Lange Zeit glücklos bei der Wahl seiner Berater, fand der Kaiser in Clemens Wenzel Lothar Graf von Metternich, gebürtig aus Koblenz, den gleich gesinnten Verbündeten im Widerstand gegen alles, was revolutionär war oder schien. Die Hinrichtung des französischen Königspaares, Marie Antoinette war seine Tante gewesen, hatte Franz zum erbitterten Gegner des neuen Frankreich gemacht. Reformen waren ihm suspekt, wie leicht hätten sie in den Ruf nach Volkssouveränität und Nationalismus münden können, was für den Vielvölkerstaat tödlich gewesen wäre. Den von Leopold II. entlassenen Chef der Polizeihofstelle Anton Graf von Pergen ließ Franz Anfang 1793 wieder in das Amt berufen. Die Volksmeinung wurde methodisch abgehorcht. Mit höchstem Argwohn ermittelte man gegen geheime Gesellschaften. Die wenigen noch aktiven und ohnehin schon scharf überwachten Freimaurerlogen lösten sich selber auf. Als die gefährlichsten Gesellschaften galten jene, die sich nach dem Vorbild der radikalen Jakobinerclubs organisiert hatten und denen die Regierung Pläne zur »gewaltsamen Umstaltung der Staatsverfassung« zuschrieb. Die Polizei entdeckte denn auch 1794 in Wien und einigen Provinzen eine »Jakobinerverschwörung« mit Verbindungen nach Ungarn. Zehn Verdächtige, zwei Österreicher und acht Ungarn, wurden zum Tode verurteilt und öffentlich gehenkt. Andere erhielten lange Freiheitsstrafen, die in der Festung von Munkács, heute Mukaceve, in der Westukraine nahe der Grenze zu Ungarn, seit der Herrschaft Joseph II. als Kerker genutzt, verbüßt wurden, unter Bedingungen, dass die Sträflinge, wie es in einem amtlichen Rapport zuversichtlich hieß, das Ende ihres Lebens in kurzer Zeit erwarten könnten.

Einem Horoskop zufolge war der Planet Saturn der dominus geniturae, der Geburtsgebieter, von Kaiser Franz, was erkläre, dass er ein ernster und strenger Mensch gewesen sei. Die Opposition des Saturn zum Mars habe bewirkt, dass er zeitlebens Revoluzzer verfolgt habe. »Sein Mond Neptun Quadrat nährte sein Mißtrauen gegen Räte und Parlamente. Daß der maximal bedeutsame Uranus Spitze 4 für Unruhe in der Familie und im Volke sorgte, liegt auf der Hand.«

Ob in den Sternen oder auf der Hand – Franz war ein ernster, disziplinierter und pflichtbewusster Mensch. Fleißiger war kein Beamter. Und anders, als ihm sein Onkel bescheinigt hatte, war er zu »großen Sachen«, wenn es die Umstände wollten, sehr wohl fähig. Eigener kluger Geschicklichkeit verdankte er seine Popularität, schon bald hieß er im Volk, trotz Fehler, Mankos und Niederlagen, der »gute Kaiser Franz«. Er lachte selten, konnte aber witzig sein, seine Bonmots waren gleich in aller Munde. Virtuos spielte er den bescheidenen, für die Nöte des einfachen Mannes stets offenen Monarchen. Obgleich buchstäblich nichts ohne sein Plazet geschah, gab er sich gern den Anschein eines den Tagesgeschäften enthobenen Landesvaters. Er war der zugänglichste Habsburger. An zwei Vormittagen der Woche empfing er Bittsteller, am Freitag war große Audienz, die jeder besuchen konnte, wenn er sich am vorhergehenden Montag in der Kanzlei angemeldet und eine Nummer erhalten hatte, mit der er sich in die Warteschlange einreihte. In der Regel erschienen am Freitag mehr als zweihundert Menschen, der Geruch war, nach Aussage des verstörten Hofbeamten, ganz unbeschreiblich. In einfacher Offiziersuniform und ohne Orden empfing der Kaiser die Bittsteller in Gruppen, sprach mit ihnen in ruhigem Ton und breitem Wienerisch. War der Petent Tscheche, Ungar oder Italiener, unterhielt Franz sich mit ihm in seiner Landessprache. Er hörte sich die Sorgen der Leute geduldig an, entschied auf der Stelle und ließ sich über die Ausführung seiner Befehle berichten. Oft gab er kleine Geldgeschenke. Doch meistens genügte es, wenn er die verschlafene oder korrupte Bürokratie durch ein Machtwort aufschreckte und ihr seinen Entschluss diktierte.

Die sechzehnjährige Ehe mit Maria Theresa war glücklich und mit zwölf Kindern gesegnet. Maria Caroline, Königin von Neapel, die Mutter Maria

Theresas, meinte von ihr, sie sei zwar weder schön noch besonders einnehmend, doch werde aus ihr einmal eine gute Ehefrau werden. Sie wurde es. Franz und Maria Theresa, beide aus kinderreichen Häusern, lebten ganz in ihrer Familie, in einem bescheidenen, fast bürgerlichen Milieu, ähnlich wie George III. von England und Königin Charlotte.

Franz spielte Violine, und an manchem Abend in der Hofburg sekundierte Metternich dem Kaiser geschmeidig auf dem Cello. Wer bei Hof diente, ein passendes Instrument beherrschte, vom Kaiser zum Quartettspiel eingeladen wurde und gefiel, hatte gute Aussicht, Karriere zu machen. Maria Theresa sang, sie hatte einen angenehmen, wenn auch, wie Haydn meinte, etwas schwachen Sopran, doch war sie musikalisch genug, den Solopart aus zwei seiner späten Messen vom Blatt zu singen. Sie schätzte seine Musik, über allem die Oratorien. Der Vater der Kaiserin, Ferdinand IV., hatte Haydn 1789 das Amt des Hofkapellmeisters in Neapel angeboten, nachdem Haydn Musik für sein Lieblingsinstrument, die Lira, geschrieben hatte. Die Lira, genauer: Lira organizzata, war eine Handorgel oder Radleier, oft noch mit Saiten bespannt, die simultan gezupft werden konnten. Diese neapolitanische Kuriosität, die bald aus dem Angebot verschwand, weil das Ergebnis den Aufwand nicht lohnte, spielte Ferdinand geläufig und con amore. Beim Besuch des Königs in Wien übergab Haydn ihm die eben komponierten sechs Notturni für zwei Liras und Orchester. Haydn erzählte Griesinger, der König habe gedankt und freudig gemeint, übermorgen wolle man die Stücke zusammen spielen. Haydn habe bedauert, er werde nicht dabei sein können, denn er reise in zwei Tagen nach England. »Wie? Und sie haben mir versprochen, nach Neapel zu kommen?« Der König habe mit Unwillen das Zimmer verlassen und sei erst nach einer Stunde zurückgekehrt. »Haydn mußte ihm noch einmal versprechen, nach seiner Rückkehr aus England eine Reise nach Neapel zu machen.« Doch Neapel sah Haydn nie. Stattdessen fand er in Wien in Maria Theresa eine aufmerksame Gönnerin.

Die Krönung lag erst vier Jahre zurück, aber dem jungen Kaiser blieb für Familie und Musik nur wenig Zeit. Viel Glück im Krieg gegen Frankreich hatten die Verbündeten bisher schon nicht gehabt. Nun kam die Wende. Napoleon, einundeinhalbes Jahr jünger als Franz, ein von der neuen Staatsführung, dem Direktorium, protegierter Revolutionsgeneral, war Befehlshaber der Truppen in Italien geworden. Mehrere befestigte Stützpunkte der Österreicher waren schon im ersten Ansturm gefallen. Des Kaisers Verbündeter Sardinien streckte kampflos die Waffen. Nach dem Sieg in der

Schlacht von Lodi besetzten die Franzosen Mailand, die Hauptstadt der Lombardei. Fiel erst Mantua, war der Weg nach Norden frei.

Das Vaterland war in Gefahr. Was tun? Spenden in die Kriegskasse waren zwar willkommen. Aber mehr als Geld zählte in Zeiten wie diesen die rechte Moral. Gefragt waren zündende vaterländische Parolen und die Zuversicht in die eigene Sache stärkende Symbole. So hatte der Kaiser 1797 auf Vorschlag des Grafen Saurau, ehemals rechte Hand von Graf Pergen bei der Polizeihofstelle, nun Innenminister, eine Medaille für jene Männer gestiftet, die sich auf den Ruf zur nationalen Mobilisierung beim Freicorps von Niederösterreich meldeten. Die Medaille gab es in fünf Klassen in Gold, Silber oder Eisen. Auf einer Seite trug sie die Widmung: »Den / biederen / Soehnen / Oesterreichs / des / Landesvaters / Dank / MDCCXCVII«. Die andere Seite zeigte Kaiser Franz im Profil mit Lorbeerkranz.

Wem zuerst der Einfall kam, den Volksgeist durch eine Hymne zu heben, ist nicht sicher. Graf Saurau versprach sich von einer solchen Hymne jedenfalls die beste Wirkung. Das bewunderte und beneidete Vorbild war Englands »God save the King!«, das 1745 zum ersten Mal öffentlich gesungen worden war. Was eine Nationalhymne an Furor wecken konnte, hatte in jüngster Zeit der Siegeszug der Marseillaise bewiesen.

Zum Hymnendichter wählte Saurau den früheren Jesuiten und späteren Freimaurer Lorenz Leopold Haschka. Die erste Strophe lautete: »Gott! erhalte Franz den Kaiser, / Unsern guten Kaiser Franz! / Lange lebe Franz der Kaiser / In des Glückes hellstem Glanz! / Ihm erblühen Lorbeer-Reiser / Wo er geht, zum Ehrenkranz! / Gott! erhalte Franz den Kaiser, / Unsern guten Kaiser Franz!« Besonders gefiel dem für die Aufdeckung von Komplotten zuständigen Saurau wohl, was der Dichter in der dritten Strophe von Gott erflehte: »Brich der Bösheit Macht; enthülle / Jeden Schelm- und Bubenstreich!«

Als gäbe es niemanden sonst, erging der Auftrag zur Komposition an Haydn, der in England den feierlich-gemessenen Gesang der Nationalhymne so oft gehört hatte. Ihren Geist wollte er nun in der Kaiserhymne beschwören, ohne das Vorbild zu kopieren. Das gelang ihm auf wunderbare Weise. Das »Volcks Lied«, wie er es im Autograph überschrieb, gehört zu seinen schönsten Schöpfungen.

Graf Saurau hatte die Erstaufführung für den neununddreißigsten Geburtstag des Kaisers, den 12. Februar 1797, bestimmt. Am Abend sollte die Hymne im Burgtheater vom vollen Haus gesungen werden. Jeder Besucher erhielt am Eingang eine gedruckte Kopie von Text und Melodie. Der Premiere voraus ging die Aufführung des zweiten Aktes von Dittersdorfs deutscher Buffa »Doktor und Apotheker«, es folgte ein Ballett. Wohl zwischen Oper und Ballett erklang das neue »Nazional-Lied«. Wie zufällig und nichts ahnend erschien der Kaiser in seiner Loge und zeigte sich von dem mit Hingabe gesungenen weihevollen Pathos der Musik sichtlich bewegt.

Die Kaiserhymne wurde sofort beliebt, in die vierzehn amtlich anerkannten Sprachen der Monarchie übersetzt und blieb bis 1918 Österreichs Nationalhymne. Haydn verwendete die Melodie im dritten der sechs Quartette op. 76, die er Graf Erdödy widmete – der zweite Satz ist ein Poco Adagio cantabile in G-Dur mit Thema und vier Variationen.

Mitte des 19. Jahrhunderts wurde Haydns Melodie mit einem neuem Text unterlegt. Der Niedersachse August Heinrich Hoffmann aus Fallersleben, Professor für Germanistik an der Universität Breslau, schrieb 1841 während einer Badekur auf Helgoland das »Lied der Deutschen«. Es begann mit den Versen: »Deutschland, Deutschland über alles, / über alles in der Welt«, womit Hoffmann die wahren Patrioten aufrief, über kleinstaatlichen Hader hinweg sich in einem größeren Deutschland zu vereinen. Ähnlich hatte Haschka in der letzten Strophe der Kaiserhymne gedichtet: »Froh erleb' Er Seiner Lande / Seiner Völker höchsten Flor! / Seh' sie, Eins durch BruderBande, / Ragen allen andern vor.« Die Kleinstaaten, die zu Recht in »Deutschland über alles« das Signal zu ihrem Untergang erkannten, erklärten Hoffmann zum Staatsfeind. Er verlor die Breslauer Professur, wurde verfolgt und ausgewiesen, wo immer er sich niederließ. Die letzten Jahre lebte er als Bibliothekar des Herzogs von Ratibor auf Schloss Corvey an der Weser.

Als er 1874 starb, hatte sich das drei Jahre zuvor gegründete deutsche Kaiserreich eine Hymne gegeben. Doch es war nicht die von Haydn und Hoffmann, sondern eine von Heinrich Harries in sechs Strophen, die mit den Worten begann: »Heil dir im Siegerkranz, / Herrscher des Vaterlands! / Heil, Kaiser, dir!« auf die Melodie der britischen Nationalhymne »God save the King!«. Sie galt bis 1918.

Nach vier hymnenlosen Jahren bestimmte Reichspräsident Friedrich Ebert am Verfassungstag 1922 Hoffmanns »Lied der Deutschen« auf Haydns Musik zur Hymne der Weimarer Republik. Im Dritten Reich folgte dem »Horst-Wessel-Lied« die erste Strophe des Deutschlandliedes. Nach Kriegsende besaß die Bundesrepublik Deutschland zunächst keine Hymne. Bundespräsident Theodor Heuss wollte eine neue, doch Bundeskanzler

Konrad Adenauer setzt sich durch: Das »Lied der Deutschen«, auf Haydns Melodie, wurde Hymne der Bundesrepublik Deutschland, die Deutsche Demokratische Republik gab sich eine eigene. Seit August 1991 ist die dritte Strophe des Deutschlandlieds, mit Haydns Musik, die Hymne des vereinigten Deutschland.

Das vom Kaiserreich zur Republik mutierte Österreich hatte sich 1920 eine neue Hymne verschrieben, doch die Melodie gefiel nicht. Erst 1929 gab es, auf Haydns Musik, eine Bundeshymne mit neuem Text, der 1947 ein weiteres Mal geändert wurde. Von wem die Melodie stammt, ist bis heute nicht klar. Um die Palme streiten Mozart und der um drei Jahre ältere Johann Holzer.

Als das Wiener Kabinett im März 1947 über die Einführung der Hymne entschied, beschloss die Runde auf Drängen von Bundespräsident Karl Renner, Österreich solle bei künftigen Verhandlungen über einen Staatsvertrag von den Siegermächten fordern, Deutschland die Verwendung der Haydn-Melodie zu verbieten, weil sie österreichisches Kulturgut sei.

Nach den »Jahreszeiten« war Haydn erschöpft. Noch hoffte er auf den Wiedergewinn der Kräfte, damit er »wieder a bisserl phantasieren« könne. Doch schrieb er im Juni 1801 sein Testament.

Die letzten vollendeten Werke sind die »Schöpfungsmesse« aus demselben Jahr und die »Harmoniemesse« im folgenden, jeweils im September in der Bergkirche zu Eisenstadt aufgeführt. Das 1803 begonnene letzte Quartett op. 103 in d-Moll geriet über die Mittelsätze, ein Andante grazioso und ein Menuett, nicht hinaus. Auf seinen Wunsch setzte der Verlag Breitkopf & Härtel bei der Herausgabe des Werks 1806 den Beginn des mehrstimmigen, Jahre zuvor komponierten Gesanges »Der Greis« auf Worte von Christian Fürchtegott Gellert »Hin ist alle meine Kraft, / Alt und schwach bin ich« an den Schluss des Torsos. Das Angebot des Grafen Moritz Fries, für dreihundert oder selbst vierhundert Dukaten eine neue Sinfonie zu schreiben, kam 1805 lange zu spät. Reisepläne wurden erwogen und wieder verworfen. Nur zu gerne hätte er Paris besucht, »wenn er wegen der Reisekosten gedekt wäre«. Doch als die Zusage eintraf, hatte er sich schon anders besonnen.

Nur untätig blieb er nicht. Er dirigierte, vor allem die Oratorien, und redigierte die Ausgabe seiner Werke. Mit Hingabe betrieb er den Verkauf seiner Kompositionen. Bezeichnend für seinen Geschäftssinn ist ein Vorgang aus dem Jahre 1803. Ein österreichischer Kurier hatte die Kopie einer Büste Haydns mit nach St. Petersburg genommen und dem Zaren übergeben lassen, der ihm eine Tabatiere im Wert von dreihundert Dukaten schenkte. »Der alte Papa ärgerte sich gewaltig, diese Speculation nicht selbst gemacht zu haben«, berichtete Griesinger amüsiert. »Jezt will er aber dem Russ. Kaiser auf eine andere Art beykommen und ihm ein Werk (als einen Schwanengesang) dediciren.« Haydn bestimmte dazu einige Lieder, die er ein halbes Jahr zuvor für Peter Freiherrn von Braun, den Intendanten der Hoftheater, komponiert und für die dieser ihm fünfhundert Gulden bezahlt hatte. Nur war ihm entfallen, die Lieder bei Haydn abzuholen. Auf die Frage, ob er, gegen Erstattung des Honorars, auf die Lieder verzichte, erwiderte er generös, Haydn könne Geld und Originale behalten, er begnüge sich mit einer Abschrift. Umgehend verkaufte Haydn die Lieder an Breitkopf & Härtel für vierhundert Gulden. Weil ihm die entgangene Transaktion mit der Büste noch immer nachging, plante er, die Druckausgabe der Lieder dem Zarenhaus zu widmen, in der sicheren Erwartung, man werde sich mit einem Geschenk revanchieren. Griesinger half ihm beim Entwurf eines Schreibens, um die förmliche Erlaubnis zur Widmung einzuholen. Offenbar wurde Haydn die Prozedur dann doch zu heikel, und die Widmung unterblieb. Vergessen war damit das russische Projekt aber nicht. Denn als die Lieder noch im selben Jahr im Druck erschienen, schickte Haydn ein Exemplar an die Zarin, die mit einem Diamantring dankte. Verglichen damit wirkte Constanze Mozarts Geschäftsgebaren rührend unbedarft. Als Swieten sie drängte, Mozarts Bearbeitung von Händels »Messias« an Breitkopf & Härtel zu verkaufen, erwiderte Constanze, sie habe mit dem Offenbacher Verleger Johann Anton André einen Vertrag über den Verkauf sämtlicher Werke ihres Mannes geschlossen, könne sich also nicht noch von einem anderen Verlag bezahlen lassen.

Die vielen Ehrungen, dic Haydn aus Europa Jahr für Jahr erreichten, waren ein Labsal seines Alters. Er wurde auswärtiges Ehrenmitglied musikalischer Gesellschaften, Mitglied der Königlich-Schwedischen Akademie für Musik, und Pariser Musiker, die die »Schöpfung« aufgeführt hatten, schickten ihm eine eigens aus diesem Anlass geprägte Medaille. Der Haydn-Verehrer Luigi Cherubini überbrachte 1805 das Mitgliedsdiplom des Pariser Konservatoriums samt Medaille. Über Geschenke konnte Haydn sich kindlich freuen. Einmal bat er Breitkopf & Härtel via Griesinger, man möge in

Leipzig für ihn »ein Duzend seidner ostindischer Schnupftücher von guter Qualität einkaufen: man kann sie hier nicht bekommen, u. die welche er aus England mitbrachte fangen an zu zerreißen. Die Farbe ist ihm gleichgültig. Sie möchten sie waschen und mit J. H. zeichnen lassen, weil er sonst auf der Mauth belangt werden könnte«. Der Verlag besorgte nicht nur den Auftrag, sondern übernahm, zu Haydns Erleichterung, auch die Kosten. In einer Kassette verwahrte er Dosen, Uhren, Ringe, Medaillen und andere Geschenke. »Wenn mir das Leben zuweilen verdrüßlich wird, so sehe ich das alles an, es freut mich, in ganz Europa geehrt worden zu seyn.« Er machte sich Hoffnung, der Kaiser werde ihm den Anfang 1808 gestifteten Leopoldorden verleihen, und Freunde gratulierten schon. Haydn hatte sich einige Worte ausgedacht, die er dem Kaiser bei der Verleihung sagen wollte – dass ihm unter allem, was er geschrieben habe, die Kaiserhymne mit am liebsten sei. »Es gäbe alsdann einen Ritter Haydn, wie einst einen Ritter Gluck! Nur ist es schade, daß ich keine Kinder habe, denen es nützen könnte!« Doch er hoffte vergebens. Selbst wenn seine Gönnerin, Kaiserin Maria Theresa, die 1807 gestorben war, noch gelebt hätte, wäre der Leopoldorden für Haydn wohl unerreichbar gewesen. Mehr denn je galt unter Kaiser Franz die Regel, dass Orden nur an jene vergeben wurden, die von Adel waren. Der Vergleich mit Gluck passte nicht, weil Gluck, wie Mozart, nicht kaiserlicher, sondern päpstlicher »Ritter vom Goldenen Sporn« gewesen war.

Eine Ehrung besonderer Art widerfuhr Haydn im September 1800. Auf dem Weg von Neapel nach England passierte Horatio Nelson, in Gesellschaft von Sir William Hamilton, bislang britischer Gesandter am Hof von Neapel, Archäologe und Naturforscher, und seiner Frau, Lady Emma Hamilton, Wien und besuchte Eisenstadt. Sie blieben dort vier Tage, von Fürst Nikolaus bewirtet. Seit dem Sieg über Napoleons Flotte in der Nilmündung bei Abukir trug Nelson den Titel eines »Baron of the Nile«. Der in England verheiratete Nelson hatte mit Emma ein Verhältnis, das der nun siebzigjährige Sir William duldete und das aller Welt bekannt war. Emma war die Tochter eines Schmieds und, nach den Begriffen von Englands guter Gesellschaft, auf skandalöse Weise ungeniert. Mit bald vierzig Jahren war sie zwar nicht mehr schlank wie einst, aber immer noch erregend schön.

Haydn wird an die Tage mit beiden noch oft gedacht haben. Er begleitete Emma, die eine vorzügliche Stimme hatte und Geschmack besaß, am Klavier. Eine Dame aus Emmas Begleitung hatte eine Ode auf Nelsons jüngsten Sieg gedichtet, und Haydn komponierte eine Auswahl für Singstimme und

Klavier. Das Werk widmete er Lady Emma, die es mit Beifall vortrug. Haydn und Nelson verstanden sich auf der Stelle. In Haydns Nachlass fanden sich zwei Kupferstichporträts Nelsons und eine Ansicht der Schlacht von Abukir. Die zum Geburtstag der Fürstin Esterházy jährlich zu komponierende neue Messe wurde vor den Gästen aufgeführt, das Werk heißt seither »Nelson-Messe«. Beim Abschied bat sich der Admiral »eine abgenützte Feder aus, welche Haydn bey seinen Kompositionen gedient hatte«, und schenkte ihm dafür seine Taschenuhr.

Es waren nicht nur die »Jahreszeiten« gewesen, die Haydn erschöpft hatten. Und es war auch keine bloße Erschöpfung. Seit dem Frühjahr 1800 kränkelte er. Kurz nach dem Tod seiner Frau im März befiel ihn ein »rheumatisches Kopffieber«. Offenbar kam es zu einer ernsten Krise, denn die Erholung dauerte Wochen. Es scheint, als habe ihn der Tod seiner Frau tiefer getroffen, als er sich und anderen eingestand. Als er im selben Jahr aus Eisenstadt nach Wien zurückkehrte, klagte er Griesinger, er sei mit seinem Aufenthalt dort gar nicht zufrieden gewesen, »die scharfe Luft hat ihm Unpäßlichkeiten zugezogen und übler Humor benahm ihm die Lust zur Arbeit«. Die üble Laune, die häufiger wiederkehrte, war wie eine verschlüsselte Klage über schwindende Kräfte. Als Dies im April 1805 Haydn zum ersten Mal besuchte, war er »seit langer Zeit krank und an den Beinen geschwollen«, und Haydn klagte, er sei nun alt und schwach, könne nicht ausgehen und atme nichts als Zimmerluft. Der Polyp, sein alter Feind, quälte ihn wieder. Schlechtes Wetter drückte auf seine Stimmung. Die Haushälterin empfahl, die beste Sprechzeit sei bei schönem, warmem Wetter zwischen elf und zwölf Uhr. Zu den regelmäßigen Besuchern gehörten, neben den beiden Biographen, der Arzt und der Anwalt, mit dem Haydn Änderungen des Testaments besprach, denn »ich bin jeden Augenblick zum Tod bereit«. Er ließ »seinen Dienstleuten in Gegenwart der Zeugen sein Testament vorlesen und fragte sie darauf, ob sie mit dem Bestimmten zufrieden wären oder nicht. Die guten Leute waren von der Güte ihres Herrn überrascht; sie sahen sich für die Zukunft geborgen und dankten ihm dafür mit Tränen in den Augen.« Universalerbe war der Sohn seiner verstorbenen Schwester Anna Maria, der Hufschmied Mathias Fröhlich aus Fischamend bei Schwechat. Was ihm, nach Abzug der zahlreichen Vermächtnisse Haydns im Wert von fast fünfundzwanzigtausend Gulden, am Ende verblieb, wissen wir nicht. Dem Nennwert nach wird es nicht wenig gewesen sein. Doch büßte das Erbe an Realwert durch die Inflation im Zuge der napoleonischen Kriege erheblich ein, zumal Haydn seine Ersparnisse zu fast zwei Drittel in öffentlichen Anleihen und privaten Schuldscheinen angelegt hatte.

Johann Elssler half ihm bei der Erfassung der Manuskripte, gedruckten Noten, Bücher und Kunstschätze in Kataloge. Obwohl er gesund aussah, klagte Haydn über Kopfweh, Taubheit, Vergessenheit »und mehrere Übel«. Die Nachricht vom Tod der Brüder Johann Evangelist und Michael erschütterte ihn. Er vertrieb sich, wie Griesinger bemerkte, »die Zeit mit Beten, durch Rückerinnerungen an seine frühere Periode, besonders an seinen Aufenthalt in England, durch Lesen der Zeitungen und Untersuchung der kleinen Hausrechnungen; in den langen Winterabenden unterhielt er sich mit seinen Nachbarn und Dienstboten über die Neuigkeiten des Tages, er spielte auch zuweilen Karten, und belustigte sich an der Freude, die ihnen der Gewinn einiger Kreuzer verursachte«. Der Arzt verbot ihm das Klavierspiel, weil es ihn zu sehr schwäche. Doch ganz davon lassen konnte und wollte er nicht. »Nie hätte ich geglaubt«, meinte er, »daß ein Mensch so sehr zusammensinken könnte, als ich es jetzt an mir fühle; mein Gedächtnis ist dahin, ich habe an dem Klavier zuweilen noch gute Ideen, aber ich möchte weinen, weil ich nicht imstande bin, sie nur zu wiederholen oder aufzuschreiben.«

Um die Mitte des Jahrzehnts hatte Haydn sich aus dem öffentlichen Leben fast völlig zurückgezogen, was zu Gerüchten führte, er sei gestorben – in Paris komponierte Cherubini in Eile eine Begräbniskantate. Es mag sein, dass Haydn trotz schleichenden Verfalls von dem, was er über die Zeitläufte hörte oder las, noch manches begriff. Vielleicht die Nachricht von Nelsons Tod nach dem Sieg in der Schlacht von Trafalgar im Oktober 1805, gewiss die von Napoleons zweitem Einzug in Wien Mitte November 1809. Franz II., deutscher Kaiser, hatte sich 1804 als Franz I. zum »Erbkaiser von Österreich« proklamiert, nach dem Desaster in der Dreikaiserschlacht von Austerlitz und der erzwungenen Anerkennung des Rheinbundes erklärte er am 6. August 1806, dass er die deutsche Kaiserkrone und das Reichsregiment niederlege sowie »die Churfürsten, Fürsten und übrigen Stände, wie auch alle Angehörige und Dienerschaft des deutschen Reiches, ihrer bisherigen Pflichten« entbinde. Damit besiegelte der »gute Kaiser Franz«, durch einen rechtlich fragwürdigen Akt, nach fast neunhundert Jahren den Untergang des Heiligen Römischen Reiches Deutscher Nation.

Zur Feier seines sechsundsiebzigsten Geburtstags ließ Haydn sich überreden, zur Galaaufführung der »Schöpfung« in der Aula der Universität zu erscheinen. Er wurde auf einem Sessel in den Saal getragen, Fürst Lobkowitz und die Fürstin Esterházy begrüßten ihn unter dem herzlich-teilnahmsvollen Beifall des Auditoriums. Salieri dirigierte. Beim Vortrag eines Huldigungsgedichts brach Haydn in Tränen aus, er verließ die Aufführung schon nach Ende des ersten Teils.

Griesinger sah Haydn am 3. Mai 1809 zum letzten Mal. »Der unglückliche Krieg drückt mich noch ganz zu Boden!, wiederholte er oft mit thränendem Auge.« Eine Woche später erschütterten nahe abgefeuerte Kanonenschüsse Fenster und Türen des Hauses. An einem Nachmittag besuchte ihn ein französischer Kapitän der Husaren, den Haydn, gegen seine Gewohnheit, im Bett liegend empfing. Der Kapitän, ein Verehrer seiner Musik, sang die Arie »Mit Würd' und Hoheit angetan« aus den »Jahreszeiten« mit solcher Empfindung, dass Haydn weinte. Trotz wachsender körperlicher Schwäche spielte er täglich die Kaiserhymne, »den 26ten Mai um halb ein Uhr Mittags worde das Lied aber zum letzten mall gespielt und das 3 mall hintereinander, mit ausdruck und geschmack So! das unser guter Papa selbst darüber erstaunte und sagte, so habe ich das Lied schon lange nicht gespielt und war sehr fröhlich darüber«, heißt es in Johann Elsslers Bericht an Griesinger über Haydns letzte Tage.

Am Abend klagte er über Kopfschmerzen und Frost. Am folgenden Tag fiel er in eine schmerzlose Betäubung, die ihn, bei nur kurzen Auflichtungen, nicht mehr verließ. Er starb am Mittwoch, dem 31. Mai 1809, in der ersten Morgenstunde.

Bei grosser Hitze wurde Haydns Leichnam schon am folgenden Nachmittag, nach der von Maria Theresia eingeführten amtlichen Totenbeschau, auf dem Friedhof bei der Hundsthurmer Linie in einer Grabstätte, die er selber gekauft hatte, beigesetzt.

In der Wiener Schottenkirche gab es am Vormittag des 15. Juni ein feierliches Traueramt mit Mozarts Requiem, mit Chor und Orchester der Tonkünstler-Sozietät. Nicht nur die Prominenz der Wiener Gesellschaft, sondern auch französische Offiziere waren in großer Zahl erschienen – in der zweiten Reihe kniete Marie-Henri Beyle, in der Uniform eines napoleonisch-kaiserlichen Beamten. Auf dem Weg von Straßburg nach Wien war er über Stendal gereist, den Geburtsort des Altertumsforschers Johann Joachim Winckelmann. Acht Jahre später erschien von Beyle unter dem

Pseudonym »Stendhal« die Hommage »Vies de Haydn, Mozart et Métastase«.

Was niemand ahnte und nur wenige wussten: Haydns letzte Ruhe auf dem Hundsthurmer Kirchhof war unterdessen auf schaurige Weise gestört worden. In der frühen Nacht des 4. Juni hatte der Totengräber Jacob Demuth das Grab geöffnet und Haydns Kopf vom Rumpf getrennt, die Perücke blieb im Sarg. Demuth war an der nahen Hundsthurmer Linie von drei Männern und einer Frau erwartet worden, denen er den in ein Tuch gehüllten Kopf übergab. Die vier waren zum Allgemeinen Krankenhaus gefahren, wo der Kopf von dem bereits wartenden Arzt Leopold Eckhart seziert wurde. Einer der Täter erhielt genaue Anweisung, wie er den Schädel in Kalkwasser bleichen sollte. Die Gruppe war mit dieser Art der Leichenschändung schon vertraut. Den Kopf der Schauspielerin Elisabeth Roose, die 1808 auf dem Hundsthurmer Friedhof begraben worden war, hatten die vier nach gleichem Muster wie nun bei Haydn von einem Arzt präparieren lassen. Die rasch verwesbaren Teile, vor allem das Gehirn, waren im Garten eines der Freunde unter einem Pflaumenbaum mit improvisiertem Zeremoniell bei Fackelschein beerdigt worden.

Anführer der makabren Verschwörung, der die Hergänge detailliert in seinem Tagebuch beschrieb, war der fürstlich-esterházysche Administrator Joseph Carl Rosenbaum, derselbe, den Haydn seit frühester Kindheit gekannt hatte, derselbe auch, der Haydn seinerzeit gebeten hatte, für ihn beim Fürsten Nikolaus I. wegen seiner Heiratspläne mit Therese Gassmann ein hilfreiches Wort einzulegen. Rosenbaums rechte Hand als Mitverschworener war sein Schulfreund Johann Nepomuk Peter, er war es gewesen, der Haydns Kopf gebleicht hatte, und unter seinem Pflaumenbaum hatte es das geisterhafte Memorial gegeben.

Die vier betrieben, mit Gleichgesinnten, den Leichenraub als eine wissenschaftlich approbierte Liebhaberei. Vater des neuen Zweigs der Wissenschaft, der Phrenologie, also Schädelkunde, war der Arzt Franz Joseph Gall. Er hatte in Wien studiert, so auch bei Gerhard van Swieten, dem Leibarzt Maria Theresias und Vater des unglücklichen Librettisten Gottfried. Gall verkündete seit 1796, ein methodisches Studium des Schädels erlaube zuverlässige Einsichten in die Persönlichkeit. Er entwickelte ein Schaubild, das zeigte, wo sich auf der Schädeldecke siebenundzwanzig Gehirnzentren, von ihm »Organe« genannt, lokalisieren ließen. Je nach Stärke und Form der Ausprägung könne der qualifizierte Wissenschaftler auf Charakter und geistige Potenz des Menschen schließen. Gall hatte mit seiner Lehre beim faszinierten Publikum stürmischen Zulauf. Nicht so bei Thron und Altar. Die Kirche verurteilte den Determinismus, und Kaiser Franz waren neue Ideen ohnehin suspekt. Gall erhielt ein Lehrverbot und ging nach Paris. Als er dort 1828 starb, gehörten zu seinem Nachlass mehr als dreihundert Schädel – sein eigener nun dazu.

Übrigens war Kaiser Franz einmal ein Adept der Wissenschaft gewesen. Der »Hofmohr« Angelo Soliman, gebürtig aus dem heutigen Nigeria, hatte in den Häusern Lobkowitz und Liechtenstein gedient, dort zuletzt als geachteter Erzieher. Haydn wird ihn gekannt haben, denn Soliman war, wie er selber, Mitglied der Loge »Zur wahren Eintracht«. Als Soliman 1796 starb, ließ Kaiser Franz die Leiche ohne Verzug bei Nacht exhumieren, ausstopfen und in seinem Naturalienkabinett öffentlich zur Schau stellen. Im Sitzungsbericht der Kaiserlichen Akademie der Wissenschaften von 1868 heißt es: »Die Schönheit seiner feingeschnittenen Gesichtszüge, so wie auch die Zartheit und Ebenmäßigkeit seines Baues, welche sich bis in das späteste Greisenalter in wunderbarer Weise erhalten hatten, erregten in dem Kaiser den Wunsch, denselben auch der späteren Zukunft zu erhalten und durch einen Künstler auf die sorgfältigste Weise präparieren zu lassen, um ihm einen Platz in seinem neugegründeten Museum anzuweisen.« Auch Gall hatte auf Soliman ein Auge geworfen, in seiner Sammlung fand sich eine Büste des Mohren. Zehn Jahre später, 1806, dem Kaiser war das Exponat nun wohl peinlich, verschwand es auf dem Dachboden der Hofbibliothek, wo es 1848 bei einem Brand ein Raub der Flammen wurde.

Fürst Nikolaus II. Esterházy, der von Haydns Tod verspätet erfahren hatte, wollte den Leichnam vom Hundsthurmer Friedhof nach Eisenstadt überführen und dort in der Bergkirche bestatten lassen. Es ist nicht bekannt, warum die Überführung, trotz schon erteilter behördlicher Erlaubnis, damals unterblieb. Es dauerte mehr als zehn Jahre, bis sich der Fürst der sterblichen Überreste Haydns erneut erinnerte. Das Grab wurde Ende Oktober 1820 geöffnet, wobei sich herausstellte, dass der Kopf fehlte. Der Fürst war außer sich. Auf sein Drängen begann die Wiener Polizei durch ihren erprobten Spitzeldienst die Suche nach der kostbaren Reliquie. Schon nach wenigen Tagen bekannte der Apotheker Joseph Schwinner, etwa zehn Jahre zuvor einen Schädel gesehen zu haben, von dem Peter behauptet habe, es sei der Haydns. Noch vor fünf Jahren sei dieser Schädel in einem schwarzen Kasten unter Glas in Peters Empfangszimmer ausgestellt gewesen. Inzwischen hatte

Rosenbaum wieder die Regie übernommen. Gemeinsam mit Peter und zwei weiteren früheren Mitverschworenen einigte man sich auf eine Geschichte, die der Polizei als schlüssig serviert werden sollte. Wie sich aus den Protokollen ergibt, schoben die Verhörten alle Schuld auf Eckhart. Dieser habe sich Haydns Kopf beschafft und später Peter gegeben. Eckhart konnte sich nicht äußern, weil er tot war. Peter erklärte, er habe nach einiger Zeit die Lust an dem Hobby verloren. Seine Frau habe einige Schädel zurück auf den Friedhof gebracht, drei Schädel habe er Rosenbaum geschenkt und ihm die Wahl aus seiner Sammlung freigestellt. Unter den von ihm ausgesuchten sei der von Haydn gewesen. Um bei der Suche zu helfen, habe er Rosenbaum vor der Vernehmung um Rückgabe des Schädels gebeten, den er nun erleichtert der Polizei überlasse. Rosenbaum und der mitverhörte Michael Jungmann bestätigten bereitwillig die Aussage Peters. Obendrein bescheinigte ein Arzt, der Schädel sei der eines Mannes von über siebzig Jahren. Damit schloss die Polizei die Akte. Der Schädel wurde Fürst Nikolaus übergeben und in festlichem Gottesdienst dem Skelett in der Krypta der Bergkirche beigelegt.

Doch es war der falsche Kopf. Rosenbaum selbst hatte den richtigen. Bei seinem Tod hinterließ er Peter diesen ihm »liebsten Schatz«. Peter vermachte ihn auf dem Sterbebett seinem Arzt. Der Schädel geriet 1895 in den Besitz der Wiener Gesellschaft der Musikfreunde und wurde schließlich 1954 in Eisenstadt mit allen Ehren gegen den fremden Kopf im Sarkophag ausgetauscht.

Im Postskript zum Brief an Griesinger über Haydns letzte Tage hatte Johann Elssler geschrieben: »Ich habe mir meinen guten Papa in Gips abgegossen.« Die Totenmaske zeigt sein Gesicht in seligem, aller Last enthobenem Frieden.

EPILOG

Sorge um den Ruhm
Wiener Klassik
Architekt
Ästhetische Kultur
Anklänge
Verklärung
Naturell
Das Geld
Dankbarkeit
Dekorum
Ehrsucht
Der Höfling
Politik und Religion
Kein Bildungsbürger
Glück
Der große Bassa

Ein Jahrzehnt vor seinem Tod, nach der »Schöpfung«, war Haydn der berühmteste lebende Komponist Europas, von nicht wenigen verehrt als »Vater der Musik«.

Als er starb, war sein Name wie ein Monument, das die Freunde der Musik mit Kränzen schmückten, doch nach Revolution und Kriegen viele der jungen Generation mehr aus Gewohnheit oder auf Kredit der Bewunderer. Nach den »Jahreszeiten« hatte er nichts mehr von Belang komponiert, die beiden letzten Messen waren aus dem Fundus geschriebene Alterswerke. Er wurde geehrt. Aber er war nicht mehr aktuell.

Was Haydn in den Jahren des schleichenden Verfalls am meisten quälte, war die Sorge um den Ruhm. Wenn nur die Kräfte wiederkehrten! Beschwörend schrieb er 1803: »Gott gebe, daß meine Organe mit Kräften beseelt und die Natur ihre vorherige Freygebigkeiten mir nicht erlösche!« Er wusste, in der Kunst gab es keinen Stillstand. Zu Griesinger meinte er 1806: »sein Fach sei grenzenlos; das, was in der Musik noch geschehen könne, sei weit größer als das, was darin schon geschehen sei«.

Mozarts Nachruhm ließ ihm keine Ruhe. Was mit dem Beifall aller Stände für die »Zauberflöte« begonnen hatte, nahm kein Ende. Bei Breitkopf & Härtel erschienen seit 1798 Mozarts »Œuvres Complettes«, ein Jahr später übergab Griesinger ihm beim Antrittsbesuch in Gumpendorf als Geschenk des Verlages die ersten Hefte »unseres unsterblichen Mozart«, wie er im Dankbrief an Breitkopf schrieb. Griesinger berichtete: »Er sah die Hefte mehreremal an und sagte: gar schön, gar schön; ich und Mozart schätzten uns sehr, er nannte mich auch seinen Papa.« Nach spontaner Freude klang das nicht, eher nachdenklich und zögernd, vielleicht sogar betreten. Im selben Jahr erschien in Prag die erste Mozart-Biographie, geschrieben von Franz Xaver Niemetschek und von ihm Joseph Haydn gewidmet. In der zweiten Auflage von 1808 fehlte nicht nur die Widmung, sondern einleitend hieß es auch noch: »Die Nachwelt hat über den Rang bereits entschieden, der Mozarten als Künstler gebührt. Einzig, unübertroffen steht er, ein Raphael seiner Kunst, unter den glorreichen Genien Händel, Cimarosa, Gluck, Hayden, oben an; sein Ruhm erfüllt die ganze gebildete Welt.« Nicht nur hatten Breitkopf & Härtel schon mit der Gesamtausgabe begonnen, nun machte sich seit 1799 auch noch der Offenbacher André an den Druck des von Constanze gestapelten Nachlasses. Was würde die Welt von »unserem unsterblichen Mozart« noch alles hören?

Und nun der Großmogul! Beim hohen Adel, der einst ihn, Haydn, gefeiert hatte, in den Häusern Schwarzenberg, Auersperg, Lobkowitz, Rasumowskij, Liechtenstein, Lichnowsky oder Erdödy, war nun Beethoven ständiger und bewunderter Gast, so sehr, dass keiner mehr an der nachlässigen Kleidung und dem sonderbaren Gehabe Anstoß nahm. In Haydns letzten zehn Lebensjahren hatte Beethoven die Konzertsäle mit gleicher Bravour gestürmt wie Napoleon die feindlichen Verschanzungen. Bis 1809 waren die ersten sechs Sinfonien erschienen, dazu die fünf Klavierkonzerte, das Violinkonzert, das Tripelkonzert, zehn Streichquartette, Streichtrios, das Streichquintett, Klaviertrios, Klaviersonaten, unter ihnen die »Pathétique«, zwei Sextette, das Septett für Streicher und Bläser, Lieder und Ballettmusik, das Oratorium »Christus am Ölberg«, die Konzertarie »Ah Perfido!« und, 1805, die Oper »Fidelio«.

Hatte er, Joseph Haydn, seinen Ruhm überlebt? Wie würde sein Werk vor der Nachwelt bestehen?

Haydns Opern waren von ephemerer Bedeutung, die Messen sind allenfalls noch in Österreich und im Süddeutschen heimisch. Und dass er mit den Oratorien zum bedeutenden Vokalkomponisten wurde, lässt sich zwar behaupten, aber im Vergleich, nicht nur mit Mozart, kaum zwingend begründen.

Was seinem Rang nichts nimmt. Denn Haydn war unbestritten der Großmeister eines neuen instrumentalen Stils, für den er, in Streichquartett und Sinfonie, prägende Muster schuf. Mit ihnen gehört er zu den überragenden Komponisten der Musikgeschichte.

Er war der Architekt dieses epochalen Stils. Die Elemente waren bekannt, neu waren Auswahl, Gewichtung und Ordnung der Teile in einer Struktur, dem Sonatensatz. Pate standen der Rationalismus der Zeit und Haydns hoch entwickelter Intellekt. Die Fortbildung durch thematisch-motivische Abwandlung, vor allem in der Durchführung, sorgte für Dramatik, die den Hörer bannte. Dazu das freudig-erregte Temperament der Ecksätze, eine variierte Melodie und ein bald gemessenes Menuett, bald jagendes Scherzo in den Mittelsätzen.

Ob Haydn »ästhetische Kultur« besitze, oder wie viel davon, war zu seiner Zeit umstritten. Ähnliche Einwände gab es auch bei Mozart und Beethoven. Bei Haydn war gemeint, dass er durch »Tändeleyen«, Clownerien und dröhnende Scherze den Schönheitssinn, den erlesenen Geschmack, verletze. Bezeichnend ist, dass sich vieles von dieser Kritik in dem Maße verlor, wie die Musik aus den Palästen in die bürgerlichen Konzertsäle übersiedelte.

Es ist üblich, Haydns Werk mit dem von Mozart und Beethoven zu vergleichen. Mit ihnen bildet er, nach dem Diktum der Forschung, die Triade der »Wiener Klassik«.

Der Begriff suggeriert Gemeinsamkeit. Doch was sie verbindet und gleichzeitig trennt, ist ihre Größe.

Was macht die Klassik »wienerisch«? Vor allem, dass die Klassiker in Wien lebten, Beethoven die längste Zeit seines Lebens, Mozart das letzte Jahrzehnt. Fast vierzig Jahre nach der Jugend in Wien bezog Haydn das Haus in Gumpendorf als Fünfundsechzigjähriger. Alle drei galten als Zugereiste, der Österreicher Haydn noch nicht einmal als das – er kam über den Status eines »Auswärtigen« lange nicht hinaus, wie die Posse um seinen Beitritt zur Tonkünstler-Sozietät zeigt. Ohne den englischen Ruhm wäre er bei den Wienern den Ruf eines zwar begabten, aber oft geschmacklosen »Tändlers« so bald nicht los geworden. Bis auf wenige Ausnahmen komponierte er sein Œuvre nicht in Wien, sondern in Eisenstadt, auf Esterháza und in London.

Was die Klassiker nach Wien zog, war die Musikliebe des Adels. Der Beifall des bürgerlichen Publikums war unbeständig, Erfolg hatte oft, wer nichts riskierte und nach der Mode schrieb. Dagegen förderte der Adel große Talente durch hoch dotierte Kompositionsaufträge, noble Erkenntlichkeit bei Widmungen und die Subskription von Konzerten. Die spendabelsten Gönner waren zugereist wie die Klassiker selber, sie stammten aus Ungarn und Böhmen, Graf Andreas Kyrillowitsch Rasumowskij war Gesandter des Zaren in Wien. Allein wegen der Vorliebe der Habsburger für die Musik wäre Mozart nicht nach Wien gezogen, Kaiser Joseph war für ihn ein »Knicker«. Der Adel war dem Hof auch an Geschmack überlegen, er zählte für Mozart zur Spezies jener »Kenner und Liebhaber der Musik«, die er sich als Zuhörer wünschte.

Die »Wiener Klassiker« sind unvergleichbar. Jeder ist vollendet auf seine

Weise. Gern vergebene Etiketten wie »Vorläufer« oder »Vollender« machen wenig Sinn, jedenfalls nicht auf dieser Stufe der Meisterschaft. Statt von Einflüssen sollte man lieber von Anklängen sprechen. Solche finden sich auch bei Haydn – im Spätwerk sind Reminiszenzen an Mozart unüberhörbar. Was aber am gewachsenen Charakter von Haydns Musik gar nichts ändert.

WENIGER HOMOGEN als die Würdigung von Haydns Werk ist das Urteil über den Menschen.

Die frühe Biographik verklärte ihn, Charakterschwächen wurden bemäntelt. Am Ende war Haydn ein Ausbund aller guten Eigenschaften: bescheiden, dankbar, die Sanftmut selber, redlich, liebevoll, verzeihend, hilfsbereit, wohltätig. Entstanden war eine Kopie aus der Heiligenlegende, nicht das Bild eines lebendigen Menschen.

Doch wäre es zu einfach, den Biographen vorzuwerfen, sie hätten die Tugenden ihres Helden wider besseres Wissen überzeichnet. Keiner von ihnen kannte Haydn – der nun alt, immer kränkelnd, bald an das Haus gefesselt und ständiger Pflege bedürftig –, als er jung gewesen war. Sie teilten die universelle Verehrung für sein Werk. Herzlich bedauerten sie sein Siechtum. Dankbar schrieben sie nieder, was er ihnen aus porösem Gedächtnis an Erinnerungen noch anvertrauen konnte oder wollte, und nannten es, mit geziemender Bescheidenheit, »Biographische Notizen« und »Biographische Nachrichten«.

Das Bild vom untadeligen und allliebenden Haydn wirkte lange nach. Bis Georg Feder 1982 begann, Klischees behutsam abzutragen. »Es kommt nicht darauf an«, meinte er programmatisch, »das konventionelle Haydnbild zu zerstören, sondern es zu differenzieren.«

Dem Naturell nach war Haydn Sanguiniker. Doch konnte die Stimmung in quälerischen Missmut umschlagen. Wann oder wie oft das geschah, wissen wir nicht. Es kann sein, dass die von Dies oft berichtete »üble Laune« Folge des erzwungenen Nichtstuns im Alter, des Wetters oder des Nasenpolypen war. Möglich ist aber auch, dass Haydn nach Anlage leicht zur Verstimmung neigte, bis hin zu Trübsinn und Schwermut.

Seine Lebensführung war einfach. Er liebte Ordnung und einen geregelten Tageslauf. Arbeit bestimmte sein Leben. Pausen kannte er kaum, erst in

England reiste er, aus Neugier und zur Entspannung, und weil er nun frei war und Geld hatte.

Immer plante und kalkulierte er. Eindrücke übersetzte er, wie die Londoner Notizbücher zeigen, mit Vorliebe in Zahlen und Maße, erst dann wurden sie ihm vertraut. Am liebsten zählte er Geld. Kaum anzunehmen, dass er nach England gereist wäre, hätte ihn nicht der Verdienst gelockt. Er war versessen auf Geld, genauer: auf Gelderwerb. Wie entschuldigend meinte er, die Jahre des elenden Brots hätten ihn das Geld schätzen gelehrt. Nur bleibt das Geld für viele, die Ähnliches erleben, ein Mittel zum Zweck und wird nicht zur zweckfreien Passion.

Dabei war er nicht geizig. Er half gerne. Doch wollte er, der guten Ordnung halber, ebenso gerne wissen, was ihm die Ausgabe eines Gulden, den er mit solcher Mühe verdient hatte, an Gewinn eintrug. Aus liebender Fürsorge freigebig war er gegenüber seinen Verwandten.

Er war dankbar. Wer ihm einmal geholfen hatte, den vergaß er nicht, selbst wenn sie ihn geprügelt oder rüde behandelt hatten, wie Franck und Porpora. Fast sechzig Jahre später vermachte er »der Jungfrau Anna Buchholzin« testamentarisch einhundert Gulden, »weil mir ihr Großvatter in meiner Jugend und äußersten Noth 150 fl. geliehen, welche ich aber schon vor 50 Jahren bezahlt habe.« habe. Vermutlich bezeugen auch weitere Vermächtnisse an Personen, deren Verhältnis zu Haydn sich nicht mehr bestimmen lässt, seine fortwährende Dankbarkeit.

Um seine Gewitztheit im Umgang mit Verlegern konnte ihn jeder Geschäftsmann beneiden. Skrupel hatte er selten. Mit einem Verleger zu verhandeln, wo er das Werk schon einem anderen versprochen hatte, oder an einer Komposition mehrmals zu verdienen, empfand er als sein gutes Recht. Wurde er durch Raubdrucke und Kopisten nicht ständig betrogen?

Skrupel kamen ihm erst, wenn er glaubte, er schade seinem Ruf. Er sorgte sich um das Dekorum. Besucher empfing er sorgfältig frisiert und wie zum Ausgehen angekleidet. Was er der Mitwelt vorzeigen wollte, war das Bild eines Ehrenmannes, des honnête homme. Manches von dem, was die Biographen an ihm priesen, wie Bescheidenheit oder Milde im Urteil über andere Komponisten, war oft gespielt, wie bei einem, der sich, nach der herrschenden Konvention, zu Amt oder Rang die passenden Eigenschaften zulegt.

»Ehre und Ruhm«, meinte Dies, »waren die zwei mächtigen Triebfedern, die ihn regierten.« Er liebte das Lob, bis hin zur Ehrsucht, auch dann, oder vielleicht erst recht, wenn er Lob bescheiden von sich wies, nach der Maxime von La Rochefoucauld: »Lobsprüche ablehnen heißt, nochmals gelobt werden wollen.«

Beim Lob anderer war er sparsam. Selbst beim großen Händel meinte er, dieser »sey groß in seinen Chören, aber mittelmäßig im Gesange«. Ähnlich selektiv verfuhr er bei Gluck oder Niccolò Piccinni. Auch wo er lobte, wie in Testaten und Empfehlungsschreiben, konnte er danach gegenüber einem Dritten, unter vier Augen, dem eben noch schriftlich Gelobten wegwerfend jedes Talent absprechen. Ungeteilt war sein Lob für Carl Philipp Emanuel Bach. Und Mozart: Er war der einzige, dessen Genie er als dem seinen überlegen gelten ließ.

Kritik vertrug er schlecht, als wenn er zu fordern berechtigt sei, dass ihn die Mitwelt nicht anders beurteilte wie er sich selber.

In den bald dreißig Jahren als Kapellmeister des Hauses Esterházy hatte er sich manches von einem Höfling angeeignet, so die eiserne, oder goldene, Regel, über die Herrschaft nichts als Gutes zu sagen, auch wenn es ihn würgte. Mit dem ersten Nikolaus muss es nicht selten zu schweren Spannungen gekommen sein, an Stärke in dem Maße zunehmend, wie Haydns Selbstbewusstsein wuchs und sich der Komment zwischen Herrschaft und Dienenden durch den Zeitgeist wandelte. Nach 1790 war Haydn nicht mehr bereit, selbst im Tausch gegen die fürstlich garantierte Sicherheit, Beschränkungen seiner Freiheit hinzunehmen.

Kein Wort von ihm ist überliefert, das sich als politische Meinung deuten ließe. Für ihn war die staatliche und gesellschaftliche Ordnung der Monarchie sinnvoll und legitim. Er war konservativ bis ins Mark, nichts ging ihm über Kaiser und Vaterland.

Ähnlich hielt er es mit der Religion. Er bewahrte sich den Kinderglauben, ohne Anfechtung durch aufgeklärte Ideen. Die Freimaurerei mit ihrem Faible für Reform, Wissenschaft oder Mystik war ihm wesensfremd. Für die Verbesserung der Welt durch Besserung des Menschen sorgte die Lehre der allein selig machenden katholischen Kirche.

Seine Bibliothek mit fast einhundert Bänden verrät wenig über sein Bildungsinteresse. Aus der Sammlung lässt sich noch am ehesten auf seinen gebildeten Umgang schließen, wie im Salon Greiner, Haydns Abendschule. Literatur interessierte ihn, wenn sie sich musikalisch nutzen ließ, sein Lieblingslyriker war Gellert. Aus den Briefen oder den Londoner Notizbüchern sollte sich sein Bildungsinteresse belegen lassen. Gelegentlich imponierte ihm ein Gebäude, doch war ihm offenbar nicht wichtig, wer der Baumeister gewesen oder wann es entstanden war, wozu es diente oder wem es gehörte. Vielleicht erschien er bei den Freimaurern bald nicht mehr, weil ihm die »Brüder« zu gebildet waren.

War Haydn glücklich? Er war Gott für das ihm gegebene außerordentliche Talent zutiefst dankbar. Er war glücklich in seiner Musik und mit seinem Ruhm. Doch er hatte kein Glück in der Liebe. Er hielt sich für hässlich und war überzeugt, dass er Frauen nicht gefalle. Erst im Amt des Kapellmeisters gefiel er Luigia, und als ihn der Ruhm verklärte, schenkte ihm Rebecca ihre Huld, wenn auch nicht ihr Herz. Er heiratete die erste Frau, die zur Ehe mit ihm bereit war. Die geballte Empörung der Biographen über Maria Anna ist krass überzogen, Retuschen am überkommenen Bild der Ehe sind lange fällig. Wie und wann aus Haydn der »Papa Haydn« wurde, lässt sich nicht datieren. Womöglich waren es Schüler, die ihn zuerst so nannten, bis er den Namen freudig adoptierte.

UND SCHWANKT AUCH sein Charakterbild in der Geschichte – Haydns Werk und sein Aufstieg zu Weltrang und bleibendem Ruhm verdienen höchste Bewunderung.

Was könnte sich als Dank an ihn und zu seinem Preis wohl besser eignen als aus Mozarts »Entführung« der erste Chor der Janitscharen: »Singt dem großen Bassa Lieder, / Töne, feuriger Gesang! / Und vom Ufer halle wider, / Unserer Lieder Jubelklang!«

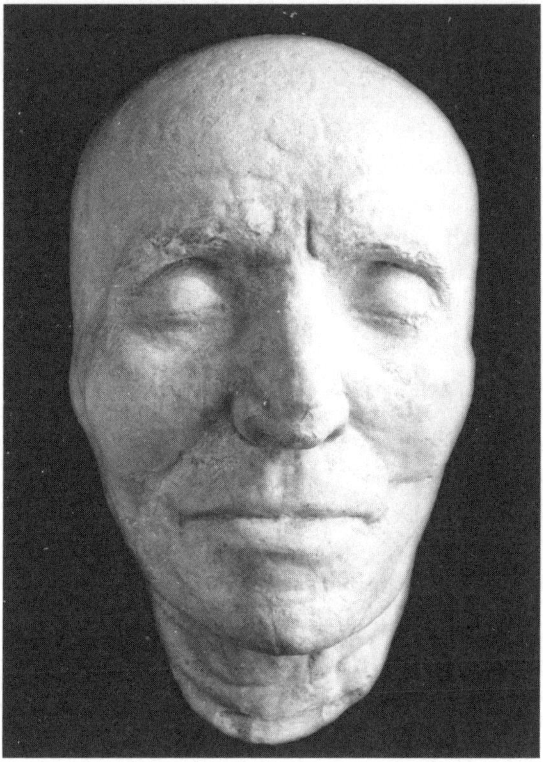

Haydn
Totenmaske von Johann Elssler, 1809

ANHANG

CONVENTION UND VERHALTENS-NORMA DES VICE-CAPEL-MEISTERS

HEÜTHE ENDES ANGESETZTEN TAG, UND JAHR ist der in Österreich zu Rohrau gebürtige Joseph Heyden bey IHRO HOCHFÜRSTLICHER DURCHLAUCHT, Herrn Paul Anton des Heyl^en^ Röm^en^ Reichs FÜRSTEN, von ESTERHÁZY und GALANTHA Trr. etc.etc. als ein VICE-CAPEL-Meister, in die Dienste an- und aufgenommen worden, dergestalten, das weilen

1mo Zu Eysenstadt ein Capel-Meister nahmens GREGORIUS Werner schon lange Jahr hindurch dem HOCHFÜRSTLICHEN Hause, Treu-emsige Dienste geleistet, nunmehro aber seines hohen Alters, und daraus öfters entstehender unpäslichkeit halber, seiner Dienst-schuldiget nach zukommen, nicht allerdings im stande ist, so wird er GREGORIUS Werner dannoch in Ansehung seiner Lang-Jährigen Diensten ferners, als Ober-Capel-Meister verbleiben, er Joseph Heyden hingegen, als VICE-CAPEL-Meister zu Eysenstadt in der CHOR-MUSIQUE Ihme GREGORIO Werner, quà Ober-CAPEL-Meistern SUBORDINIRT seyn, und von Ihme Dependiren, In allandern begebenheiten aber, wo eine MUSIQUE immer gemacht werden solle, wird alles, was zur MUSIQUE gehörig ist, in GENERE und SPECIE an ihne VICE-CAPEL-Meister angewiesen. So fort

2do Wird er Joseph Heyden, als ein haus-Officier, angesehen, und gehalten werden. Darum hegen Seine HOCHFÜRSTL. DURCHLAUCHT zu ihme das gnädige vertrauen, daß er sich also, wie es einem Ehrliebenden haus-Officier bey einer FÜRSTLICHEN HOFF-STADT wohl anstehet, nüchtern, und mit denen nachgesetzten MUSICIS nicht BRUTAL, sondern mit glimpff, und arth, bescheiden, ruhig, Ehrlich, aufzuführen wissen wird, haubt-sächlich, wann vor der HOHEN HERRSCHAFT eine MUSIQUE gemacht wird, solle er VICE-CAPEL-Meister samt denen SUBORDINIRTEN allezeit in UNIFORM, und nicht nur er Joseph Heyden selbst sauber erscheinen, sondern auch alle andere von Ihme dependirende dahin anhalten, daß sie der ihnen hinausgegebener INSTRUCTION zu folge, in weissen strümpffen, weisser wäsche, eingepudert, und entweder in zopf, oder harbeütel, Jedoch durch aus gleich sich sehen lassen. Derohalben

3tio Sind an ihne VICE-CAPEL-Meister die andern MUSICI angewiesen worden, folglich wird er sich um so viel EXEMPLARISCHER CONDUITIZIREN, damit die SUBORDINIRTEN von seinen guten eigenschafften sich ein beyspiel nehmen können, mithin wird er JOSEPH Heyden all-besondere FAMILIARITÄT, gemeinschafft in essen, trincken, und andern umgang vermeiden, um den ihme gebührenden RESPECT nicht zu vergeben, sondern auffrecht zu-erhalten, auch die SUBORDINIRTEN zu schuldiger PARITION desto leichter zu vermögen, Je unangenehmer die daraus entstehen könnende folgerungen, müss-verständnüß, und uneinigkeiten der Herrschafft seyn dörffen.

4to Auf allmaligen befehl Sr HOCHFÜRSTL. DURCHLAUCHT solle er VICE-CAPEL-Meister verbunden seyn solche MUSICALIEN zu COMPONIREN, was vor eine HOCHDIESELBE verlangen werden, sothanne Neüe-COMPOSITION mit niemand zu COMMUNICIREN, viel weniger abschreiben zulassen, sondern für IHRO DURCHLAUCHT eintzig, und allein vorzubehalten, vorzüglich ohne vorwissen, und gnädiger erlaubnus für Niemand andern nichts zu COMPONIREN.

5to Wird er Joseph Heyden all-täglich (es seye demnach dahier zu Wienn, oder auf denen Herrschafften) vor- und nach-Mittag in der ANTICHAMBRE erscheinen, und sich melden lassen, allda die HOCHFÜRSTL. ORDRE, ob eine Musique seyn solle? abwarthen, als dann aber nach erhaltenem befehl, solchen denen Andern MUSICIS zu wissen machen, und nicht nur selbst zubestimmter zeit sich ACCURATE einfinden, sondern auch die andern dahin ernstlich anhalten, die aber zur MUSIQUE entweder spath kommen, oder gar ausbleiben, SPECIFICE ANNOTIREN. Wann demnach

6to Zwischen ihnen MUSICIS wider-all-besseres verhoffen, uneinigkeiten, DISPUT, oder einige beschwerden, wider den andern sich aüsserten, wird er VICE-CAPEL-Meister trachten, nach gestalt der umständen dieselbigen auszumachen, damit der hohen herrschafft mit jeder kleinigckeit und BAGATELLE-Sache, keine ungelegenheit verursachet werde; solte aber etwas wichtigeres vorfallen, welches er Joseph Heyden von sich selbsten ausgleichen, oder vermitteln nicht könnte, sothannes muß IHRO HOCHFÜRSTL[r] DURCHLAUCHT gehorsambst einberichtet werden.

7mo Solle er VICE-CAPEL-Meister auf alle MUSICALIEN, und MUSICALISCHE INSTRUMENTEN all-möglichen fleiß, und genaue Obsicht tragen, damit diese aus unachtsamkeit, oder nachlässigkeit nicht verdorben, und unbrauchbar werden (auch für solche repondiren).

8o Wird er JOSEPH Heyden gehalten seyn, die Singerinnen zu INSTRUIREN, damit sie das jenige, was sie in Wienn mit vieler mühe und SPEESEN, von vornehmen Meistern erlehrnet haben, auf den Land nicht abermal vergessen, und weillen er VICE-CAPEL-Meister in unterschiedlichen INSTRUMENTEN erfahren ist, so wird er auch in all-Jenen, deren erckundig ist, sich brauchen lassen.

9mo Wird ihme VICE-CAPEL-Meister hiemit eine Abschrifft von der CONVENTION, und verhaltungs-NORMA deren ihme SUBORDINIRTEN MUSIQUANTEN hinaus gegeben, das er dieselben nach dieser Vorschrifft zu ihrer Dienst-Leistung anzuhalten wissen möge. / übrigens

10mo Wie man all-seine schuldige Dienste zu Papier zu setzen um so weniger nöthig erachtet, als die DURCHLAUCHTIGSTE HERRSCHAFT ohne dem gnädigst hoffet, daß er JOSEPH Heyden in allen vorfallenheiten, aus eigenem Trieb, nicht nur oberwehnte Dienste, sondern auch all – andere befehle, die er von hoher herrschafft, nach bewandnus der sachen, künfftig beckommen sollte, auf das genaueste beobachten, auch die MUSIQUE, auf solchen fuß setzen, und in so guter Ordnung erhalten wird, das er sich eine Ehre, und andurch der ferneren FÜRSTL. Gnaden würdig mache, also lasset man auch jene seiner geschücklichkeit, und eyfer über. / In solcher zuversicht

11mo Werden ihme VICE-CAPEL-Meister alle Jahr 400. frn Rhein. von der HOHEN herrschafft hiemit ACCORDIRT, und beym Ober-Einnehmer-Amt angewiesen QUARTAL-weise zu empfangen. Über dies

12mo Auf denen Herrschafften solle er JOSEPH Heyden den OFFICIER Tisch, oder ein halben gulden des Tags-Kost-geld haben. Endlich

13mo Ist diese CONVENTION mit ihme VICE-CAPEL-Meister von 1ten May 1761 an, wenigstens auf drey Jahr lang beschlossen worden, solchergestalten, das wann er JOSEPH Heyden nach vollstreckter frist, dreyen Jahren, sein glück weiters machen wollte, sein diesfällige INTENTION ein halbes Jahr vor auß, das ist anfangs des dritten halben Jahrs, der herrschafft Kund zu machen schuldig seye. Ingleihen

14mo Verspricht die herrschafft ihne JOSEPH Heyden, nicht nur so lang in Diensten zubehalten, sondern wann, er eine vollckommene SATISFACTION Leisten wird, solle er auch die EXCEPTANZ auf die Ober-CAPEL-Meistersstelle haben, widrigenfalls aber ist HOCHDERSELBEN allezeit frey, ihne auch unter dieserzeit des dienstes zu entlassen. Urckund dessen sind zwey gleich-Lauthende EXEMPLARIA gefertiget, und ausgewechslet worden. Geben Wienn den 1ten May 1761.

Joseph Haydn mppria

ZEITTAFEL

1732

Geburt in Rohrau in der Nacht vom 31. März auf den 1. April. Taufe am 1. April auf die Namen Franciscus Josephus. – *Kaiser Karl IV. erreicht beim Regensburger Reichstag die Garantie durch Mehrheit der Reichsstände für die »Pragmatische Sanktion«. Aussöhnung zwischen König Friedrich Wilhelm I. von Preußen und seinem Sohn, Kronprinz Friedrich, nach dessen Fluchtversuch. Aus dem Erzstift Salzburg vertriebene Protestanten siedeln in Ostpreußen. Gründung der Londoner »Academy of Ancient Music«. Geburt von George Washington.*

1738

Übersiedlung nach Hainburg zu »Vetter« und Schuldirektor Johann Matthias Franck. Unterricht in Schreiben, Rechnen, Lesen und Musik. – *Ende des Polnischen Erbfolgekrieges durch Friedensschluss in Wien. König August III. von Sachsen wird als August II. König von Polen. Verurteilung der Freimaurerei durch Papst Clemens XII. Geburt des Astronomen Friedrich Wilhelm Herschel und des Arztes Joseph-Ignace Guillotin.*

1739

Besuch des Wiener Domkapellmeisters Georg Reutter in Hainburg: Haydn besteht die Stimmprüfung. – *Kronprinz Friedrich von Preußen publiziert den »Antimachiavell«. Georg Friedrich Händel: Oratorien »Israel in Egypt« und »Saul«. Geburt von Johann Mattheson und Karl Ditters.*

1740

Aufnahme Haydns als Chorknabe in das Kapellhaus bei St. Stephan. – *Tod von Kaiser Karl VI., Thronfolge in den habsburgischen Erblanden durch älteste Tochter, Maria Theresia. Thronbesteigung von König Friedrich II. von Preußen. Beginn des ersten Schlesischen Krieges. Ende der Folter in Preußen und der Hexenprozesse in Österreich. Carl Philipp Emanuel Bach wird Cembalist am Hof Friedrich II. von Preußen.*

1750

Wallfahrt nach Mariazell, nach der kurz zuvor verfügten Entlassung aus dem Kapellhaus. Früheste erhaltene Kompositionen. – *Voltaire als Gast Friedrich II. in Berlin. Giovanni Battista Tiepolo malt die Fresken im Schloss von Würzburg. Tod von Johann Sebastian Bach.*

1751

Haydn schreibt für Joseph Kurz-Bernardon die Musik zum Singspiel »Der krumme Teufel«. – *Gründung der »Büchercensur-Hofkommission« in Wien. Beginn der Herausgabe der französischen Enzyklopädie durch Denis Diderot und Jean Le Rond d'Alembert. Gotthold Ephraim Lessing wird Kritiker bei der Berliner »Vossischen Zeitung«. Händel: Letztes Oratorium »Jephta«.*

1752

Untermieter in einer Dachstube des Alten Michaelerhauses. Musiktheoretische Studien. Um diese Zeit Bekanntschaft mit dem kaiserlichen Hofpoeten Pietro Metastasio und dem Opernkomponisten Niccolò Porpora. – *»Politisches Testament« von Friedrich II. Benjamin Franklin erfindet den Blitzableiter. England wechselt vom Julianischen zum Gregorianischen Kalender.*

1754

Tod der Mutter in Rohrau, im Alter von siebenundvierzig Jahren. – *Erste Kämpfe zwischen England und Frankreich um den Besitz Nordamerikas. An der Universität Halle promoviert zum ersten Mal in Deutschland eine Frau, Dorothea Erxleben, zum »Doktor der Medizin«, Friedrich II. gratuliert.*

1755

Erstes Streichquartett (Divertimento) für den Edlen von Fürnberg. Um dieses Jahr Beginn der Bekanntschaft mit der Familie des Perückenmachers Johann Peter Keller. – *Erdbeben von Lissabon, mit mehr als 30 000 Toten. Beginn einer »Mini-Eiszeit« in Europa. Johann Joachim Winckelmann: »Gedanken über die Nachahmung der griechischen Kunstwerke in der Malerei und Bildhauerkunst«. Aufführung des ersten deutschen Dramas »Miss Sara Sampson« von Gotthold Ephraim Lessing.*

1759

Anstellung in Wien bei Ferdinand Maximilian Franz Graf Morzin als Musikdirektor, Reise nach Lukavec. Erste Sinfonien. – *Sieg von Österreich und Russland über Friedrich II. bei Kunersdorf. Sohn von König Karl III. von Spanien wird als*

Ferdinand IV. König beider Sizilien. »Candide« von Voltaire. Geburt von Friedrich Schiller. Tod von Händel.

1760

Heirat mit Maria Anna Aloisia Apollonia Keller im Wiener Dom St. Stephan, 26. November. – *Gründung eines Staatsrats zur Koordinierung innerer Angelegenheiten in den habsburgischen Erblanden. George III. wird König von Großbritannien. Österreicher und Russen besetzen Berlin. Geburt von Luigi Cherubini.*

1761

Berufung zum Vizekapellmeister des Fürsten Paul Anton Esterházy, 1. Mai. »Convention und Verhaltungs-Norma«. – *Gründung der »Deutschen Gesellschaft« in Wien und Beginn der Sprachreform in Österreich. Aufführung des Balletts »Don Juan« von Christoph Willibald Gluck in Wien. Jean-Jacques Rousseau: »Julie, ou la nouvelle Héloïse«.*

1762

Nach dem Tod von Fürst Paul Anton folgt ihm sein Bruder Nikolaus als Majoratsherr. – *Tod der Zarin Elisabeth und das »Mirakel des Hauses Brandenburg« durch Rückzug Russlands aus Krieg gegen Preußen unter Nachfolger Zar Peter III. Jean-Jacques Rousseau: »Contrat social«. Gluck: Erste Reformoper »Orfeo ed Euridice«.*

1763

Tod des Vaters in Rohrau, im Alter von vierundsechzig Jahren. – *Ende des Siebenjährigen Krieges durch Frieden von Hubertusburg. Gründung der Königlich-Preußischen Porzellanmanufaktur in Berlin. Erste erfolgreiche Operation eines Blinddarms durch Claudius Aymand in Paris.*

1765

Barsche Ermahnung durch Fürst Nikolaus wegen nachlässiger Amtsführung. – *Tod von Kaiser Franz I., Nachfolge durch Joseph II., ältester Sohn von Franz I. und Maria Theresia. Joseph wird auch Mitregent in den habsburgischen Erblanden. Leopold, dritter Sohn Maria Theresias, wird Großherzog von Toscana. Gründung der Bach-Abel-Konzerte in London.*

1766

Nachfolger von Oberkapellmeister Gregor Joseph Werner bei dessen Tod. Ehepaar Haydn kauft Haus in Eisenstadt. – *Lothringen wird französisch. Tod des Kritikers und Sprachforschers Johann Christoph Gottsched. Erste deutsche Prosaübersetzung der Werke Shakespeares durch Christoph Martin Wieland.*

1772

»Abschiedssinfonie« und sechs »Sonnenquartette«, op. 20. Ehepaar Haydn nimmt Ignaz Pleyel als Schüler in Pension. – *Erste Teilung Polens, Österreich gewinnt Galizien. Beginn der zweiten Weltreise von Kapitän James Cook mit der »Resolution«. Ausgabe der ersten Reiseschecks in London, mit Umtauschbanken in 90 europäischen Städten.*

1773

Besuch von Maria Theresia in Esterháza, dabei Aufführung zweier Haydn-Opern. – *Versenkung von Teeladungen im Hafen von Boston aus Protest gegen britische Zollpolitik. Aufhebung des Jesuitenordens durch Papst Clemens XIV. Johann Wolfgang Goethe: »Götz von Berlichingen«.*

1775

Aufführung von »Il ritorno di Tobia« im Wiener Kärntnertortheater. – *Aufhebung der Binnenzölle in der Habsburger Monarchie. Beginn des amerikanischen Unabhängigkeitskrieges, George Washington wird Oberbefehlshaber der amerikanischen Truppen. Goethe geht nach Weimar.*

1778

Ehepaar Haydn verkauft Haus in Eisenstadt und wohnt bis Herbst 1790 im Musikhaus auf Esterháza. – *Beginn des Bayerischen Erbfolgekrieges zwischen Österreich und Preußen. Mozart in Mannheim und Paris. Gründung des Deutschen National-Singspiels in Wien durch Joseph II.. Eröffnung des Teatro alla Scala in Mailand. Tod Voltaires und Rousseaus.*

1779

Beginn der Beziehung mit Luigia Polzelli. – *Ende des Bayerischen Erbfolgekrieges im Frieden von Teschen, Österreich gewinnt das Innviertel. Lessing: »Nathan der Weise«. Tod Kapitän Cooks auf Hawaii.*

1780

Druck von Klaviersonaten bei Artaria in Wien. – *Tod von Maria Theresia, Nachfolge durch Joseph II. Aufhebung noch bestehender Leibeigenschaft in den Erblanden durch Untertanenpatent. Joseph II. besucht Friedrich II.*

1781

Sechs »Russische« Streichquartette, op. 33. – *Ende der Amerikanischen Revolution nach britischer Niederlage bei Yorktown. Gründung der Wiener Freimaurerloge »Zur wahren Eintracht«. Lockerung der Zensur und erweiterte Pressefreiheit in den Erblanden, Toleranzpatent und »Broschürenflut«. Immanuel Kant: »Kritik der reinen Vernunft«. Tod Lessings.*

1785

Freundschaft mit Mozart, der ihm sechs Streichquartette widmet. Aufnahme als Freimaurer. – *»Halsbandaffäre« in Frankreich beschleunigt Ansehensverfall der Krone. Dollar wird alleinige amerikanische Währung. Jean Blanchard überquert den Englischen Kanal im Freiballon. Goethe reist nach Italien.*

1786

»Die Sieben letzten Worte unseres Erlösers am Kreuze«. – *Tod Friedrichs II., des Großen, Nachfolge durch Neffen als Friedrich Wilhelm II. Bildung einer geheimen Polizei in der Habsburger Monarchie. Prozess gegen und spektakuläre Hinrichtung von Franz Zaglauer von Zahlheim wegen Mordes in Wien. Mozart: »Die Hochzeit des Figaro«.*

1787

Sechs »Pariser Sinfonien« und sechs »Preußische« Streichquartette, op. 50. – *Bundesverfassung der USA. Johann Heinrich Wilhelm Tischbein: Porträt »Goethe in der römischen Campagna«. Mozart: »Don Giovanni«. Tod Glucks.*

1790

Abreise von Esterháza nach Tod von Fürst Nikolaus. Vertrag mit Johann Peter Salomon für eine Konzertsaison in London. Abschied von Mozart. – *Tod Josephs II., Nachfolge durch Bruder als Leopold II. Verstaatlichung der Kirchengüter in Frankreich. Edmund Burke: »Reflections on the Revolution in France«.*

1791

Reise nach England. Erste Reihe der »Salomon-Konzerte«. Doktorwürde von Oxford. – *Fluchtversuch von Ludwig XVI., Frankreich wird konstitutionelle Monarchie. Österreich und Preußen unterzeichnen Deklaration von Pillnitz. Goethe wird Direktor des Weimarer Hoftheaters. Mozart: »Die Zauberflöte«. Tod Mozarts.*

1792

Zweite Reihe der »Salomon-Konzerte«. Reisen in Südengland, dabei Besuch der Isle of Wight. Rückkehr nach Wien über Bonn (Begegnung mit Beethoven) und Frankfurt am Main (Aussprache mit Fürst Anton Esterházy). Ehepaar Haydn kauft Haus in Gumpendorf. Beethoven beginnt mit Unterricht bei Haydn. – *Tod Leopolds II., Nachfolge durch Sohn als Franz II. Frankreich erklärt Österreich den Krieg. Kanonade von Valmy. Domenico Cimarosa: Oper »Il matrimonio segreto«.*

1794

Zweite Reise nach England. Dritte Reihe der »Salomon-Konzerte«. Zweite Reise durch Südengland, dabei Besuch von Bath. – *»Terreur« in Frankreich, Hinrichtung Maximilien Robespierres. Trikolore wird französische Nationalflagge. Jakobiner-Prozesse in Wien. Beginn der Freundschaft Goethes mit Schiller.*

1795

Rückreise nach Wien, über Hamburg und Dresden. Dienst als Kapellmeister von Fürst Nikolaus II. Esterházy. Haydn-Denkmal in Rohrau. – *Frankreich wird durch Direktorium regiert, Einführung des metrischen Maßsystems. Schließung der Freimaurerlogen in der Habsburger Monarchie. »La Marseillaise« wird französische Nationalhymne.*

1796

Mit Beethoven während des Sommers in Eisenstadt. – *Napoleon Bonaparte siegt in Italien. Tod Zarin Katharinas II., der Großen. Goethe: »Wilhelm Meisters Lehrjahre«. Friedrich Arnold Brockhaus: »Konversations-Lexikon«. Einführung der Pockenschutzimpfung durch Edward Jenner.*

1797

»Kaiserhymne« und »Kaiserquartett«, op. 76 Nr. 3. Bezug des Hauses in Gumpendorf. Aufnahme in die Tonkünstler-Sozietät. – *Friede von Campo Formio zwischen Frankreich und Österreich. Tod Friedrich Wilhelms II., Nachfolge durch Sohn als Friedrich Wilhelm III.. Geburt von Franz Schubert.*

1798

»Die Schöpfung«. – *Horatio Nelson vernichtet französische Flotte bei Abukir. Besetzung Roms durch französische Truppen und Gefangennahme Papst Pius' VI. Thomas Malthus: »Essay on the principles of population«. Tod Giacomo Girolamo Casanovas.*

1799

Erster Besuch von Georg August Griesinger. Leizpiger Verlag Breitkopf & Härtel avisiert vollständige Ausgabe von Haydns Werken. – *Napoleon wird Erster Konsul. Übersiedlung Schillers von Jena nach Weimar. Alexander von Humboldt beginnt fünfjährige Südamerika-Reise in Neu-Granada (Venezuela). Beethoven: Erste Sinfonie in C-Dur. Tod von Karl Ditters von Dittersdorf.*

1800

Tod Maria Anna Haydns in Baden bei Wien. Haydn erkrankt an »rheumatischem Kopffieber«. Begegnung mit Admiral Horatio Nelson und Lady Emma Hamilton in Eisenstadt. – *Gründung des Vereinigten Königreichs Großbritannien und Irland. Napoleon siegt über österreichisches Heer bei Marengo. Washington wird Hauptstadt der USA. Herschel entdeckt Ultrarot im Sonnenspektrum. Friedrich Leopold Freiherr von Hardenberg alias Novalis: »Hymnen an die Nacht«.*

1801

»Die Jahreszeiten«. Erstes Testament. – *Friede zu Luneville zwischen Österreich und Frankreich. Ermordung von Zar Paul I., Nachfolge durch Sohn Alexander I. Nelson siegt über dänische Flotte bei Kopenhagen. Thomas Jefferson beginnt Amtszeit als dritter Präsident der USA. Schiller: »Die Jungfrau von Orleans«.*

1804

Haydn reist nicht mehr nach Eisenstadt, sein Amt als Kapellmeister versieht Johann Nepomuk Hummel. – *Napoleon macht sich als Napoleon I. zum Erbkaiser der Franzosen, und Franz II. proklamiert sich als Franz I. zum Erbkaiser von Österreich. Beethoven: Dritte Sinfonie in Es-Dur (»Eroica«). Goethe wird Weimarer Geheimrat.*

1805

Erster Besuch von Albert Christoph Dies bei Haydn. – *Napoleon siegt bei Austerlitz über Österreich und Russland. Tod Nelsons in der Schlacht bei Kap Trafalgar. Tod Schillers.*

1808

Letzter öffentlicher Auftritt bei Aufführung der »Schöpfung« in Wiener Universität. – *Beginn des spanischen Guerilla-Krieges gegen französische Besatzung. Goethe: »Faust, Erster Teil«. Heinrich von Kleist: Erstaufführung »Der zerbrochene Krug« unter Goethe in Weimar. Beethoven: Fünfte Sinfonie in c-Moll und Sechste Sinfonie in F-Dur (»Pastorale«).*

1809

Zweites Testament. Tod am 31. Mai kurz nach Mitternacht. Beisetzung auf dem Hundsturmer Friedhof. Totenfeier in Schottenkirche mit Mozarts »Requiem«. – *Napoleon besetzt Wien, Friede von Schönbrunn. Clemens Graf von Metternich wird österreichischer Außenminister. Goethe: »Die Wahlverwandtschaften«.*

WERKE

Verzeichnis nach ANTHONY VAN HOBOKEN (Hob.)

Zitierweise nach Gruppenzahl und Werknummer.
Beispiel: Sinfonie in fis-Moll, »Abschiedssinfonie«.
Gruppenzahl: I, Werknummer innerhalb der Gruppe: 45 = Hob. I:45.

INSTRUMENTALWERKE

Gruppe	
I	Sinfonien
Ia	Ouvertüren
II	Divertimenti zu vier und mehr Stimmen
III	Quartette für zwei Violinen, Viola und Violoncello
IV	Dreistimmige Divertimenti
V	Streichtrios
VI	Duos für verschiedene Instrumente
VII	Konzerte für verschiedene Instrumente
VIII	Märsche
IX	Tänze
X	Werke für verschiedene Instrumente mit Baryton
XI	Trios für Baryton, Viola (oder Violine) und Violoncello
XII	Duos für Baryton, mit oder ohne Bass
XIII	Konzerte für Baryton
XIV	Mehrstimmige Divertimenti mit Klavier
XV	Trios für Klavier, Violine (oder Flöte) und Violoncello
XVI	Klaviersonaten
XVII	Klavierstücke
XVII a	Stücke für Klavier zu vier Händen
XVIII	Klavierkonzerte

XIX	Stücke für ein Laufwerk (Flötenuhr)
XX/1	Instrumentalmusik zu »Die Sieben letzten Worte unseres Erlösers am Kreuze«

VOKALWERKE

XX/2	»Die Sieben letzten Worte unseres Erlösers am Kreuze« (Vokalfassung)
XXbis	Stabat Mater
XXI	Oratorien
XXII	Messen
XXIIa	Requien
XXIIb	Libera
XXIII	Kleine Kirchenkompositionen
XXIVa	Kantaten und Chöre mit Orchester
XXIVb	Arien mit Orchester
XXV	Zwei-, drei- und vierstimmige Gesänge
XXVIa	Lieder mit Klavierbegleitung
XXVIb	Kantaten und Chöre mit Begleitung eines Instruments
XXVII	Kanons
XXVIII	Opern
XXIX	Marionetten-Opern und Singspiele
XXX	Schauspielmusiken

LITERATUR

BRIEFE & AUFZEICHNUNGEN

Joseph Haydn: *Gesammelte Briefe und Aufzeichnungen.* – Unter Benützung der Quellensammlung von H. C. Robbins Landon herausgegeben und erläutert von Dénes Bartha. Kassel, New York 1965

WERKAUSGABE & WERKVERZEICHNIS

Joseph Haydn: *Werke.* Hrsg. Joseph Haydn-Institut, Köln, unter der Leitung von Georg Feder. Verlag G. Henle, München 1958

Hoboken, Anthony van: *Joseph Haydn. Thematisch-bibliographisches Werkverzeichnis.* Band 1: Erste Abteilung: Instrumentalwerke. Mainz 1957. Band 2: Zweite Abteilung: Vokalwerke. Mainz 1971. Band 3: Register. Addenda und Corrigenda. Mainz 1978

SAMMELWERKE & KATALOGE

Landon, H.C. Robbins: *Haydn: Chronicle and Works.* Bd. 1: Haydn: The early years 1732–1765. Bd. 2: Haydn at Eszterháza 1766–1790. Bd. 3: Haydn in England 1791–1795. Bd. 4: Haydn: The years of the »Creation« 1796–1800. Bd. 5: Haydn: The late years 1801–1809. Bloomington/London 1980

Wien zur Zeit Joseph Haydns. 78. Sonderausstellung des historischen Museums der Stadt Wien, 13. Mai – 10. Oktober 1982. Eigenverlag der Museen der Stadt Wien. Wien 1982

Joseph Haydn in seiner Zeit. Eisenstadt, 20. Mai – 26. Oktober 1982. Ausstellung, veranstaltet von der Kulturabteilung des Amtes der Burgenländischen Landesregierung. Eisenstadt 1982

The New Grove Dictionary of Music and Musicians. Hrsg. Stanley Sadie und John Tyrrell. London/New York 2001

The New Grove Dictionary of Opera. Hrsg. Stanley Sadie. London 1992

MONOGRAPHIEN & ARTIKEL

Abert, Hermann: *W.A. Mozart.* Neunte Auflage (Fotomechanischer Nachdruck der siebten Auflage). Leipzig 1978

Aston, T.H. (Hrsg.): *The history of the University of Oxford.* Bd. V: The eighteenth century. Oxford 1986

Atkinson, C.T.: *A History of Germany 1715–1815.* Erstausgabe London 1908. Neudruck Westport/Connecticut 1971

Badura-Skoda, Eva: The Viennese fortepiano in the eighteenth century, in: David Wyn Jones (Hrsg.): *Music in eighteenth-century Austria.* Cambridge University Press 1996, S. 249–258

Balet, Leo und Gerhard, E.: *Die Verbürgerlichung der deutschen Kunst, Literatur und Musik im 18. Jahrhundert.* Hrsg. Gert Mattenklott. Frankfurt a.M./Berlin/Wien 1981

Barea, Ilsa: *Vienna.* New York 1966

Bartha, Dénes und Somfai, László: *Haydn als Opernkapellmeister.* Budapest 1960

Bernard, Paul P.: *From the enlightenment to the police state – The public life of Johann Anton Pergen.* Chicago 1991

Biba, Otto: Nachrichten zur Musikpflege in der gräflichen Familie Rohrau, in: *The Haydn Yearbook,* Bd. X, S. 36–43. Wien 1978

ders.: *Gott erhalte! Joseph Haydns Kaiserhymne.* Wien/München 1982

ders.: Der Sozial-Status des Musikers, in: *Joseph Haydn in seiner Zeit.* Eisenstadt, 20. Mai – 26. Oktober 1982. Katalog der Ausstellung der Kulturabteilung des Amtes der Burgenländischen Landesregierung, S. 142–151. Eisenstadt 1982

Blanning, T.C.W.: *Joseph II.* London/New York 1994

Boehn, Max von: *Deutschland im 18. Jahrhundert: Die Aufklärung.* Berlin 1922. Das Heilige Römische Reich Deutscher Nation. Berlin 1922

Bostiber, Hugo: siehe Pohl, Carl Ferdinand

Boucher, François: *20,000 Years of Fashion. The history of costume and personal adornment.* New York 1987

Braunbehrens, Volkmar: *Mozart in Wien.* München 1986

Brooke, John: *King George III.* With a foreword by H.R.H. The Prince of Wales. New York/St. Louis/San Francisco/Mexico/Panama/Düsseldorf 1972

Brosche, Günter: Das musikalische Verlagswesen zur Zeit Joseph Haydns, in: *Joseph Haydn in seiner Zeit.* Eisenstadt, 20. Mai – 26. Oktober 1982. Katalog zur Ausstellung der Kulturabteilung des Amtes der Burgenländischen Landesregierung, S. 270–275. Eisenstadt 1982

Brown, Bruce Alan: Maria Theresia's Vienna, in: Neal Zaslaw (Hrsg.): *The Classical Era – From the 1740's to the end of the 18th century,* S. 99–125. New Jersey 1989

Burney, Charles: *Dr. Burney's musical tours in Europe* – An eighteenth-century musical tour in France and Italy; being Dr. Charles Burney's account of his musical experiences as it appears in his published volume with which are incorporated his travel experiences according to his original intention. Hrsg. Percy A. Scholes. 2 Bde. London 1959

ders.: *Memoirs of Dr. Charles Burney.* Hrsg. Slava Klima, Gary Bowers, Kerry S. Grant. Lincoln/London 1988

Cooper, Barry: *Beethoven.* Oxford/New York 2000

Crossley, Ceri und Small, Ian (Hrsg.): *The French revolution and the British culture.* Oxford/New York 1989

Czeike, Felix: Wien zur Zeit Joseph Haydns, in: *Joseph Haydn in seiner Zeit.* Eisenstadt, 20. Mai – 26. Oktober 1982. Katalog zur Ausstellung der Kulturabteilung des Amtes der Burgenländischen Landesregierung, S. 48–56. Eisenstadt 1982

Dies, Albert Christoph: *Biographische Nachrichten von Joseph Haydn. Nach mündlichen Erzählungen desselben entworfen und hrsg. von Albert Christoph Dies.* Erstausgabe Wien 1810. Mit einem Vorwort und Anmerkungen neu hrsg. von Horst Seeger. Lizenzausgabe Kassel/New York 1964

Downs, Philip G.: *Classical Music – The era of Haydn, Mozart, and Beethoven.* New York/London 1992

Dülmen, Andrea van (Hrsg.): *Frauen – Ein historisches Lesebuch.* München 1988

dies. (Hrsg.): *Armut, Liebe, Ehe – Studien zur historischen Kulturforschung.* Frankfurt a.M. 1988

Durant, Will und Ariel: *Kulturgeschichte der Menschheit.* Bd. 12: Europa im Zeitalter der Könige. Bd. 13: Vom Aberglauben zur Wissenschaft. Bd. 14: Das Zeitalter Voltaires. Bd. 15: Europa und der Osten im Zeitalter der Aufklärung. Köln 1985

Edel, Klaus: Mozarts soziales Umfeld im josephinischen Wien, in: *Zaubertöne – Mozart in Wien 1781–1791.* Katalog zur Ausstellung des Historischen Museums der Stadt Wien im Künstlerhaus, 6. Dezember 1990 – 15. September 1991, S. 148–154. Wien 1990

Eickhoff, Ekkehard (unter Mitarbeit von Rudolf Eickhoff): *Venedig, Wien und die Osmanen – Umbruch in Südosteuropa 1645–1700.* München 1970

Farga, Franz: *Geigen und Geiger.* Rüschlikon/Zürich 1940

Feder, Georg: Joseph Haydn als Mensch und Musiker, in: *Joseph Haydn in seiner Zeit.* Eisenstadt, 20. Mai – 26. Oktober 1982. Ausstellung, veranstaltet von der Kulturabteilung des Amtes der Burgenländischen Landesregierung, S. 291–300. Eisenstadt 1982

Finscher, Ludwig: *Joseph Haydn und seine Zeit.* Laaber 2000

Geiringer, Karl: *Joseph Haydn* (Erstausgabe Potsdam 1932). Lizenzausgabe. Laaber 1980

Giese, Alexander: Einige Bemerkungen über Joseph Haydn als Freimaurer und die Freimaurerei seiner Zeit, in: *Joseph Haydn in seiner Zeit.* Eisenstadt, 20. Mai – 26. Oktober 1982. Katalog zur Ausstellung der Kulturabteilung des Amtes der Burgenländischen Landesregierung, S. 168–171. Eisenstadt 1982

Goldoni, Carlo: *Meine Helden sind Menschen.* Memoiren (Titel der Erstausgabe: Mémoires de M. Goldoni – pour servir à l'histoire de sa vie et à celle de son théâtre. Paris 1787). Frankfurt a.M. 1987

Gradenwitz, Peter: *Kleine Kulturgeschichte der Klaviermusik.* München 1986

Green, V.H.H.: *A history of Oxford University.* London 1974

Gregory, Jeremy und Stevenson, John: *The Longman companion to Britain in the eighteenth century 1688–1820.* London/New York 2000

Harich, János: Haydn Documenta (I), in: *Das Haydn Jahrbuch, Bd. II,* S. 2–44. Wien 1964

ders.: Das Opernensemble zu Esterháza im Jahr 1780, in: *Das Haydn Jahrbuch, Bd. VII,* S. 5–46. Wien 1970

ders.: Das Haydn-Orchester im Jahr 1780, in: *Das Haydn Jahrbuch, Bd. VIII,* S. 1–52. Wien 1971

ders.: Inventare der Esterháza-Hofmusikkapelle in Eisenstadt, in: *The Haydn Yearbook, Bd. IX,* S. 5–125. Wien 1975

Harrison, Bernard: Haydn: *The »Paris« sinfonies.* Cambridge University Press 1998

Hörwarthner, Maria: Joseph Haydns Bibliothek, in: *Joseph Haydn in seiner Zeit.* Eisenstadt, 20. Mai – 26. Oktober 1982. Katalog zur Ausstellung der Kulturabteilung des Amtes der Burgenländischen Landesregierung, S. 172–174. Eisenstadt 1982

Horányi, Mátyás: *Das Esterhazysche Feenreich* – Beitrag zur Ungarländischen Theatergeschichte des 18. Jahrhunderts. Budapest 1959

Hunter, Mary: *The Culture of Opera Buffa in Mozart's Vienna* – A Poetics of Entertainment. Princeton 1999

Hurwitz, Joachim: Haydn and the Freemasons, in: *Das Haydn Jahrbuch, Bd. XVI,* S. 5–98. Wien 1985

Ingrao, Charles W.: *In Quest and Crisis: Emperor Joseph I and the Habsburg Monarchy.* Westlafayette 1978
ders.: *The Habsburg Monarchy 1618–1815.* Cambridge 1994
Irmen, Hans-Josef: *Mozart – Mitglied geheimer Gesellschaften.* Zülpich 1991
Jacob, Heinrich Eduard: *Joseph Haydn – His art, times, and glory.* London 1950
Jones, David Wyn (Hrsg.): *Music in eighteenth-century Austria.* Cambridge University Press 1996
Kelly, Michael: *Reminiscences* (Erstausgabe London 1826). Oxford University Press 1975
Küchelbecker, Johann Basilius: *Allerneueste Nachricht vom Römisch=Kayserl. Hofe. Nebst einer ausführlichen Historischen Beschreibung der Kayserlichen Residentz=Stadt Wien.* Hannover 1732
Landon, H.C. Robbins und Jones, David Wyn: *Haydn – His life and music.* Bloomington/Indianapolis 1988
Larsen, Jens Peter: *Handel, Haydn, and the Viennese classical style.* Ann Arbor 1988
Lavater, Johann Caspar: *Physiognomische Fragmente, zur Beförderung der Menschenkenntnis, und Menschenliebe* (Titel der Erstausgabe: Physiognomische Fragmente, zur Beförderung der Menschenkenntniß und Menschenliebe. Leipzig/Winterthur 1775). Eine Auswahl. Stuttgart 1984
MacIntire, Bruce C.: *Haydn: The Creation. Monuments of Western Music.* New York 1998
Mann, Alfred: *The study of counterpoint, from Johann Joseph Fux's Gradus ad Parnassum.* New York 1971
Mann, Golo: *Wallenstein.* Frankfurt a.M. 1971
Mattheson, Johann: *Der vollkommene Kapellmeister* (Titel der Erstausgabe Hamburg 1739: Der Vollkommene Capellmeister, das ist gründliche Anzeige aller derjenigen Sachen, die einer wissen, können, und vollkommen inne haben muß, der einer Capelle mit Ehren und Nutzen vorstehen will). Faksimile-Nachdruck. Kassel/New York 1995
Matthews, Betty: Haydn's visit to Hampshire and the Isle of Wight, described from contemporary sources, in: *Das Haydn Jahrbuch, Bd. III,* S. 111–121. Wien 1966
Mraz, Gerda: Österreich 1732–1809, in: *Joseph Haydn in seiner Zeit.* Eisenstadt, 20. Mai – 26. Oktober 1982. Katalog zur Ausstellung der Kulturabteilung des Amtes der Burgenländischen Landesregierung, S. 39–47. Eisenstadt 1982
Nagy, Michael: *Johann Michael Haydn (1737–1806) – Leben – Werk – Bedeutung.* Wien 1981

Nicolai, Friedrich: *Beschreibung einer Reise durch Deutschland und die Schweiz im Jahre 1781.* Bde. 3 und 4. Reprograpischer Nachdruck der Ausgaben Berlin und Stettin 1784. Hildesheim/Zürich/New York 1994

Olleson, Edward: Georg August Griesinger's Correspondence with Breitkopf & Härtel, in: *Das Haydn Jahrbuch, Bd. III,* S. 5–53. Wien/London/Zürich/Mainz/Milano 1966

Ottenberg, Hans-Günter: *C. P. E. Bach* (Erstausgabe Leipzig 1982). Englische Ausgabe, in der Übersetzung von Philip J. Whitmore. Oxford/New York/Toronto 1987

Pezzl, Johann: *Chronik von Wien. Berichtigt, vermehrt und bis auf die neueste Zeit forgesetzt von Franz Ziska.* Wien 1824

ders.: *Skizze von Wien, ein Kultur- und Sittenbild aus der josephinischen Zeit.* Hrsg. Gustav Gugitz und Anton Schlossar. Erstausgabe Wien 1786–1790. Nachdruck Graz 1923

Pieck, Werner: *Die Mozarts. Porträt einer Familie.* Hamburg 1998

ders.: *Leben Händels.* Hamburg 2001

Pohl, Carl Ferdinand: *Joseph Haydn.* Bde. 1 und 2 von C. F. Pohl (Erstausgabe Leipzig 1875). Neudruck Niederwalluf b. Wiesbaden 1970. Bd. 3 von Hugo Bostiber, »unter Benutzung der von C. F. Pohl hinterlassenen Materialien« (Erstausgabe Leipzig 1875). Neudruck Niederwalluf b. Wiesbaden 1971

Rautenstrauch, Johann: *Das neue Wien.* Wien 1785

Reinalter, Helmut: Die Freimaurerei zwischen Josephinismus und frühfranziszeischer Reaktion, in: Helmut Reinalter (Hrsg.): *Freimaurer und Geheimbünde,* S. 35–84, Frankfurt a. M. 1983

ders.: Das josephinische Jahrzehnt – Staat, Politik und Gesellschaft, in: Zaubertöne – Mozart in Wien 1781–1791. *Katalog zur Ausstellung des Historischen Museums der Stadt Wien im Künstlerhaus,* 6. Dezember 1990 – 15. September 1991, S. 142–147. Wien 1990

Rice, John A.: Vienna under Joseph II and Leopold II, in: Neal Zaslaw (Hrsg.): *The Classical Era – From the 1740's to the end of the 18th century,* S. 126-165. New Jersey 1989

Riesbeck, Johann Caspar: *Briefe eines reisenden Franzosen über Deutschland* (Titel der Erstausgabe: Briefe eines reisenden Franzosen über Deutschland an seinen Bruder zu Paris. Zürich 1783). Bearbeiteter Nachdruck. Berlin 1976

Rummenhöller, Peter: *Die musikalische Vorklassik.* München/Kassel 1983

Sandgruber, Roman: Wirtschaftsentwicklung, Einkommensverteilung und Alltagsleben zur Zeit Haydns, in: *Joseph Haydn in seiner Zeit.* Eisenstadt,

20. Mai – 26. Oktober 1982. Katalog zur Ausstellung der Kulturabteilung des Amtes der Burgenländischen Landesregierung, S. 72–90. Eisenstadt 1982

Schenk, Erich: *Mozart – sein Leben – seine Welt.* Wien / München 1975

Schmid, Ernst Fritz: *Joseph Haydn – ein Buch von Vorfahren und Heimat des Meisters.* Kassel 1934

Schroeder, David. P.: *Haydn and the enlightenment – The late symphonies and their audience.* Oxford / New York 1997

Schwartz, Richard B.: *Daily life in Johnson's London.* The University of Wisconsin Press 1983

Solomon, Maynard: *Beethoven.* New York 1998

Somfai, László: *Joseph Haydn – His life in contemporary pictures.* New York 1969

ders.: Haydn at the Esterházy Court, in: Neal Zaslaw (Hrsg.): *The Classical Era – From the 1740's to the end of the 18th century,* S. 268–292. New Jersey 1989

ders.: *The keyboard sonatas of Joseph Haydn – Instruments and performance practice, genres and styles.* Chicago / London 1995

Staël, Anne Germaine de (Madame de Staël): *Über Deutschland* (Titel der Erstausgabe: De l'Allemagne. London 1813). Vollständige und neu durchgesehene Fassung der deutschen Erstausgabe, Berlin 1814. Frankfurt a. M. 1985

Stendhal (Marie-Henri Beyle): *Lives of Haydn, Mozart and Metastasio* (Titel der Erstausgabe unter dem Pseudonym Alexandre César Bombet: Lettres écrites de Vienne en Autriche, sur le célèbre compositeur J. Haydn, suivies d'une vie de Mozart et de considérations sur Métastase et l'état présent de la musique en France et en Italie. Paris 1814. Neu aufgelegt unter dem Pseudonym Stendhal als: Vies de Haydn, Mozart et Métastase, Paris 1818). London 1972

Stoye, John: *The Siege of Vienna.* New York 1965

Strohm, Reinhard: *Die italienische Oper im 18. Jahrhundert.* Wilhelmshaven 1979

Tanzer, Gerhard: *Spectacle müssen seyn – Die Freizeit der Wiener im 18. Jahrhundert.* Wien / Köln / Weimar 1992

Trager, James (Hrsg.): *The people's chronology – A year-by-year review of human events from prehistory to the present.* New York 1979

Wangermann, Ernst: By and by we shall have an enlightened populace: Moral optimism and the fine arts in late-eighteenth-century Austria, in: *Austrian History Yearbook, Bd. XXX,* S. 1–15. University of Minnesota 1999

Waniek, Gustav: *Gottsched und die deutsche Litteratur seiner Zeit.* Leipzig 1897

Warren, Geoffrey: *Fashion Accessories since 1500.* London/Sydney/New York 1987

Weber, William: London: a city of unrivalled riches, in: Neal Zaslaw (Hrsg.): *The Classical Era – From the 1740's to the end of the 18th century,* S. 293–326. New Jersey 1989

Webster, James und Feder, Georg: *Haydn. The New Grove.* London/New York 2002

Wehler, Hans-Ulrich: *Deutsche Gesellschaftsgeschichte,* Bd. 1: Vom Feudalismus des Alten Reiches bis zur defensiven Modernisierung der Reformära 1700–1815. München 1987

Wheatcroft, Andrew: *The Habsburgs – Embodying Empire.* London 1995

Wheelock, Gretchen A.: *Haydn's ingenious jesting with art – Contexts of musical wit and humour.* New York 1992

White, Chappell: The early classical violin concerto in Austria, in: David Wyn Jones (Hrsg.): *Music in eighteenth-century Austria,* S. 70–85. Cambridge University Press 1996

Wieland, Christoph Martin: *Sämmtliche Werke* (Erstausgabe Leipzig 1794–1811). Reprintausgabe. Hamburg 1984

Willander, Alfred: *Haydn-Geburtshaus Rohrau.* Amt der Niederösterreichischen Landesregierung, Kulturabteilung (Hrsg.). Wien 1985

Williams, Neville: *The Hutchinson chronology of world history.* Bd. II: The expanding world 1492–1775, Bd. III: The changing world 1776–1900. Oxford 1999

Wolf, Eugene K.: The Mannheim Court, in: Neal Zaslaw (Hrsg.): *The Classical Era – From the 1740's to the end of the 18th century,* S. 213–239. New Jersey 1989

Wolf, Rüdiger: Angelo Soliman – ein Schicksal in Wien zur Zeit Mozarts, in: *Mitteilungen der Internationalen Stiftung Mozarteum,* Heft 3–4, S. 51–66. Salzburg 2002

Wollenberg, S. L. F.: Music and musicians, in: Sutherland, L. S. und Mitchell, L. G. (Hrsg.): *The history of the University of Oxford. Bd. V: The eighteenth century.* S. 865–887. Oxford 1986.

REGISTER

PERSONEN UND WERKE

Haydn selbst ist nicht erwähnt. Die Verweise auf Haydns Werke sind kursiv gesetzt. Zum Hoboken-Verzeichnis (Hob.) siehe Übersicht im Anhang.

Werner Piecks Porträts der großen Komponistenpersönlichkeiten des 18. Jahrhunderts

Werner Pieck

Die Mozarts
Porträt einer Familie

mit zeitgenössischen Abbildungen, einer Zeittafel, Register und Bibliographie
408 Seiten,
geb. mit Schutzumschlag mit Lesebändchen

»Von dem musikalischen Wunderkind, das bereits im zarten Alter von sechs Jahren vor der Kaiserin Maria Theresia ein Klavierkonzert gab, weiß jeder viel – von seinen Opern, Messen, Flötenkonzerten und von der tiefen Armut, in der er im Alter von 36 Jahren starb. Wolfgang Amadeus Mozart hatte aber auch Eltern und Geschwister, die seinen Lebensweg mit Briefen und Tagebucheintragungen verfolgten. Daraus hat Werner Pieck das ›Porträt einer Familie‹ zusammengestellt, das Spiegelbild einer Epoche zwischen Rokoko und Revolution.«
Buchhändler heute

»Spannender als jede Familienserie im Fernsehen und unterhaltender als viele andere Mozart-Bücher.«
Matthias Roth, *Das Orchester*

Carla Henius/Luigi Nono
Carla Carissima
Carla Henius, Luigi Nono – Briefe, Tagebücher, Arbeitsnotizen
Mit einem Nachwort von Jürg Stenzl
mit Abbildungen, z.T. aus Privatarchiven, farbigen Faksimiles und Noten
128 Seiten, geb. mit Schutzumschlag

Carla Henius
Schnebel, Nono, Schönberg
oder die wirkliche und die erdachte Musik
Essays und Autobiographisches
mit Abbildungen
196 Seiten, geb. mit Schutzumschlag

Frank Kämpfer (Hg.)
Musiktheater heute: Peter Konwitschny, Regisseur
mit Abbildungen und einem Verzeichnis der Inszenierungen
242 Seiten, geb. mit Schutzumschlag

Sören Kierkegaard
Die unmittelbaren erotischen Stadien oder das Musikalisch-Erotische
Über Mozarts Don Giovanni
178 Seiten, Broschur

Arnoldo Liberman
Gustav Mahler
Eine Annäherung in vier Sätzen
Aus dem Spanischen von Heidrun Adler
128 Seiten, geb. mit Schutzumschlag

Hans Melderis
Raum – Zeit – Mythos
Richard Wagner und die modernen Naturwissenschaften
250 Seiten, geb. mit Schutzumschlag

Jean-Jacques Nattiez (Hg.)
»Dear Pierre« – »Cher John«
Pierre Boulez und John Cage: Der Briefwechsel
Aus dem Englischen und Französischen von Bettina Schäfer und Katharina Matthewes
mit Abbildungen und Faksimiles
im Anhang: Lebensdaten, Glossar, Bibliographie
257 Seiten, geb. mit Schutzumschlag
mit Lesebändchen

Michael Naura
Cadenza
Ein Jazzpanorama
mit farbigen Cartoons vom Autor, Fotos von Christina Naura und von beiden gestaltete Collagen, z.T. farbig, sowie mit einem Gedicht von Peter Rühmkorf
176 Seiten, geb. mit Schutzumschlag

Nikolaus de Palézieux
Wassily Kandinsky und Arnold Schönberg
Der geometrische Punkt ist ein unsichtbares Wesen
mit Abbildungen
Duographie, Bd. 9
134 Seiten, Broschur

Arnold Schönberg
Rede auf Gustav Mahler (1912)
Historische Rede, Band 9
Mit einem Essay von Werner Hofmann
80 Seiten, gebunden

Juliane Votteler (Hg.)
Musiktheater heute: Klaus Zehelein
Dramaturg und Intendant
mit Abbildungen und einem Verzeichnis der Inszenierungen
232 Seiten, geb. mit Schutzumschlag

eva Anregungen und Kritik, Lob und Tadel erreichen uns unter
www.europaeische-verlagsanstalt.de